Drucken in Farbe

Bertram Störch

Drucken in Farbe

 ADDISON-WESLEY PUBLISHING COMPANY

Bonn · Paris · Reading, Massachusetts · Menlo Park, California · New York
Don Mills, Ontario · Wokingham, England · Amsterdam · Milan · Sydney
Tokyo · Singapore · Madrid · San Juan · Seoul · Mexico City · Taipei, Taiwan

Die Deutsche Bibliothek – CIP-Einheitsaufnahme

Störch, Bertram:
Drucken in Farbe / Bertram Störch. –
Bonn; Paris; Reading, Mass. [u.a.]: Addison-Wesley, 1994
 ISBN 3-89319-756-7

© 1994 Addison-Wesley (Deutschland) GmbH, 1. Auflage 1994

Satz: Reemers EDV-Satz, Krefeld
Reproduktionen: Flöer ImagingService, Bonn
Belichtung, Druck und Verarbeitung: Paderborner Druck Centrum, Paderborn
Produktion: Petra Strauch, Bonn
Umschlaggestaltung: Belau Vanino, Duisburg

Das verwendete Papier ist aus chlorfrei gebleichten Rohstoffen hergestellt und alterungsbeständig. Die Produktion erfolgt mit Hilfe umweltschonender Technologien und unter strengsten Auflagen in einem geschlossenen Wasserkreislauf unter Wiederverwertung unbedruckter, zurückgeführter Papiere.

Text, Abbildungen und Programme wurden mit größter Sorgfalt erarbeitet. Verlag, Übersetzer und Autoren können jedoch für eventuell verbliebene fehlerhafte Angaben und deren Folgen weder eine juristische Verantwortung noch irgendeine Haftung übernehmen.
Die vorliegende Publikation ist urheberrechtlich geschützt. Alle Rechte vorbehalten. Kein Teil dieses Buches darf ohne schriftliche Genehmigung des Verlages in irgendeiner Form durch Fotokopie, Mikrofilm oder andere Verfahren reproduziert oder in eine für Maschinen, insbesondere Datenverarbeitungsanlagen, verwendbare Sprache übertragen werden. Auch die Rechte der Wiedergabe durch Vortrag, Funk und Fernsehen sind vorbehalten.
Die in diesem Buch erwähnten Software- und Hardwarebezeichnungen sind in den meisten Fällen auch eingetragene Warenzeichen und unterliegen als solche den gesetzlichen Bestimmungen.

Inhaltsverzeichnis

Einleitung VII

Teil 1 Technologische Betrachtung

1 Grafik 3
  1.1 Grundsätzliche Überlegungen zur Druckqualität 3
  1.2 Unterscheidung der Charakteristiken von Text –
      Grafik – Bild 6
  1.3 Graustufen, Kontrast, Halbtöne 9
  1.4 Rastern und Dithering 13
  1.5 Überlegungen zur Auflösung 16
  1.6 Erzeugung von Farbtönen 21

2 Farbe 31
  2.1 Farbtondarstellung 31
  2.2 Entstehung des Farbeindrucks 33
  2.3 Die Wahrnehmung von Farbe 37
  2.4 Farbtemperatur 39
  2.5 Remission des farbigen Objektes 41
  2.6 Farbreiz und Normfarbwerte 42
  2.7 Farbmetrik 44
  2.8 Farbmeßgeräte 54

3 Farbdruckertechnologien 57
  3.1 Wie kann Farbe zu Papier gebracht werden? 57
  3.2 Entwicklung der Farbdruckertechnologien 58
  3.3 Zeilendrucker oder Seitendrucker 62
  3.4 Tintenstrahlverfahren 65
  3.5 Bubble-Jet- oder Thermisches Tintenstrahlverfahren .. 66
  3.6 Piezo-Tintenstrahlverfahren 79
  3.7 Kontinuierliches Tintenstrahlverfahren 90
  3.8 Thermotransfer-Druckverfahren 98
  3.9 Thermosublimations-Druckverfahren 110
  3.10 Farblaser-Druckverfahren 114

4 Druckerintelligenz und Computeranbindung 129
  4.1 Funktionseinheiten eines Druckerkontrollmoduls ... 130
  4.2 Möglichkeiten der Ansteuerung 136

5	Optimierung der Farbwiedergabe		149
	5.1	Kalibration	150
	5.2	Farboptimierungen mittels Software-Unterstützung	157
	5.3	Hewlett Packard ColorSmart	160
	5.4	Pantone Matching System	164
	5.5	Farbenumfang (Color Gamut)	166
	5.6	Farbmanagement-Prinzip	176
	5.7	Agfa FotoTune	184
	5.8	Apple ColorSync	190
	5.9	Farbmanagement mittels PostScript Level 2	196

Teil 2 Betrachtung der Nutzungskriterien

6	Druckleistung und Druckvolumen		209
	6.1	Druckdurchsatz	209
	6.2	Leistungsmerkmale für eine Verwendung als Netzwerkdrucker	215
7	Laufende Kosten eines Farbdruckers		219
	7.1	Ermittlung des Farbanteils	220
	7.2	Was kostet eine Seite?	225
	7.3	Betriebskosten	236
8	Abschließende Bewertungen		241
	8.1	Entscheidungskriterien für die Anschaffung eines Farbdruckers	241
	8.2	Abschließende Beurteilung der Technologien nach ihren Stärken und Schwächen	247

Glossar 249

Stichwortverzeichnis 257

Einleitung

Der Titel „Drucken in Farbe" ist kurz und klingt ziemlich unkompliziert. Doch eigentlich stecken mehrere große Themenbereiche darin, die allein schon durch das Attribut Farbe eine detaillierte Betrachtung nötig machen. Denn Farbdrucken ist identisch mit Farbgrafikdrucken. Und weil inzwischen sehr gute und ausgereifte Farbdrucktechnologien zur Verfügung stehen und Grafikanwendungen bis hin zur Bildverarbeitung reichen, bietet sich eine genauere Behandlung dieser Themen an. Hinzu kommen die Einsatzkriterien von Farbdruckern, die aufgrund der enormen Datenströme und der Kosten für Farbmittel besondere Beachtung finden sollten.

Dieses Buch ist der besseren Übersicht wegen in zwei große Themenblöcke eingeteilt. Im ersten Teil werden ausschließlich die technologischen Gesichtspunkte von Farbdruckern behandelt.

Kapitel 1 befaßt sich mit den Kriterien des Rasterdrucks hinsichtlich der Druckauflösung und der Erzeugung von Graustufen mittels Punktmuster. Unter Einsatz mehrerer Prozeßfarben entstehen mit Hilfe dieser Punktmuster Farbmischungen, deren Abbildungsqualität von einigen Faktoren abhängt, die hier erörtert werden.

Wie überhaupt ein Farbeindruck entsteht und wie man versucht, diesen Eindruck in Form von Meßwerten zu erfassen, wird in Kapitel 2 behandelt. Es erläutert ebenfalls die Farbstandards, die von der CIE, der Internationalen Beleuchtungskommission, geprägt wurden und beschreibt die Grundlagen der Farbmetrik, die auch bei den Color-Matching-Methoden eine Rolle spielen.

In Kapitel 3 werden die Farbdruckertechnologien beschrieben, die heute in populären Druckern zu finden sind. Besonderes Augenmerk wird darauf gelegt, welche Faktoren für die Farbqualität bestimmend sind und wo technologische Grenzen bestehen.

In welcher Weise Farbdrucker mit Druckdaten versorgt werden können, wird in Kapitel 4 behandelt. Darin wird aufgezeigt, wie kritisch die Aufbereitung der Datenströme sein kann, wenn Farbdateien unter Berücksichtigung optimaler Druckqualität verarbeitet werden sollen.

Zum Schluß von Teil 1 werden in Kapitel 5 Maßnahmen vorgestellt, die dazu geeignet sind, die Farbwiedergabequalität zu optimieren bzw. unabhängig vom jeweiligen Reproduktionsgerät zu machen. Weil das Thema Color Matching, das im weitesten Sinne mit Farbanpassung übersetzt werden kann, in aller Munde ist, werden die Ziele und Methoden solcher Anpassungsverfahren besprochen.

Teil 2 widmet sich den Nutzungskriterien eines Farbdruckers unter der Voraussetzung, daß er stets für das Farbdrucken verwendet wird und dabei optimale Ergebnisse liefern soll. Gleich zu Beginn werden in Kapitel 6 die laufenden Kosten behandelt, die während des Betriebes auf die Farbanwender zukommen.

Wie sich daraus die Gesamtbetriebskosten ableiten lassen, wird im Kapitel 7 dargestellt. Ebenso wird die Relation solcher Kosten zu den Druckleistungen untersucht, zu denen die Technologien in der Lage sind.

In Kapitel 8 wird versucht, aufgrund der Technologie- und Nutzungseigenschaften eine abschließende Beurteilung der verschiedenen Technologien durchzuführen, die als Entscheidungshilfe dienen kann.

Teil I

Technologische Betrachtung

1 Grafik

1.1 Grundsätzliche Überlegungen zur Druckqualität

Die höchste Druckqualität von Schriftzeichen hatten zweifellos die Impact-Schreibmaschinen, die mechanisch Schrifttypen auf das Papier schlugen, sei es mit Kugelkopf oder Typenrad. Auch Computerdrucker setzten diese Technik ein, sie wurden wegen ihrer Qualität häufig für offizielle Schiftdokumente eingesetzt. Die punktuelle Auflösung dieser Verfahren geht ins Unendliche, es gibt ja keinen Rasterpunkt auszumachen, die Schrifttypen weisen kontinuierliche analoge Verläufe auf. Will man mit einer heutigen Drucktechnik, die das Druckbild durch die Anordnung von Druckpunkten gestaltet, eine vergleichbare Qualität erzielen, so müssen diese Punkte sehr klein sein und so dicht beieinander liegen, daß die daraus resultierende Auflösung bei einem normalen Betrachtungsabstand nicht mehr vom menschlichen Auge realisiert werden kann.

Schrift drucken

Wenn man davon ausgeht, daß Texte meistens in schwarzer oder seltener in einer anderen Volltonfarbe abgedruckt werden, steht die gute Darstellung von Graustufen oder Farbverläufen nicht im Vordergrund. Der Drucker muß nur einen schwarzen Punkt oder gar nichts drucken. Nur am Kantenverlauf eines Buchstabens wird die hohe Auflösung benötigt. Im Zeichenkorpus selbst macht man keine Punkte aus, daher ist die Auflösung dort egal. Die Betrachtung gilt übrigens ebenso für Liniengrafiken und Strichzeichnungen. Texte sind also durch folgende Charakteristik gekennzeichnet:

- Keine Graustufen
- Hohe Auflösung
- Kleine Punkte
- Nur ein Farbton

Für eine Textdatei kann man folgende Merkmale festhalten:
- Texte sind ASCII-Zeichen, daher geringer Speicherbedarf
- Schrift selbst wird im internen Zeichengenerator erzeugt
- Dateitransfer bedingt keine hohe Übertragungsgeschwindigkeit

Befehlscodes

Die Befehlssätze von Textverarbeitungsdruckern entstammen dem Zeilendruckerprinzip, sind also in der Regel zeilenorientiert. Sie wurden unter der Bezeichnung IBM-Grafikdrucker oder -Proprinter oder Epson ESC/P bekannt und beinhalten einfache Befehle zur Textpositionierung und -auszeichnung wie z. B. Fett- oder Kursivdruck. Etwas umfangreicher sind Kommandos, die auf der Befehlssprache HPPCL (*Hewlett Packard Printer Command Language*) der Firma Hewlett Packard beruhen. Hier wird bereits Schriftenmanagement berücksichtigt. Die Version HPPCL 5 und die Seitenbeschreibungssprache PostScript der Firma Adobe erlauben sogar umfangreiche Textbearbeitung ähnlich wie bei einer Grafik. Text kann beliebig positioniert werden, auch schräg oder kreisförmig, verzerrt werden u.v.m. Dazu ist eine gewisse Rechenleistung innerhalb des Druckers nötig, die normalerweise in Zeilendruckern nicht verfügbar ist. Diese Art der Gestaltung kann nur unter Geschwindigkeits- und manchmal auch Qualitätseinbußen von Zeilendruckern bewältigt werden.

Abb. 1: Schrift wird zur Grafik

Grafik drucken

Beim Drucken von Grafiken sieht es fast umgekehrt aus. Der Schwerpunkt liegt hier auf guter Darstellung von Graustufen und Farbverläufen, während Schrift kaum Beachtung findet. Nun gibt es unterschiedliche Techniken, sogenannte Halbtöne darzustellen. Halbtöne sind Tönungen, die zwischen einer voll gesättigten Farbe und Weiß liegen. Am besten wäre es, wenn der zu druckende Punkt so viele Halbtöne annehmen könnte, wie das Auge unterscheiden kann. Dies sind ca. 150 Kontraststufen, die es abzubilden oder zu simulieren gilt. In der Tat gibt es Druckverfahren, die unterschiedliche Farbtöne in einem Punkt erzeugen können. Es sind dies das Thermosublimations- und das xerographische Druckverfahren, das u.a in Laserdruckern und sogar neuerdings in digitalen Druckmaschinen verwendet wird. Doch in der überwiegenden Mehrzahl müssen Methoden angewandt werden, welche zur Erzeugung von Halbtönen mit Hilfe weniger Grundfarben geeignet sind. Durch das abwechselnde Anordnen von schwarzen und weißen Punkten beispielsweise können Grautöne simuliert werden, deren Tönung vom Mischungsverhältnis oder, also dem prozentualen Anteil der schwarzen Punkte an den Gesamtpunkten, abhängt. Diese Punktmischung wird nun einer definierten Fläche zugeordnet, der Halbtonzelle. Die Halbtonzellen stellen die einzelnen Bildpunkte einer Grafik dar. Selbst wenn mit den heute verwendeten Drucktechniken gute Auflösungen erreicht werden, die aufgrund der geschilderten Aspekte für die Schriftdarstellung völlig ausreichen, so wirkt die Simulation von

1.1 Grundsätzliche Überlegungen zur Druckqualität

Halbtönen mit einem Kontrastumfang der genannten 150 Stufen weitaus gröber. Dies reicht aber aus, weil sich das menschliche Auge betrügen läßt: Es homogenisiert ein mit solchen Mitteln gerastertes Bild. Eine solche Schriftdarstellung würde aber wiederum derart ausgefranst wirken, daß man sie fast nicht mehr erkennen könnte. Für reine Grafikdrucker werden daher andere Maßstäbe angesetzt: Sie müssen hauptsächlich Halbtöne in akzeptabler Qualität drucken können. Grafikmerkmale können wie folgt beschrieben werden:

- Wiedergabe von Graustufen
- Mittlere Auflösung der Halbtonzelle
- Kleine Punkte
- Kontinuierliche Farbtöne

Weitere Merkmale

Reine Grafikdrucker verfügen nicht unbedingt über einen Schriftengenerator. Empfangene ASCII-Codes, die eben noch Schriftzeichen darstellten, werden von ihnen als Pixelgrafik interpretiert. Bei Monochromdruckern wird ein Pixel entweder gedruckt, nämlich schwarz, oder nicht gedruckt. Somit kann ein Datenbyte, bestehend aus 8 Bit, genau acht hintereinanderliegende schwarze oder weiße Pixel ansteuern. Ein Bit reicht dann aus, den schwarzen oder weißen Zustand eines Pixels zu beschreiben. Wird hingegen ein Farbdrucker mit einem Datenbyte angesteuert, so kann dieses Byte u. U. für die Definitition des Farbtones eines einzigen Pixels gerade ausreichen. Denn in der Farbe können Grafikelemente weitaus mehr Zustände annehmen als nur schwarz oder weiß, und um diese zu beschreiben, ist eine Vielzahl von Bits pro Pixel erforderlich.

Befehlscodes

ASCII-Zeichen als Pixelgrafik werden mit Befehlssätzen wie z.B. IBM Proprinter, Epson ESC/P oder wieder HPPCL verarbeitet. Ein anderes verbreitetes Grafikformat ist beispielsweise HPGL (*Hewlett Packard Graphic Language*), eine Vektorgrafiksprache. Hierbei stellen die ASCII-Zeichen Grafikbefehle dar, die erst im Drucker in eine Pixelgrafik umgesetzt werden.

DTP-Drucken

Als das Thema Desktop Publishing aufkam, gab es entweder Textdrucker oder reine Grafikdrucker. Für die Entwicklung auf den neuen Anwendungsbereich ausgerichteter Drucker verlief die Zeit zu rasant, wenngleich die geforderten Leistungsmerkmale sehr schnell erkannt wurden. Werden in der Textverarbeitung die Informationen zeilenweise und im Grafikbereich seitenweise verarbeitet, so finden wir im DTP eine Vermischung der Elemente vor. Anwendungen aus den Bereichen Graphic Arts und Desktop Publishing integrieren Texte, Bilder und Grafiken, die Drucker müssen also sowohl Text- als auch Grafikdrucker sein. Ideale DTP-Drucker sind daher optimierte Seitendrucker. Somit müssen derart eingesetzte Produkte besonders vielfältig sein und viele unterschiedliche Qualitätsanforderungen erfüllen. Dies ist gar nicht so leicht, wie wir im weiteren Verlauf noch sehen werden. Als ideale Kommandostruktur für DTP-Drucker hat sich die Seitenbeschreibungssprache PostScript erwiesen, welche Text- und Grafikelemente und nun auch Farbe optimal verarbeitet und dabei den gestellten Anforderungen hundertprozentig gerecht wird.

1.2 Unterscheidung der Charakteristiken von Text – Grafik – Bild

Die folgende Darstellung ist hilfreich, weil sie das Verständnis für die objektive Beurteilung der Druckverfahren und ihrer Stärken und Schwächen entwickelt. Wie viele wissen, hat eine ähnliche Unterscheidung zur Entwicklung von speziellen Bildschirm-Grafikadaptern geführt. Die Windows-Beschleunigerkarten sind nichts anderes als für besonders häufig anfallende Grafikobjekte ausgelegte Hochgeschwindigkeitsadapter, die allerdings auf herkömmlichen Gebieten durchaus Nachteile haben können. So fallen diese Karten häufig zurück, wenn es nur um Textdarstellungen geht. Ähnlich bei Computerdruckern, die für unterschiedliche Formen der Grafik, besonders Farbgrafik und Bildverarbeitung, ihre Stärken und Schwächen mitbringen. So ist bei guten Textdruckern eine scharfe Abbildung der Schriftkanten gefordert, somit eine hohe Auflösung. RET *(Resolution Enhancement Technology)*, einst von HP zur Erhöhung der Detailschärfe von Kantenverläufen erfunden, erfüllt genau diese Anforderung, während innerhalb der Druckzeichen die normale Auflösung von 300 dpi ausreicht. Eine hervorragende und kostengünstige Schriftenoptimierung also. Dafür sind die Leistungen bei Graustufenrastern mit 300 dpi eingeschränkt. Genau entgegengesetzt gerichtete Vorteile bot z.B. der 150 dpi-Sublimationsdrucker von Mitsubishi der Jahre 1991-1993. Für die photorealistische Darstellung von Bildern mit 24 Bit Farbtiefe bei 150 dpi Auflösung hervorragend geeignet mit optimalem Kosten/Nutzen-Effekt, können allerdings monochrome Schriftzüge nur stufig gedruckt werden.

Die herkömmlichen Textverarbeitungsprogramme konnten lediglich ASCII-Folgen als Text verarbeiten, später kamen einige einfache Grafikroutinen hinzu. Schriftzeichen sind aus einem internen Zeichengenerator erzeugte einfache Grafikelemente mit einer einzigen Füllfarbe, nämlich schwarz. Solche Elemente sind einfach zu erzeugen, für Monochrom- und Farbdrucker bestehen keinerlei Unterschiede. Textdrucker sind daher auf die Abbildung solch einfacher monochromer Standardgrafikelemente im Hinblick auf Durchsatz, Güte und Kosten optimiert. Heute spricht man bei DTP- oder Layout-Programmen von der Text-Grafik-Bild-Integration. Gemeint ist damit, daß ein Programm, das hauptsächlich zur Positionierung von Elementen dient,

1.2 Unterscheidung der Charakteristiken von Text – Grafik – Bild

Text-, Grafik- und Bildelemente unterschiedlicher Formate interpretieren, abbilden, positionieren und ausgeben kann.

Objektorientierte Grafiken

Wie unterscheiden sich nun aber Bilder von Grafiken? Dazu schauen wir uns einmal an, wie die Software mit Grafikelementen umgeht. Die meisten Programme gestatten das objektorientierte Arbeiten: Sie bieten auf die einfachste Form gebrachte Grundelemente an. Dies sind Linie, Viereck und Kreis. Die Linie kann man dick oder dünn oder gestrichelt zeichnen, horizontal, vertikal oder schräg ausrichten oder mit einer Schattierung versehen, die zwischen schwarz und weiß liegt. Mit dem Viereck kann man ein Quadrat oder Rechteck erzeugen, sogar mit abgerundeten Ecken, man kann es drehen, die Strichstärke der Umrißkante wie bei einer Linie verändern, sie sogar unsichtbar machen, das Objekt selbst mit einem Füllmuster oder Farbverlauf versehen. Mit dem Kreis kann auch eine Ellipse dargestellt werden. Um unregelmäßige Formen zu erstellen, können mit der Linienfunktion Freiformobjekte gestaltet werden.

Abb. 2: Einfache Grafikobjekte

Solche Grafikobjekte, einmal erstellt, lassen sich später noch in Form und Größe verändern, wobei Attribute wie Strichstärke oder Schattierung erhalten bleiben. Kompliziertere Grafiken werden aus vielen solcher Einzelelemente zusammengesetzt. Jedes einzelne Element oder Objekt muß aber für sich in Form und Schattierung oder Farbe ausgestaltet werden. Ein gutaussehendes Grafikdesign kann aus einer Unzahl von komplizierten Objekten bestehen. Eines haben die Objekte aber gemeinsam: Die Möglichkeiten der Ausgestaltung sind bei allen identisch und in der Regel nicht zu vielfältig, aber auch mit einfachen Mitteln kann man schon recht ansehnliche Effekte erzeugen. Daraus folgt, daß die objektgebundene Ausgestaltung für die weitere Verarbeitung im Computer nicht allzu kompliziert ist: Aufgrund der vorgegebenen Objektformen findet sich eine Regelmäßigkeit wieder, entweder man trifft auf gerade oder definiert verformte Kanten. Und aufgrund der angebotenen Kontrastierungen und Schattierungen findet man entweder homogene Füllflächen oder regelmäßige Verläufe. Wenn man eine Designgrafik aus immer mehr und immer kleineren Objekten zusammensetzt, kann sie im Aussehen an ein Foto herankommen, wie Abbildung 3 belegt.

Bilder

Im Unterschied zu einer Designgrafik weisen Bilder im allgemeinen keine definierten Objekte auf. Vergleicht man eingescannte Bilder mit einer computergenerierten Grafik, so könnte man im Prinzip jeden einzelnen Bildpunkt als einzelnes Objekt betrachten, das für die Weiter-

*Abb. 3:
Komplizierte
Designgrafik aus
CorelDraw, mit
Standardobjekten
zusammengesetzt*

verarbeitung separat behandelt werden muß – wie ein Grafikobjekt nämlich. Eine objektorientierte Grafik ist das Ergebnis eines computergenerierten Entstehungsprozesses, der mit einem Objekt beginnt und mit einer Vielzahl gruppierter Objekte endet. Im Vergleich dazu kann man die Bildpunkte eines gescannten oder fotografierten Bildes als Ansammlung kleinster gruppierter Objekte ansehen, die z. B. von einer Retuschesoftware wie Grafikobjekte weiterverarbeitet werden können.

*Abb. 4:
Gescanntes Foto*

Zwischen diesen beiden Extremen, einfache Objektgrafik und komplexes Bild, ist die gesamte Bandbreite von computergrafischen Darstellungen zu finden. Da gibt es eine Reihe von Abstufungen, die sich leicht einordnen lassen. Dies ist später bei der Beurteilung der Drukkertechnologien bzw. der Auswahl eine große Hilfe. Gerade in der

Farbgrafikverarbeitung wurden Peripheriegeräte durch die Anforderungen der Grafikbenutzer geprägt. Daneben gibt es eine Reihe solcher Benutzer, die lediglich Bildschirminhalte als Resultat eines Rechenprozesses ausgeben müssen, wie beispielsweise in der medizinischen Diagnostik oder der Prozeßkontrolle. Ihnen ist oft gar nicht bewußt, daß sie Farbgrafikanwender sind.

Durch die Verschmelzung von text- und grafikorientierten Anwendungsprogrammen besteht auch für die Druckausgabe am Arbeitsplatz ein höherer Anspruch. Meistens reicht die Auflösung der Arbeitsplatzdrucker von 300 – 360 dpi vollkommen aus, um eine, bezogen auf die Anwendung, gute Schrift-, Linien- und Grafikabbildung zu erreichen. Insbesondere im Profibereich bestehen aber erhöhte Anforderungen, die häufig nur mit feineren Punktmustern und höherer Ortsauflösung erfüllt werden können. Insbesondere spielen folgende Aspekte eine große Rolle.

Ortsauflösung: Für die meisten Grafikanwendungen ist eine Ortsauflösung von 300 – 360 dpi für die Qualität von Grafikelementen völlig ausreichend. Sollen aber viele, insbesondere kleine Schriften, sowie Linienelemente und gescannte Fotos verarbeitet werden oder der Ausdruck zur Überprüfung einer Weiterverarbeitung dienen, ist eine höhere Auflösung nötig.

Graustufen und Muster: Je komplexer eine Grafikanwendung wird, um so mehr Graustufen und Füllmuster werden angeboten. Bei einfachen Programmen besteht oft keine oder nur eine geringe Auswahl, so daß auch für diesen Zweck eine Druckerauflösung von 300 – 360 dpi genügt. Sollen aber z. B. Schriften und Linien mit grauen Feldern hinterlegt werden, ist eine höhere Ortsauflösung zu wählen.

Farben und Farbverläufe: Je nach Zielrichtung einer Grafikanwendung sind diese Attribute mehr oder weniger ausgeprägt. Bei einfachen Programmen werden Farben und Verläufe als Unterscheidungsmerkmal verwendet, dann ist die Qualität der Farbreproduktion von eingeschränkter Bedeutung. In professionellen Grafikdesign- und Bildbearbeitungsanwendungen besteht jedoch die Forderung nach verbindlicher und qualitativ gleichbleibender Farbausgabe, die natürlich vom Farbdrucker erfüllt werden müssen.

1.3 Graustufen, Kontrast, Halbtöne

Kontinuierliche Halbtöne

Zu Beginn dieses Abschnitts steht ein Auszug aus dem Fachbuch „PostScript Screening: Adobe Accurate Screens" der Firma Adobe Systems: „Die Charakteristik von gebündelten Halbton-Ditheringmustern beinhaltet Halbton-Screenfrequenz, Screenwinkel, Punktform und Punktgröße. All diese Parameter beeinflussen das Erscheinungsbild von Farb-Halbtönen". Es dürfte somit interessant sein, die verschiedenen Arten der Graustufenerzeugung zu besprechen. Denn was für monochrome Kontrastdarstellung gilt, kann ebenso, allerdings um einiges komplizierter, auch auf die Farbdarstellung übertragen werden.

Für die Graustufen- bzw. Farbauflösung eines Bildes sind zwei Größen bestimmend: die örtliche oder geografische Auflösung (*Spatial Resolution*), ausgedrückt durch Punkte pro Zoll, sowie die Farbauflösung eines jeden einzelnen Bildpunktes. Die Qualität hängt also davon ab, wieviele Bildpunkte sich auf einer Fläche befinden, und wie viele Graustufen jeder einzelne Bildpunkt annehmen kann. Die beste Darstellung von Graustufen kann man mit kontinuierlichen Verläufen erzielen, wie z.B. bei der Schwarzweiß- oder Farbfotografie. Bezogen auf die digitale Bildverarbeitung würde dies bedeuten, daß bei einer vorgegebenen geografischen Auflösung von z.B. 300 dpi jeder Bildpunkt einen beliebigen Grau- oder Farbton zwischen Schwarz und Weiß, also Halbtöne, annehmen kann. Das menschliche Auge kann ungefähr 150 Grautöne unterscheiden, wie in empirischen Versuchen ermittelt wurde. Um einen Bildpunkt mit einer solchen Kontrastauflösung digital zu reproduzieren, muß man ihn mit 7 oder 8 Bit ansteuern, die damit 128 oder 256 Halbtöne erzeugen können.

Vergleich mit Graustufenmonitor

Zieht man einen Vergleich zur Bildschirmarbeit, so kann man feststellen, daß sich bei einer VGA-Auflösung von nur 640 x 480 Bildpunkten bei Verwendung eines Graustufenmonitors für die Bildbearbeitung schon mit 64 Graustufen hervorragende Abbildungsergebnisse erreichen lassen, die in jedem Falle besser sind als durch Rastermethoden simulierte Graustufen. Daraus kann man schließen, daß die Kontrastauflösung eines Bildpunktes höher zu bewerten ist als die räumliche Auflösung (jedenfalls bei der Darstellung von Bildern).

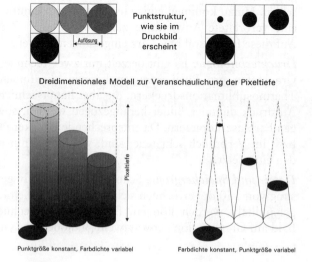

Abb. 5: Halbtöne können entweder durch Dichteänderungen bei gleichbleibender Punktgröße (links) oder durch Größenänderung des Punktes bei gleichbleibender Dichte (rechts) dargestellt werden

1.3 Graustufen, Kontrast, Halbtöne

Die zwei Methoden, mit denen sich kontinuierliche Halbtöne erzeugen lassen, kann man sich wie in den Beispielen in Abbildung 5 vorstellen. Zum leichteren Verständnis sei eine runde Punktform angenommen, die die Rasterpunktfläche nicht vollständig ausfüllt. Die Bildpunkte sind dreidimensional abgebildet. Die Höhe ist dabei identisch mit der Kontrastauflösung, auch mit Pixeltiefe bezeichnet, und der Abstand der Punkte stellt die Ortsauflösung dar. Zum einen kann man die Farbmenge variieren, die auf einen Punkt von gleichbleibender Größe gebracht wird. Dadurch verändert sich die Farbdichte in diesem Punkt. Dieses Prinzip, das in der Abbildung links dargestellt ist, verwendet z. B. das Thermosublimationsverfahren. Zum anderen kann man die Größe des Punktes variieren, auf den eine Farbmenge gebracht wird, die sich nun zwar auch ändert, ihre Dichte aber beibehält. Dieses Prinzip, das dem Rasterpunktverfahren der Druckbranche entspricht, wird bei hochwertigen Tintenstrahldruckern angewandt. Diese Druckverfahren werden später ausführlich behandelt.

Nun mögen bei der geringen Auflösung von 640 x 480 Bildpunkten die 64 Graustufen für eine Bildbearbeitung am Monitor ausreichen. Für ein gedrucktes Bild ist jedoch eine höhere Ortsauflösung gefordert. Zudem würden 64 Graustufen einen Effekt hervorrufen, der mit Posterisation bezeichnet wird: Ein hoher Kontrastumfang wird mit Hilfe weniger Graustufen gedruckt. Dadurch entstehen Stufen in der Kontrastdarstellung, die als eine Art Abreißen der Verläufe sichtbar werden. Abbildung 6 erläutert die Entstehung dieses Effektes, dessen Auswirkungen auf eine fotografische Darstellung in Abbildung 7 verdeutlicht wird. Um diesen Effekt auszuschalten, werden 256 Graustufen pro Bildpunkt benötigt, also eine Pixeltiefe von 8 Bit. Eine kontinuierliche Kontrastdarstellung ist zwar häufig wünschenswert, aber aufgrund des hohen Verarbeitungsaufwandes nicht immer sinnvoll umzusetzen. Hinzu kommen einige technologische Limitierungen, die gegen eine verbreitete Anwendung zum momentanen Zeitpunkt sprechen. Auf diese Dinge soll hier kurz eingegangen werden.

Drucktechnologie: Es gibt derzeit nur zwei Techniken, die bis zu 256 Graustufen pro Pixel erzeugen können. Sie finden Verwendung in Thermosublimationsdruckern, die aber hauptsächlich für den farbigen Ausdruck digitaler Bilder herangezogen werden, sowie in hochwertigen Farblaserkopierern. Da entsprechende Drucker in der Anschaffung bzw. im Verbrauch sehr teuer sind, werden sie nur sehr zweckgebunden eingesetzt.

Datei- und Speichergröße: Schon bei einer relativ geringen Ortsauflösung von 150 dpi errechnen sich Dateigrößen, die nicht mehr so leicht gehandhabt werden können. Drucker- und Rechnerspeicher stoßen bald auf Grenzen. Ein Schwarzweiß-Bild oder eine Grafik in der Größe

Abb. 6: Posterisation entsteht, wenn für einen kontinuierlichen Kontrastverlauf (links) nur wenige Graustufen (rechts) zur Verfügung stehen, hier z. B. nur zehn

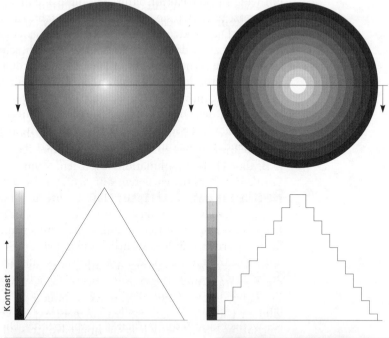

Abb. 7: Das rechte Bild zeigt deutlich die Auswirkungen des Posterisierungseffektes

einer DIN A4-Seite hat z.B. einen Umfang mehr als 1,6 MByte. Dieser Wert vervierfacht sich bei einer Auflösung von 300 dpi.

Rechengeschwindigkeit: Für die zügige Verarbeitung reichen Standard-PCs nicht mehr aus.

Kosten: Die Kosten steigen gewaltig, will man seine EDV-Umgebung nach diesen Datengrößen einrichten.

Ein wesentlicher Faktor dafür, daß diese Technik gerade dort zu selten eingesetzt wird, wo sie eigentlich Sinn macht, ist auch die Weiterverarbeitung. Die elektronische Bildverarbeitung, ein Teil der Druckvorstufe, stellt zwar den hohen Anspruch an die beschriebene Abbildungsqualität. Die Druckproduktionsverfahren allerdings beruhen auf einer anderen Methode, so daß man nach Ansicht einiger Fachleute Probedrucke mit kontinuierlichen Kontrastverläufen nicht für die Qualitätsbeurteilung der Druckauflage heranziehen kann. Aber auch mit einfacheren Mitteln lassen sich Halbtöne hervorragend reproduzieren, wie im folgenden Abschnitt ausführlich erläutert wird.

1.4 Rastern und Dithering

Echte Halbtonverfahren erzeugen eine fotorealistische Bildqualität, denn zur relativ hohen Ortsauflösung von 300 dpi kommt noch die hohe Kontrastauflösung eines jeden Pixels hinzu. Druckmethoden, die dieses Prinzip verfolgen, werden allerdings selten für rein monochrome Ausdrucke benutzt. Am häufigsten wird eine Methode für die Darstellung von Halbtönen verwendet, die besonders einfach zu realisieren ist, weil sie von Grundfarben gleichbleibender Dichte ausgeht. Für einen solchen binären Druckmodus steht nur 1 Bit pro Pixel zur Verfügung: Punkt ein oder Punkt aus. Soll ein Halbton erzeugt werden, kann dies nur durch abwechselndes Drucken und Nichtdrucken von Punkten geschehen. Das menschliche Auge wird überlistet, indem es einen Grauton erkennt. Je mehr schwarze Punkte in einer definierten Fläche vorhanden sind, desto dunkler wird der Grauton.

Kontrastverhältnis Als Kontrastverhältnis bezeichnet man dabei den prozentualen Anteil der schwarzen Punkte innerhalb einer definierten Fläche. Bei einem Kontrast von 50% ist die Anzahl schwarzer und weißer Punkte identisch, bei 10% sind 10 von 100 Punkten schwarz, 90 sind weiß. Wie ruhig oder homogen die Grautöne auf das Auge wirken, hängt von der Verteilung der Punkte ab. Und genau da spielt wieder die geografische Auflösung eine Rolle. Einen Grauton mit 50% Kontrast kann man am besten durch abwechselnde schwarze und weiße Punkte darstellen. Bei 300 dpi Auflösung haben dabei die schwarzen Punkte – denn nur die sieht man – einen Abstand von 1/150 Zoll, die Struktur ist fein und homogen. Jedes andere Kontrastverhältnis hat jedoch eine grobere Struktur zur Folge, wie einige Beispiele zeigen.

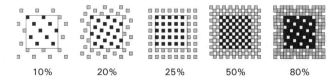

Abb. 8: Erzeugung von Grautönen mittels gleichmäßig verstreuter Punkte

10%   20%   25%   50%   80%

Dispersed Dithering

Die Abbildungen zeigen stark vergrößert Punktverteilungen für die Gestaltung von Graustufen, die sich besonders für Füllflächen von einfachen Grafikobjekten eignen. Der amerikanische Ausdruck dafür ist *Dispersed Dithering*; er beschreibt die verstreute Punktverteilung in einer Halbtonzelle. Weil von den Grafikprogrammen im allgemeinen nur eine begrenzte Anzahl von Grautönen, z.B. zehn, angeboten wird und sich ein Grauton über eine, bezogen auf das einzelne Pixel, größere Fläche verteilt, können diese Pixel gleichmäßig über die ganze Objektfläche verstreut werden. Bei Laserdruckern mit der üblichen Auflösung von 300 dpi ergibt diese Anordnung noch eine für das Auge homogene, feine Fläche.

Mit diesem Verfahren können auch Bilder kontrastiert werden. Voraussetzung dafür ist aber, daß die gleichmäßige Verteilung der einzelnen Pixel auch wirklich zur sauberen Kontrastdarstellung führt, d.h. der Druckprozeß diese Kontrastunterschiede auch reproduzieren kann. Dazu ist es wichtig, daß die gedruckten Pixel von konstanter Größe sind. In der Praxis kommen bei Flüssigdruckverfahren jedoch Unregelmäßigkeiten vor, die sich negativ auf dieses Ditheringverfahren auswirken. Daher wählt man einen Weg, der das in der Druckbranche übliche Rasterpunktverfahren nachbildet.

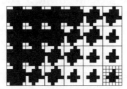 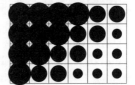

Abb. 9: Erzeugung von Grautönen mittels gebündelter Punkte. Daneben echte Rasterpunkte

6x6 Matrix

Clustered Dithering

Das Verfahren, Halbtöne durch schwarzweiße Punktmuster zu erzeugen, wird häufig auch als Rastern oder Aufrastern bezeichnet. Dieser Ausdruck kommt aus der Druckvorstufenwelt und beschreibt eigentlich eine etwas andere Funktionsweise. Hier nämlich besteht eine Halbtonzelle aus nur einem Punkt, der rund, elliptisch oder quadratisch sein kann. Dieser Punkt wird in der Größe geändert, bis zu 256 unterschiedliche Größen sind heute möglich. Solche nur in der Größe, nicht aber in ihrer Form veränderten schwarzen Punkte erzeugen auf einem weißen Untergrund ebenso Halbtöne, die aber viel weicher, homogener wirken als die Muster, die durch Dithering erzeugt werden. Beim *Clustered Dithering* dagegen werden die Rasterpunkte der Halbtonzelle aus den Pixeln des Druckers zusammengesetzt, und zwar nicht mehr über die Halbtonzelle verstreut, sondern gebündelt, quasi aus der Mitte heraus wachsend. Für 64 unterschiedliche Halbtonwerte müssen 64 Pixel in bestimmter Weise so angeordnet werden, daß sich gleichwertige Kontrastwerte ergeben, die noch dazu so homogen wie mög-

1.4 Rastern und Dithering

lich wirken. Kompromisse sind also hier zu akzeptieren. Somit werden Grautöne in etwas anderer Form erzeugt als beim bereits beschriebenen Verfahren. Anstatt die Pixel gleichmäßig über eine Fläche zu verteilen, entspringen sie quasi im Zentrum der Halbtonzelle und werden immer größer, je dunkler ein Grauton sein soll. Dabei unterliegt die Anordnung bestimmten Mustern, die für das Auge die bestmögliche Simulation von runden Rasterpunkten unter allen denkbaren Kontrastierungen erreichen soll. Man kann also ein Kontrastverhältnis von 50% erreichen, indem man die Pixel in der Halbtonzelle gleichmäßig verteilt oder aber im Zentrum nach obigem Muster ansiedelt. Spricht man nun von einem Aufrastern der Bilddaten durch einen RIP (*Raster Image Processor*), so kann damit zweierlei gemeint sein: Steuert der RIP einen Filmbelichter an, so erzeugt er Halbtonzellen, bestehend aus einem Punkt, und verändert dessen Größe. Versorgt er aber z.B. einen Drucker, so erzeugt er eine Halbtonzelle in Form einer Punktmatrix, auch Dithering Pattern genannt, die durch die Anordnung der einzelnen Pixel einen Rasterpunkt nachahmen soll.

Abb. 10: Ein um 45° gedrehtes Punktraster

Halbtonzellen aus 32 Pixel

Das eben beschriebene Ditheringverfahren eignet sich ausgezeichnet zur Druckverarbeitung, weil durch das Bündeln der einzelnen Pixel die Ungenauigkeiten beim Druckprozeß mit flüssigen Farbstoffen, z. B. unterschiedliche Größen der Druckpunkte, nicht zu Halbtonverlusten führen. Kontrastumfang und Größe der Halbtonzelle wirken jedoch gegensätzlich. Je höher der Kontrastumfang, also je mehr Grauwerte eine Halbtonzelle annehmen soll, desto größer muß sie sein. Das Aussehen der Halbtonzellen wirkt dann aber grob, und sie werden leichter erkennbar. Um die störende Wirkung zu mildern, ordnet man auch ein Punktraster in einem Winkel von 45° an, wie in Abbildung 10 verdeutlicht (auf die Bedeutung von Rasterwinkeln wird später noch näher eingegangen). Wird die Halbtonzelle aber kleiner und damit feiner, vermindert sich der Kontrastumfang. Der Wunsch nach großem Kontrastumfang bei kleinen Ausmaßen der Halbtonzellen führt dazu, daß Filmbelichter eine enorm hohe Auflösung besitzen müssen. Die beiden Verfahren Dispersed Dithering und Clustered Dithering unterliegen der amplitudenmodulierten Pixelverteilung. Dies besagt, daß der Helligkeitswert eines Bildausschnitts direkt den Halbtonwert bestimmt.

Abb. 11:
Frequenzmodulierte Rasterung, auch Dispersed Dot Diffusion Dithering genannt

Dispersed Dot Diffusion Dithering

Das dritte Ditheringverfahren benutzt die frequenzmodulierte Pixelverteilung, auch Error-Diffusion- oder stochastisches Rasterverfahren genannt. Hierbei werden im Prinzip einzelne Pixel in Abhängigkeit vom Helligkeitswert des Bildausschnitts gestreut angeordnet (dispersed). Je dunkler ein Bildelement ist, desto höher ist die Streuung der Pixel, also die Frequenz, mit der sie auftreten. Ein in solcher Weise erzeugtes Druckbild sieht aus, als ob die Pixel wie zufällig verteilt sind, ähnlich dem Verstreuen von Sandkörnern. Details kommen besser zum Vorschein, die Bildung von Interferenzen aufgrund sich überlagernder Rasterstrukturen (Moiré) wird vermieden. Es sind aber dieselben Einschränkungen für die Druckauflage zu beachten wie für das Dispersed Dithering, d. h. eine hohe Genauigkeit der Druckprozesse ist Voraussetzung für eine hohe Druckqualität. Aus diesem Grund wird das frequenzmodulierte Rasterverfahren für Farbdrucke noch seltener angewendet. Für Schwarzweißdrucke eignet es sich hingegen sehr gut, wie die Abbildung 12 zeigt. Zum Vergleich wurde noch einmal die Schreibmaschine aus Abbildung 3 zugefügt. Farbdrucker in der Computerumgebung, welche die Druckseparationen aller drei oder vier Grundfarben in einem Durchgang drucken können, wie beispielsweise Tintenstrahldrucker, erzielen aber auch sehr gute Ergebnisse bei entsprechendem Druckmedium.

Zur Erläuterung der Ditheringverfahren und der nun folgenden Auflösungsaspekte wurden für die vergrößerte Abbildung gleiche Punktgrößen verwendet. Zwar sind die Größen der Halbtonzellen nicht identisch, dies zur Vereinfachung der Darstellung, jedoch können die unterschiedlichen Methoden, Halbton-Rasterpunkte zu simulieren, sehr gut miteinander verglichen werden.

1.5 Überlegungen zur Auflösung

In den vorigen Kapiteln wurden die Themen Kontrastauflösungen und Graustufen sowie die verschiedenen Methoden zur Darstellung und Simulation von Halbtönen behandelt. Hier soll nun aufgezeigt werden, welche Konsequenzen sich daraus für die Ortsauflösung von grafi-

1.5 Überlegungen zur Auflösung

Abb. 12: Designgrafik von Seite 12, dargestellt mit frequenzmodulierter Rasterung

Abb. 13: Designgrafik von Seite 12, zum besseren Vergleich mit Abb. 12 noch einmal abgebildet

schen und bildlichen Darstellungen ergeben. Dabei bietet es sich an, von einer geforderten Kontrastauflösung von 256 Grautönen auszugehen. Dies entspricht einer Pixeltiefe von 8 Bit pro Grundfarbe, einer Größe, die von Computern und Anwendungen in der Grafik- und Bildverarbeitung standardmäßig verarbeitet wird. Abhängig von den Möglichkeiten der Druckertechnologie, Halbtöne zu erzeugen oder zu simulieren, nimmt die Halbtonzelle bestimmte Dimensionen ein, die sich selbstverständlich auf das Erscheinungsbild auswirken. Die folgende Abbildung 14 zeigt die Größenverhältnisse auf, wenn bei einer Ortsauflösung von 300 dpi mit unterschiedlichen Pixeltiefen die gewünschten 256 Graustufen erzeugt werden sollen. Dabei ist die Idealform die auf Seite Seite 9ff beschriebene Erzeugung von kontinuierlichen Halbtönen in einem Pixel, die zur höchsten Kontrastauflösung bei vorgegebener Ortsauflösung führt. Leider steht diese Möglichkeit zum Drucken nicht immer zur Verfügung. Fehlt die Dimension der Pixeltiefe wie beispielsweise bei einem Bubble-Jet-Drucker, muß man in die Breite gehen, um Graustufen zu erzeugen. Dadurch vergrößern sich die Halbtonzellen, das Druckbild wird grobkörnig. Die Auflösung der Halbtonzellen wird nun nicht mehr in *dots per inch* (dpi), sondern in *lines per inch* (lpi) angegeben. Dieser Ausdruck kommt aus der Druckbranche und beschreibt die Anzahl von Rasterlinien pro Zoll, auch mit Rasterfrequenz bezeichnet. Das Maß ergibt sich aus dem Linienabstand von Halbton-Rasterzellen.

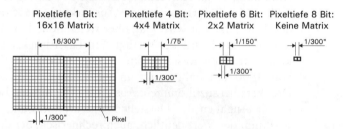

Abb. 14: Rastermatrixgrößen für 256 Graustufen bei unterschiedlicher Pixeltiefe

Den Zusammenhang zwischen dpi und lpi wird anhand der Abbildungen 14 und 15 erläutert. Bei einer gegebenen Ortsauflösung und einer Pixeltiefe von 1 Bit wird eine Halbtonzelle mit einer Rastermatrix von 16 x 16 Pixel benötigt, um 256 Graustufen zu erzeugen. Der Abstand der Halbtonzellen beträgt also 16/300", dies entspricht einer Anzahl von 300/16 = 18,75 Zellen pro Zoll. Da die Halbtonzellen stets linienförmig verlaufen und so ein Linienraster bilden, spricht man von einer Rasterlaufweite, wenn man den Abstand der Halbtonzellen meint. Die Anzahl solcher Rasterlinien pro Zoll wird mit Rasterfrequenz bezeichnet, die in lpi = Linien pro Zoll angegeben wird. Im Beispiel ist dieser Wert mit 18,75 lpi bei einem Bit Pixeltiefe relativ klein. Beträgt diese aber schon 4 Bit (16 Graustufen), verkleinert sich die Matrix auf 4 x 4 Pixel, und die Rasterauflösung wächst auf 75 lpi. Eine Pixeltiefe von 6 Bit (64 Graustufen) führt zu einer hervorragenden Auflösung von 150 lpi, und bei einer Tiefe von 8 Bit (256 Graustufen) wird überhaupt keine Rastermatrix mehr benötigt. Dann ist die Ortsauflösung gleichzusetzen mit der Rasterlaufweite, die nun 1/300 lpi beträgt. Diese Fähigkeit bringen z. B. die Thermosublimationsdrucker mit.

Bei diesen Überlegungen gingen wir von einer Ortsauflösung von 300 dpi aus, die wir heute bei fast allen Computerdruckern vorfinden. Vereinzelt, besonders bei Farbdruckern, haben wir es auch mit 360 dpi und 400 dpi zu tun, doch ändern sich dadurch die Verhältnisse nicht sehr stark. Erst die neueren 600 dpi Laserdrucker verringern die Ra-

1.5 Überlegungen zur Auflösung

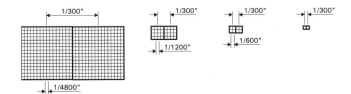

Abb. 15: Auswirkungen konstanter Rasterlaufweite auf die Ortsauflösung

sterlaufweite auf ein Maß, das in etwa an die Qualität des Zeitungsdrucks herankommt. Nun wollen wir aber die Betrachtung einmal von der anderen Seite her führen. Wenn nämlich nicht die Ortsauflösung der Ausgabegeräte 300 dpi, sondern die Rasterauflösung 300 lpi betragen soll, welche Ortsauflösung ist dann gefordert? Dazu nehmen wir Abbildung 15 zu Hilfe, die bis auf die Bemaßung identisch ist mit Abbildung 14. Sofort werden die Auswirkungen auf die Ausgabetechnik deutlich. Jetzt erst wird klar, über welch hohe Druckqualität ein Thermosublimationsdrucker verfügt. Ein Laserdrucker oder -belichter, der keine variablen Rasterpunkte erzeugen kann, müßte eine Auflösung von 4800 dpi haben, um an die Abbildungsqualität eines solchen Druckers heranzukommen. Aus dieser Überlegung heraus werden häufig die Angaben der Hersteller zur Farbauflösung abgeleitet. Ebenso wird nun der Wert deutlich, auch rechnerisch, der dem frequenzmodulierten Rasterverfahren beizumessen ist (Beispiel Seite 17, Abb.), das eine respektable Druckqualität trotz geringer Auflösung erzeugen kann.

Farbrasterdrucker wenden häufig ein um 45° gedrehtes Raster an, das in Form und Aufbau dem Beispiel auf Seite 15 ähnelt. Mit einer solchen Pixelanordnung lassen sich 32 Graustufen erzeugen, was einer Pixeltiefe von 5 Bit entspricht. Dies ist zwar nicht genug, um den für Bilddarstellungen geforderten Kontrastumfang zu erzeugen. Aber mit einem Trick, der auch für die Erzeugung von Farbtönungen eine Rolle spielt, entstehen genügend Tonstufen bei einer relativ hohen Rasterfrequenz von 53 lpi. Denn eine Halbtonzelle muß nicht nur ein hohes Kontrastverhältnis erzeugen, sondern dabei auch noch die zur Detailschärfe nötige hohe Ortsauflösung berücksichtigen. Dieser Sachverhalt führt zu einer Rasterstruktur, die in Abbildung 16 dargestellt ist. Hier werden zur Graustufenerzeugung vier Halbtonzellen zusammengenommen, die 128 Grautöne erzeugen können. Sie sind zudem in einer Weise angeordnet, die eine gute Detailauflösung erlaubt, ausgedrückt durch die Rasterlaufweite. Wie diese berechnet wird, verdeutlicht Abbildung 16 ebenfalls. Die Halbtonzellen bestehen aus 32 Pixel, die Rasterlaufweite ergibt sich aus der Quadratwurzel aus $4^2 + 4^2 = 5,66$ Pixel. Die Rasterfrequenz erhält man, indem man die Ortsauflösung durch diesen Wert dividiert. Bei einer Auflösung von 300 dpi ergibt sich eine Rasterfrequenz von 53 lpi.

Abb. 16:
Ermittlung der Rasterlaufweite einer im Winkel von 45° angeordneten Rasterstruktur (45° Screen)

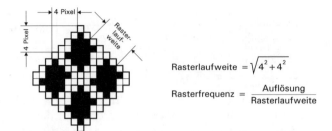

Zwischen den unterschiedlichen Bezeichnungen für die Druckauflösung besteht also ein Zusammenhang, der auf der folgenden Seite als Übersicht in Tabelle 1 dargestellt ist. Die Geräteauflösung gibt die maximale Ortsauflösung an, die der Drucker mit einem Pixel erzielen kann. Die Größe der Rastermatrix ist entsprechend der Anzahl der Halbtöne zu wählen, die das Druckverfahren damit reproduzieren kann. Die Linienauflösung ergibt sich aus der Division der Ortsauflösung durch eine Dimension der Rastermatrix. Sie hat dann für die Anzahl der Graustufen Gültigkeit, die vorher definiert wurde.

Beispiel 1: Ein 300 dpi Laserdrucker benötigt eine 16 x 16 Rastermatrix, um 256 Graustufen zu drucken. Damit erreicht er eine Rasterfrequenz von 18,75 lpi.

Beispiel 2: Ein 300 dpi Farblaserkopierer kann 64 Graustufen pro Farbe erzeugen. Dies entspricht einer Pixeltiefe von 6 Bit. Für unsere geforderten 256 Graustufen ist zusätzlich eine 2 x 2 Rastermatrix nötig. Somit beträgt die Rasterfrequenz 150 lpi

Tabelle 1:

Geräte-auflösung	Anzahl der Graustufen	Größe der Rastermatrix	Rasterfrequenz	
300 dpi	16	4 x 4	75 lpi = 29,5	Linien/cm
	32	*	53 lpi = 21	Linien/cm
	64	8 x 8	37,5 lpi = 14,8	Linien/cm
	256	16 x 16	18,75 lpi = 7,4	Linien/cm
600 dpi	16	4 x 4	150 lpi = 59	Linien/cm
	32	*	106 lpi = 42	Linien/cm
	64	8 x 8	75 lpi = 29,5	Linien/cm
	256	16 x 16	37,5 lpi = 14,8	Linien/cm
1200 dpi	64	8 x 8	150 lpi = 59	Linien/cm
	256	16 x 16	75 lpi = 29,5	Linien/cm
2400 dpi	64	8 x 8	300 lpi = 118	Linien/cm
	256	16 x 16	150 lpi = 59	Linien/cm

Geräte-auflösung	Anzahl der Graustufen	Größe der Rastermatrix	Rasterfrequenz
3600 dpi	64	8 x 8	450 lpi = 177,2 Linien/cm
	256	16 x 16	225 lpi = 88,6 Linien/cm
4800 dpi	256	16 x 16	300 lpi = 118 Linien/cm

*) Mit 45° Raster können 32 Pixel angeordnet werden.

1.6 Erzeugung von Farbtönen

In den vorangegangenen Abschnitten wurden die Themen Grafikdruck und Darstellung von Graustufen und Halbtönen eingehend behandelt. Die zur Erzeugung von Farbtönen und Mischfarben verwendeten Verfahren greifen auf diese Techniken zurück. Dabei spielt natürlich auch die Farbe selbst mit all den Aspekten wie Farbmodelle und die Entstehung des Farbeindruckes eine große Rolle, die im nächsten Kapitel separat erläutert werden. Alle Farbdruckertechnologien wenden die subtraktive Farbmischung an sowie eine oder mehrere physikalische Methoden, Halbtöne zu erzeugen. Auch unterscheidet man zwischen kontinuierlichen Halbtönen und dem Simulieren durch Dithering. Farbmischungen entstehen durch einen Prozeß, mit dem die drei oder vier primären Druckfarben (falls Schwarz hinzukommt) nacheinander aufgetragen werden. Man spricht daher auch von den Prozeßfarben. Dieses Nacheinander- oder Übereinanderdrucken der Prozeßfarben ist das Prinzip für alle subtraktiven Druckverfahren. Dazu muß die Farbdatei in ihre Primärfarben zerlegt oder separiert werden, gleichgültig, mit welcher Methode die Halbtöne erzeugt werden. Dann wird zunächst z. B. die gelbe Separation gedruckt, gefolgt von der magentafarbenen und der cyanfarbenen. Manchmal kommt auch noch die Farbe Schwarz hinzu. Das Separieren der Druckdaten geschieht im Computer.

Bevor es aber dazu kommt, muß ein weiterer Prozeß erfolgen, nämlich die Umwandlung der additiven Farben Rot, Grün und Blau in die subtraktiven Druckfarben Gelb, Magenta und Cyan. Denn Betriebssysteme und Applikationen arbeiten herkömmlich mit den additiven Farben. Diese Konvertierung findet normalerweise im Computer statt, besonders bei einfachen Systemen, kann aber auch erst im Drucker erfolgen, der dann die RGB-Separationen empfängt. Darauf gehen wir im Kapitel 3 „Farbdruckertechnologien" noch genauer ein.

Wenn die Auflösung eines digitalen Drucksystems hoch genug ist und die Pixel entsprechend klein sind, ist es nicht mehr zu identifizieren, ob die Farbmischung durch exakt übereinander oder nebeneinander angeordnete Farbpixel entstanden ist. Dies kann man relativ einfach erklären. Das Auge verfügt über Rezeptoren für die Spektralfarben Violettblau, Grün und Orangerot, die wir häufig trivial mit Rot, Grün und Blau bezeichnen. Die Komplementärfarben davon sind Cyan, Magenta und Gelb, die als solche eigentlich gar nicht von den Rezeptoren erkannt werden. Cyan wird nur deswegen erkannt, weil die Rezeptoren für Violettblau und Grün aktiviert werden, bei Magenta sind es die Rezeptoren für Violettblau und Orangerot und bei Gelb die für Grün und Orangerot (siehe auch Kapitel 2 „Farbe"). Erst im Gehirn werden aus den Signalen der Rezeptoren die Mischfarben interpretiert. Für das Auge spielt es also zunächst keine Rolle, ob die Farbmischung bereits auf dem Papier existiert und vom entsprechenden Rezeptor aufgenommen wird oder erst im Gehirn durch die Signalanteile aller Rezeptoren erzeugt wird. Fachleute weisen aber darauf hin, daß Reinheit und Sättigung der Mischfarben Violettblau, Grün und Orangerot höher sind, wenn die Punkte der Druckfarben, die diese Mischung erzeugen, exakt deckungsgleich sind. Somit wäre auch ein Einfluß auf den Farbumfang vorhanden. Aus Gründen der Farbkalibration und -konstanz sollte ein Drucksystem aber ein Mischverfahren wiederholen können, also entweder die Farbpunkte immer zur Deckung bringen oder immer nebeneinander setzen.

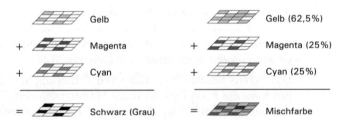

Abb. 17: Dispersed Dithering zur Erzeugung von Farbtönen

Das einfachste Verfahren zur Simulation von Halbtönen ist wiederum das Dispersed Dithering, das bei geringem Aufwand eine begrenzte Menge von Farbtönen erzeugen kann. Diese Farbmenge reicht für computergenerierte Grafikobjekte und einfache Grafikanwendungen aus. Dort sind bekanntlich die Ansprüche an die Farbvariationen nicht so hoch, wenngleich für die dargestellten Farben eine gute Qualität erwartet wird. Im Prinzip werden beim Dispersed Dithering Farbtöne mit selektiver Abstufung erzeugt, Farbverläufe weisen stets Stufen auf. Beispielsweise sind mit einer 4 x 4 Matrix 16 Halbtöne einer Prozeßfarbe zu erreichen. Dabei sollte kein störendes Muster auftreten, was vermieden werden kann, wenn die Matrix nicht zu groß ist. Dadurch wird allerdings die Anzahl der Farbtöne eingeschränkt, was aber bei einfachen Grafikverarbeitungsprogrammen akzeptiert werden kann. Die Mischung der 16 Halbtöne aller drei Prozeßfarben ermöglicht

1.6 Erzeugung von Farbtönen

4096 Farbtöne. Die Halbtonzellen werden dazu simpel übereinandergedruckt, wie in Abbildung 17 verdeutlicht. Die Anzahl der Farbtöne läßt sich aus der folgenden Berechnung ableiten:

Farbtöne = Cyan-Töne x Magenta-Töne x Gelb-Töne

Die Beispiele in der Tabelle sollen diese Berechnung verdeutlichen, zudem ist die sich ergebende Rasterfrequenz für einen 300 dpi Drucker angegeben. Mit einer Auswahl von 4096 Farbtönen lassen sich bereits gute Farbdruckergebnisse erzielen, die für viele Grafikanwendungen genügend Farben bieten bei gleichzeitiger feiner Punktstruktur.

Tabelle 2: Rastermatrixgröße und Halbtöne bei einer Ortsauflösung von 300 dpi.

Matrix	Anzahl der Halbtöne pro Prozeßfarbe	Anzahl der Farbtöne	Rasterfrequenz
2 x 2	4	64	150 lpi = 59 Linien/cm
4 x 4	16	4.096	75 lpi = 29,5 Linien/cm
*	32	3.2768	53 lpi = 21 Linien/cm
8 x 8	64	262.144	37,5 lpi = 14,8 Linien/cm
16 x 16	256	16.777.200	18,75 lpi = 7,4 Linien/cm

*) Mit 45° Raster und 32 Pixel pro Halbtonzelle.

Die Aufbereitung der Grafikdaten für diese Form des Dithering erfolgt im Computer, und zwar durch die Anwendung selbst. Der Druckertreiber holt sie sich als CMY-Pixeldaten (Cyan, Magenta, Gelb), formatiert und übersetzt sie in die Druckerkommandosprache und überträgt sie zeilen- oder seitenweise zum Drucker.

Das bereits beschriebene Clustered Dithering, also die gebündelte Anordnung der Pixel innerhalb der Halbtonzelle, erfüllt höhere Ansprüche wie z.B. stufenlose Farbverläufe oder die Bearbeitung gescannter Bilder. Die Übertragung dieser Methode auf den Drei- oder Vierfarbendruck ist jedoch mit einigen Schwierigkeiten verbunden. Die Vielzahl der Farbtöne, die geforderte Abbildungsgenauigkeit, ein harmonisches Aussehen des Druckbildes und Ungenauigkeiten beim Druckprozeß sind einige Gründe dafür, daß die separierten Farbauszüge vor dem Ausdruck eine besondere Aufbereitung erfahren. Indem man die Farbauszüge mit Rasterwinkeln versieht, sorgt man für einen Moiré-Effekt, der kontrollierbar ist. Unterläßt man die Winkelung, sorgen die anderen Unzulänglichkeiten beim Drukken für unkontrollierbare Störeffekte. Die gebräuchlichsten Rasterwinkel für die drei Prozeßfarben sind 15°, 45° und 75°. Der Winkel, der eine grobe Punktstruktur am wenigsten erkennen läßt, wird der Farbe zugeteilt, die am besten wahrgenommen wird. Bei unseren drei Prozeßfarben wird meistens der Farbe Magenta ein Winkel von 45° zugeordnet, während die beiden

*Abb. 18:
Drehung der Gitter erzeugt Moiré*

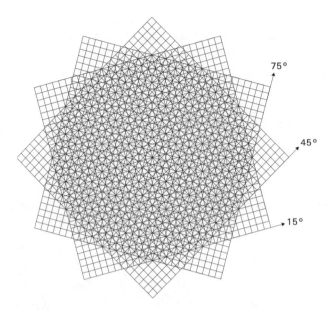

verbleibenden Farben Gelb und Cyan mit den Winkeln 15° und 75° ausgerichtet werden. Legt man drei Gitter, die jeweils ein Punktraster darstellen sollen, übereinander und dreht jedes Gittes um den entsprechenden Rasterwinkel, erhält man ein Resultat, das in Abbildung 18 gezeigt ist. Dabei entsteht ein neues Muster, eben dieses gewollte, gleichmäßige rosettenartige Moiré. Die Rosetten wiederholen sich in regelmäßigen Abständen. In der nächsten Abbildung wurden die Kreuzungspunkte der Gitter durch Punkte ersetzt, die den Druckerpixeln entsprechen. Die beiden Figuren sind identisch, die Punktraster wurden lediglich um einen anderen Punkt gedreht. Dadurch erzeugen sie ein total unterschiedliches Moiré. Das linke Moiré zeigt eine regelmäßige Struktur mit häufig auftretenden gleichmäßigen Figuren. Entsprechend gleichmäßig ist die Farbverteilung über die Fläche gesehen. Das rechte hingegen läßt erahnen, wie ungleichmäßig die Farbe über die Fläche verteilt werden würde. In der Praxis wählt man tatsächlich eine Struktur ähnlich der linken Figur.

*Abb. 19:
Rosettenbildung durch Drehung der übereinandergelegten Punktmuster*

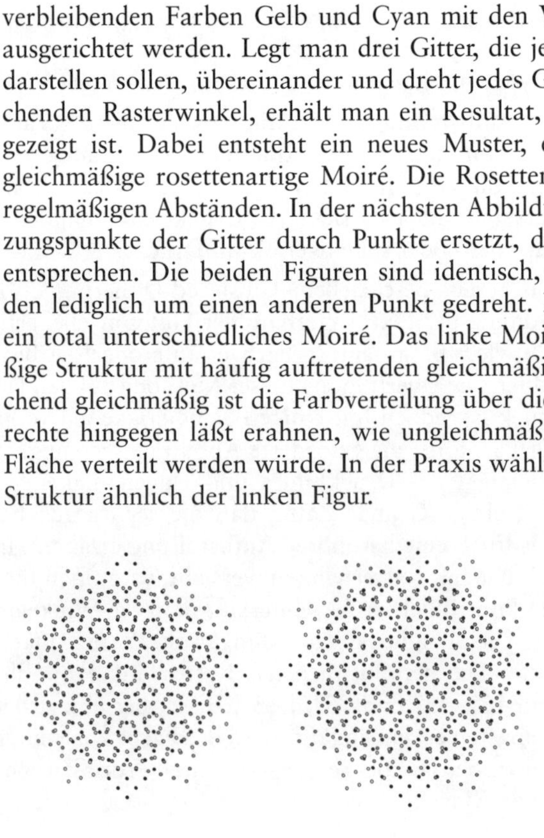

1.6 Erzeugung von Farbtönen

Nun kann man bei einem Rasterausgabegerät nicht einfach ein Punktraster um einen Winkel drehen. Die Drehung ist immer nur in gewissen Abstufungen möglich, die durch die horizontale und vertikale Geräteauflösung gegeben sind. Außerdem spielt die Matrixgröße der Halbtonzelle eine Rolle. Bei genauerem Betrachten dieses Zusammenhangs erkennt man schnell, daß man fast keine Auswahlmöglichkeiten hat, wenn man eine vordefinierte Halbtonzelle um einen vordefinierten Winkel drehen will. Abbildungen 20 und 21 verdeutlichen die Problematik. Um in das Geräteraster zu passen, ist die Zelle nämlich mittels horizontal und vertikal ausgerichteter Pixel stufenförmig aufzubauen, und zwar so, daß sich auch noch das geforderte Winkelmaß ergibt. In den Beispielen wurde versucht, mit 14,93° bzw. 75,07° so genau wie möglich die Winkel 15° und 75° einzuhalten, die unmöglich zu erreichen sind. Es ergeben sich Zellen, die jeweils 241 Pixel enthalten. Es ist selbst mit einer größeren Abweichung von den Winkelwerten unmöglich, eine Halbtonzelle bestehend aus 256 Pixel zu erzeugen. Die Folge sind unvermeidbare Quantisierungsfehler. Dies gilt ebenso für die 45°-Ausrichtung mit der aus 238 Pixel bestehenden Halbtonzelle. Aber nicht nur die Pixelmengen der Halbtonzellen, sondern auch deren Rasterlaufweiten variieren. Die beiden 15° und 75° Raster weisen identische Rasterlaufweiten auf, während für die im Winkel von 45° verlaufende Separation die Rasterlaufweite unterschiedlich ist. Auch hier ergeben sich wieder Quantisierungsfehler.

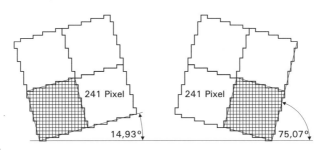

Abb. 20: Konstruktion gedrehter Halbtonzellen

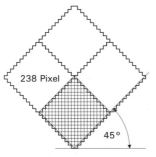

Abb. 21: Konstruktion gedrehter Halbtonzellen

Die Gesamtzahl der unterschiedlichen Farben, die sich mit dieser Form der Halbtonzellen erzeugen lassen, beträgt theoretisch 13.823.278

(241 x 241 x 238). Praktisch werden so viele verschiedene Farbtöne aber nicht gebraucht, auch gehen sie zu Lasten der Rasterfrequenz. Für das Drucken fotografischer Abbildungen ist vielmehr ein Kompromiß zu suchen, der sich aus dem Zusammenhang zwischen der Zahl der Farbtöne und der Rasterstruktur ergibt. Wie theoretisch dieses Thema auch von den Herstellern behandelt wird, kann man aus den Datenblattangaben herauslesen. Dort wird jedesmal die Menge der darstellbaren Farben mit 16,7 Millionen angegeben. Scheinbar ist ein Drucker besser, je größer diese Zahl ist. Dabei geht man von der simplen Überlegung aus, daß die Farbtiefe 8 Bit pro Primärfarbe (24 Bit insgesamt) beträgt. Diese 8 Bit lassen sich aber nur mit einer quadratischen 16 x 16 Matrix nutzen, die eine sehr grobe Rasterstruktur ergeben würde und in der Praxis gar nicht vorkommt. Würde man eine noch größere Matrix wählen, käme man sogar auf eine noch höhere Farbenmenge. Die Zahl 16,7 Millionen sagt also nichts über die Farbqualität eines bestimmten Druckers aus, sondern ist lediglich ein rechnerischer Wert. Es wäre ein größere Hilfe für die Anwender, wenn weitere Angaben zur Farbenrasterung aufgeführt würden, beispielsweise Rastermatrixgröße und -ausrichtung, Rasterlaufweite sowie die damit erreichbare Farbenvielfalt.

Das Arrangement aus Rasterwinkelung, Halbtonzelle und Versatz der Rastergitter zueinander bzw. Drehpunkt der Gitter, um ein gewünschtes Moiré zu erhalten, wird mit Screening bezeichnet. Die Firma Adobe hat verschiedene Screening-Methoden entwickelt, die im Rahmen der PostScript-Implementierung für Farbausgabegeräte zur Verfügung stehen. Diese Adobe-Screen-Sets berücksichtigen die Fehler, die sich aufgrund oben angestellter Überlegungen einschleichen. Beispielsweise werden über einen Rasterverlauf Halbtonzellen unterschiedlicher Größe generiert, damit, bezogen auf diesen Verlauf (und nicht auf eine einzige Halbtonzelle), ein optimaler Rasterwinkel entsteht.

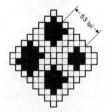

Abb. 22: Interpolation der Farbauflösung über mehrere Zellen erhöht die Anzahl der darstellbaren Farben.

4 Halbtonzellen à 32 Pixel bilden eine Superzelle, die 128 Graustufen pro Farbe darstellen kann. Mit den 3 Prozeßfarben sind insgesamt mehr als 2 Millionen Farbtöne zu erzeugen (128^3).

Auch für die digitalen Rasterdrucker mit der niedrigen Auflösung von 300 dpi hat Adobe Screen-Sets entwickelt, die einen guten Kompromiß zwischen der Ortsauflösung und der Farbauflösung anbieten. Denn was hilft eine schier unvorstellbare Anzahl von mehr als 13 Millionen Farben, wenn sie zu Lasten der Rasterfrequenz geht. Ein einfaches Beispiel soll verdeutlichen, wie mit einer relativ kleinen Halbtonzelle

1.6 Erzeugung von Farbtönen

trotzdem eine Vielfalt an Farbtönen erzeugt werden kann. Wir haben schon gesehen, daß mit einer 32-Pixel-Zelle 32.768 Farbtöne (32^3) bei einer Rasterfrequenz von 53 lpi darstellbar sind. Bisher haben wir immer vorausgesetzt, daß der Farbton von Zelle zu Zelle neu ermittelt wird, die Farbauflösung also für jede Zelle konstant ist. Nun werden aber die Nachbarzellen in die Berechnung mit einbezogen, sie bilden eine Superzelle. Die Farbauflösung wird also über mehrere Zellen interpoliert, während die Rasterlinienauflösung auf einzelne Zellen bezogen wird. Die Farbqualität leidet nicht unter diesem Trick, denn die Halbtonzellen sind sehr klein und liegen dicht beieinander, unser Auge wirkt zudem ausgleichend. Mit der Anordnung in unserem Beispiel sind 4 x 32 = 128 Farbtöne pro Prozeßfarbe möglich, verteilt über eine Superzelle. Die Gesamtzahl der Farben beträgt somit 128^3 = 2.097.150 bei einer hohen Rasterfrequenz von 53 lpi, und das mit einer Ortsauflösung von 300 dpi. Einige Hersteller haben Varianten dieser Methode entwickelt, die sie teilweise in ihre Produkte integriert haben. So erzeugt beispielsweise eine 6 x 6 Matrix eine Rasterfrequenz von 50 lpi, oder es werden 9 Zellen à 5 x 5 Pixel zu einer Superzelle zusammengeschlossen, wobei die Rasterfrequenz 60 lpi beträgt. Auf den ersten Blick scheinen die Qualitätsunterschiede nicht gravierend zu sein. Abhängig von den gewählten Abbildungen oder grafischen Darstellungen kann die eine oder andere Methode aber durchaus das bessere Druckergebnis bringen. Damit ein Farbverlauf, der über eine größere Fläche zu erzeugen ist, gleichmäßig und stufenlos erfolgt, ist die Menge der Farbtönungen wichtiger als die Größe der Rasterzelle. Solche Farbverläufe kommen in Bildern seltener vor, dort ist eine kleine Rasterlaufweite wieder wichtiger als die Anzahl der Farbtönungen.

Aus den geschilderten Sachverhalten lassen sich eine Menge Erkenntnisse ableiten, die ohne genaueres Hinsehen nicht auffallen. Sie betreffen das Farbverhalten der Ausgabegeräte sowie die Moirébildung. Wir haben gesehen, daß unter Berücksichtigung der anzuwendenden Rasterwinkelung die Halbtonzellen unterschiedliche Größen haben, die für ein bestimmtes Farbverhalten sorgen. Vertauschen wir nun einfach die den Rasterwinkeln zugewiesenen Farben, wird beispielsweise dem Winkel 45° die Farbe Cyan anstelle Magenta zugewiesen, ergibt sich ein neues Farbverhalten aufgrund der veränderten Bedingung für die Quantisierungsfehler. Ähnlich wirken sich horizontal und vertikal unterschiedliche Ortsauflösungen aus, beispielsweise 300 x 600 dpi oder 300 x 1200 dpi, die in jüngster Zeit bei einigen Seitendruckern zu finden sind. Wählt man einen Hochformat-Ausdruck, müssen Halbtonzellen zwangsläufig andere Formen und Winkel besitzen, als bei einem Querformat-Ausdruck. Neben der Auswirkung auf die Pixelanordnung für grafische Elemente, z. B. Schriften und Linien, treten auch Unterschiede der Farben und Rasterstrukturen auf. In der Praxis sollte man versuchen, die Bedingung, die zu einem bestimmten Quantisierungsfehler führt, stabil zu halten oder nach einer Veränderung das Gerät neu zu kalibrieren.

Sogar leicht unterschiedliche Screening-Methoden unterschiedlicher Hersteller haben Veränderungen an den Rasterwinkeln zur Folge. Diese haben zusammen mit Verschiebungen der gewinkelten Farbauszüge gegeneinander, die beispielsweise auf Gerätetoleranzen zurückzuführen sind, starken Einfluß auf die Moirébildung. Aber auch das Moiré beeinflußt das Farbverhalten, wie wir weiter oben gesehen haben. Doch nicht nur das Farbverhalten wird durch ein Moiré beeinflußt. Auch das Muster selbst kann störend wirken oder andere, bereits beim Scannen verursachte Interferenzen verstärken oder abschwächen. Extrem betrachtet können die Toleranzen und Quantisierungsfehler zu Abweichungen führen, die einen Farbdruck, der auf einem Ausgabegerät A mit einer Screeningmethode A und einer bestimmten mechanischen Präzision erzeugt wurde, total anders erscheinen läßt, wenn er auf einem Ausgabegerät B mit einer anderen Screeningmethode und anderer Genauigkeit erstellt wird.

Diese Überlegung spielt vor allem im Druckvorstufenbereich eine Rolle. Denn dort werden beispielsweise digitale Desktop-Drucker, die ein kontinuierliches Druckverfahren verwenden, als Proofingmethode stets kritisch angesehen, weil sie keine Rasterung erzeugen und so keine Moirébildung erkennen lassen. Aber anders herum betrachtet, hat man auch keinen Einfluß auf Gerätetoleranzen, Screeningmethoden und Quantisierungsfehler der präferierten Rasterdrucker, so daß die Moirébildung oder -abbildung und darüber hinaus das Farbverhalten insgesamt häufig dem Zufall überlassen ist. Man kann daher vermuten, daß diese Drucker zum Proofen gleichermaßen geeignet oder nicht geeignet sind. Hingegen werden die Quantisierungsfehler, die für Farbabweichungen und Zufallsmoirés verantwortlich sind, bei Druckern mit kontinuierlichen Druckverfahren von vornherein vermieden, so daß diese Druckverfahren zu Unrecht einen schlechten Ruf im Druckvorstufenbereich genießen.

Die Aufbereitung der Daten für das Clustered Dithering kann auf unterschiedliche Weise stattfinden. Verfügt das Ausgabegerät über einen eigenen RIP (*Raster Image Processor* = Rasterbildprozessor), so reicht es aus, die Farbinformationen des Druckbildes in ungerasterter Form zum Ausgabegerät zu übertragen. Dort sorgt dann der RIP für das Dithering. Sehr weit verbreitet sind heute RIPs, die sich der Seitenbeschreibungssprache PostScript von Adobe bedienen. Aber auch kompatible RIPs finden Verwendung. Diese RIPs müssen sehr leistungsfähig sein, damit sie den hohen Datenanfall und die komplizierte Umsetzung in das Druckraster zügig bewältigen können. Im RIP selbst sind die Einzelheiten des Rasters, was Rasterwinkel und Arrangement der

1.6 Erzeugung von Farbtönen

Halbtonzellen betrifft, unter Berücksichtigung der Drucktechnologie genau festgelegt. Die Drucker, die nicht über PostScript und einen RIP verfügen, erhalten die Druckdaten bereits gerastert, und zwar nach den gleichen Verfahren, die bereits beschrieben wurden.

Die frequenzmodulierte Pixelverteilung des Dispersed Dot Diffusion Dithering, auch Error Diffusion Dithering genannt, spielt auch in der Farbreproduktion eine Rolle, die in Zukunft weitaus größer sein wird. Der Bekanntheitsgrad dieser Methode ist ein wenig abhängig von ihrer Verwendung in kommerziellen Druckbereichen. Dort haben aber inzwischen alle namhaften Hersteller von Druckvorstufenprodukten dieses Ditheringverfahren in ihrem Sortiment, lediglich die alltägliche Anwendung ist noch mit einigen Schwierigkeiten verbunden. Sie sind auf die hohen Anforderungen an die Präzision der Druckmaschinen und des gesamten Druckvorganges zurückzuführen. Eine Tatsache, die selbstverständlich auch bei Computerdruckern eine Rolle spielt. Doch ist dort die mechanische Präzision, bezogen auf die räumliche Auflösung, höher einzuschätzen als bei Druckmaschinen. Zudem erhält der Computerdrucker die Druckdaten direkt aus dem Computer, während sich beim kommerziellen Druckvorgang über die Film- und Druckplattenherstellung bis hin zur Druckmaschine selbst eine ganze Reihe von Fehlerquellen einschleichen können.

Der Vorteil der frequenzmodulierten Rasterung wurde schon im Abschnitt „Rastern und Dithering" herausgestellt, er gilt für den Farbdruck ebenso. Verglichen mit dem oben beschriebenen Clustered Dithering sind die Druckergebnisse harmonischer und detailgetreuer, vor allen Dingen dann, wenn die Auflösung des Ausgabegerätes begrenzt ist. Hauptsächlich setzen die Tintenstrahlprodukte heutzutage die frequenzmodulierte Rasterung ein und liefern dadurch ansehnliche Druckqualitäten. Dabei werden die drei Farbauszüge ohne Winkelversatz gerastert und so übereinandergedruckt, daß die Verteilung der Pixel wie zufällig erscheint. Eine regelmäßige Struktur oder ein Muster ist nicht zu erkennen, Moirébildung wird verhindert und Farbverläufe weisen keine Stufen auf. Trotzdem ist die Detailgenauigkeit weit höher als mit den anderen Rasterverfahren. Auf erläuternde Abbildungen wird an dieser Stelle verzichtet, sie tragen nicht unbedingt zum Verständnis bei. Statt dessen sind Ausschnitte aus Probedrucken in den Farbseiten enthalten.

Das frequenzmodulierte Rasterverfahren hat vereinzelt bereits Einzug in die RIPs der Drukker gehalten, die dann mehrere Rastermethoden zur Auswahl haben. Bei preiswerten Tintenstrahldruckern übernimmt diese Arbeit die Anwendung selbst oder die Treibersoftware, das Rastern der Druckdaten und die Übertragung zum Drucker verläuft nach dem gleichen Schema wie oben beschrieben. Bereits jetzt ist abzusehen, daß Tintenstrahldrucker durch die Verwendung dieser Dithermethode einen Schub nach vorne erfahren und auch in semiprofessionellen Bereichen eine höhere Akzeptanz erfahren werden. Allerdings ist diese nicht nur von diesem Teil der Druckqualität abhängig, sondern von anderen Faktoren, die in der Technologie selbst liegen.

2 Farbe

2.1 Farbtondarstellung

Die oben erwähnten Methoden des Druckens von Halbtönen bilden die Grundlage für das Farbdrucken. Mit dem Unterschied, daß beim Farbdrucken anstelle einer Grundfarbe in der Regel drei oder vier Farben zur Anwendung kommen, in einigen Teilbereichen der Druckwelt sogar noch mehr. Doch darauf wollen wir hier nicht weiter eingehen.

Sollen Graustufen oder Gray Scales der Grundfarben gedruckt werden, sind die Methoden für die Halbtonerzeugung exakt dieselben wie beim S/W-Druck. Der Prozeß muß lediglich für alle vorkommenden Grundfarben wiederholt werden.

Die verwendeten Grundfarben für den Vierfarbendruck sind normalerweise für alle Druckverfahren dieselben. Dies sind Zyan – Cyan (C), Magenta (M), Gelb – Yellow (Y) und Schwarz – Black (K). Der Buchstabe K wurde als Abkürzung gewählt; er steht für Key = Schlüssel, denn Schwarz ist für alle Druckprozesse die Schlüsselfarbe und wird auch häufig den anderen Farben zugemischt, um deren Anteile zu reduzieren. Außerdem könnte das B von Black zu Verwechslungen mit der Abkürzung für die Farbe Blau führen.

Häufig wird die Farbe Schwarz durch Übereinanderdrucken der drei anderen Farben ersetzt. In den meisten Fällen reicht dieser Farbtonersatz auch aus. Der Nutzen bei Computerdruckern ist jedenfalls groß: die Kosten für Verbrauchsmaterial und Speicher sind oft geringer, die Druckgeschwindigkeit dafür höher. In der Druckbranche jedoch stellt die Simulation von Schwarz durch gleiche Anteile von Cyan, Magenta und Gelb keinen Nutzen, sondern Drucktintenverschwendung dar. Denn um ein sattes Schwarz zu erzeugen, sind jeweils 100% der drei anderen Farben nötig. Die Kosten dafür sind hoch. Außerdem steigt der Flüssigkeitsgehalt zu sehr an, so daß man im Gegenteil um eine Reduzierung der Drucktintenanteile bemüht ist. Gleiche Farbanteile von Cyan, Magenta und Gelb kann man aus dem Druckbild entfernen und durch einen identischen Anteil Schwarz ersetzen. Die Verfahren für diesen Reduzierungs- und Ersatzprozeß werden mit den amerikanischen Ausdrücken *Under Color Removal* und *Black Component Replacement* bezeichnet.

Weil die Methoden der Halbtonerzeugung in der Druckbranche weitgehend mit denen der Computerdrucker identisch sind, ebenso wie die verwendeten Grundfarben, müßten auch die Druckresultate identisch sein. Daß dies leider nicht immer so ist, liegt zum einen daran, daß es weltweit unterschiedliche Normungen für die Tonwerte der Grundfarben gibt. In Japan werden z.B. die nach dem JIS-Standard definierten Toyo-Inks verwendet, während in den USA der SWOP-Standard und in Europa die Euroskala marktbestimmend sind. Zum anderen beziehen die Hersteller von Computerdruckern ihre Verbrauchsmaterialien wie Tinte, Wachs oder Toner von unterschiedlichen Lieferanten, die sich zudem nicht an diese Standards halten. Wenn die Drucker dann noch weltweit mit Verbrauchsmaterialien aus unterschiedlichen Produktionsgängen vertrieben werden, ist die Farbtreue nur noch dem Zufall überlassen. Dieses Manko hat man beim S/W-Drucken nicht: Schwarz ist überall schwarz.

Hohe Anforderungen an die Farbtreue gibt es glücklicherweise nicht in allen Anwendungsbereichen der Farbdrucker. Die Anforderungen der Benutzer wechseln mit den verschiedenen Zielsetzungen der Farbverarbeitung. Absolute Farbtreue wird sicherlich von der professionellen Bildverarbeitung erwartet, zumeist im Druckvorstufenbereich angesiedelt. Gerade von dort kommt die Forderung nach Farbmanagementmethoden, mit denen eine digitale Reproduktion auf die Bildschirmdarstellung oder den Fortdruck abgestimmt werden soll. Farbtreue bis zu einem bestimmten Grad wird gewiß auch von anspruchsvollen Grafikern, Designern und Konstrukteuren erwartet, die ihre Arbeiten aber nicht auf einer Druckmaschine weiterproduzieren wollen. Von den anderen Anwendungsgebieten besonders in der Büroumgebung ist die Erwartung einer Farbabstimmung in diesem Maße nicht bekannt. Der Wunsch nach einer Übereinstimmung des Farbausdruckes mit der Bildschirmdarstellung ist zweifelsohne vorhanden, doch läßt sich oftmals der höhere Aufwand nicht mit der Zweckbestimmung vereinbaren.

Es überrascht nicht besonders, daß es bis vor wenigen Jahren fast überhaupt keine Mittel gab, die Farbausgabe auf den Bildschirm abzustimmen oder wenigstens eine Annäherung zu versuchen. Farbmanagementprogramme in offenen Computerumgebungen finden erst seit etwa 1992 Verwendung, obwohl es auch vorher genügend Anbieter von Farbdruckern der mittleren und oberen Preisklasse gab. Selbst bei Verwendung ausgereifter Thermotransferdrucker mußte man nach dem Prinzip „Trial and Error" teure Probedrucke verschwenden, um z. B. beim Drucken von Präsentationen eine Farbe in einem ähnlichen Ton wie auf dem Monitor hinzubekommen. Heute wissen wir, daß jede Art von Farbbehandlung in der Software ziemlich aufwendig ist und ohne die Vereinbarung und Verwendung von Standardverfahren nicht zum gewünschten Ziel zu führen scheint. Hinzu kommt, daß die verbreiteten Befehlscodes für Zeilen- und Seitendrucker lediglich einfache Kommandos für die Farbsteuerung, beispielsweise Farbe ein- oder ausschalten, enthielten. Selbst PostScript Level 1, noch bis 1992 in Farbdruckern verwendet, verfügte nicht von vornherein über Farbbefehle. Und der von Hewlett Packard entwickelte Befehlscode HPPCL5 wurde erst mit der Vorstellung des PaintJet XL300 um einige Farbsequenzen erweitert.

Inzwischen hat sich einiges geändert, was nicht heißt, daß es einfacher geworden ist. Druckerhersteller sollten zwar, müssen aber nicht auch noch Farbspezialisten sein, vor allem dann nicht, wenn sie sich jahrelang mit monochromen Drucktechnologien befaßt haben. Und so kommen die meisten Lösungsansätze für das Farbenmanagement von Firmen, die von Haus aus mit der Erforschung der Farben oder der Entwicklung von Software zu tun haben. Und nicht nur hinsichtlich dieses Themas scheinen sich die Anbieter in zwei Gruppen zu teilen: In eine Gruppe, die über Druckertechnologien verfügt und entsprechende Produkte herstellt und in eine andere Gruppe, die diese Produkte mit intelligenten Steuercodes anreichert und somit erst in die Lage versetzt, die zweifelsohne hohen Anforderungen der verschiedenen Farbanwender zu erfüllen.

In diesem Kapitel soll nun versucht werden, einen Einblick in das Thema Farbe zu vermitteln, und zwar mit Blickrichtung auf die Schwierigkeiten, die mit dem digitalen Farbdrucken verbunden sind.

2.2 Entstehung des Farbeindrucks

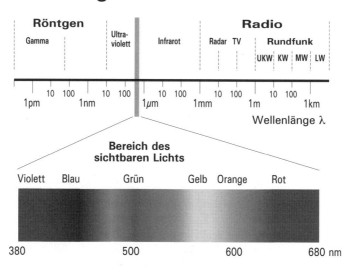

Abb. 23: Frequenzspektrum elektromagnetischer Wellen

Nun befinden wir uns bereits mitten in der Welt der Farbe. Was ist Farbe überhaupt, wie läßt sie sich darstellen, und was hat es mit den Modellen RGB und CMYK auf sich?

Farbe ist eine Sinneswahrnehmung, die entsteht, wenn drei Voraussetzungen erfüllt sind: Licht muß auf ein Objekt treffen, dadurch wird ein Farbreiz erzeugt. Wird der Farbreiz von einem Beobachter wahrgenommen, leitet er daraus eine Farbe ab. Licht ist ein Teilbereich eines Gesamtspektrums elektromagnetischer Wellen. Die gleichen elektromagnetischen Wellen, allerdings mit anderen Frequenzen und somit Wellenlängen, sind dazu geeignet, Fernseh- und Rundfunksignale zu übertragen oder wie in der medizinischen Diagnostik als Röntgenstrahlen den menschlichen Körper zu durchleuchten. Die Wellenlängen dieser elektromagnetischen Strahlen und ihre Intensitäten bestimmen die spektrale Zusammensetzung des Lichtes. Licht wird ausgestrahlt, und es wird aufgenommen. Licht wird dann sichtbar, wenn es irgendwo auftrifft und absorbiert oder reflektiert wird und die verbleibenden Spektralanteile von einem Beobachter wahrgenommen werden. Das Ausstrahlen und das Absorbieren von Licht spielt eine große Rolle in der Farbverarbeitung.

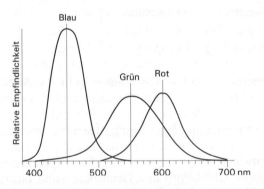

Abb. 24: Empfindlichkeitskurven der Rezeptoren des menschlichen Auges

Additive Farben

Das Überlisten des menschlichen Auges hat schon bei der Simulation von Halbtönen eine große Rolle gespielt. Und diese Rolle spielt es auch bei der Interpretation von Farbe. In unserem Auge befinden sich Rezeptoren, die für bestimmte spektrale Wellenlängen sensibel sind. Es sind genau drei Kategorien von Rezeptoren, und jede Rezeptorenart ist dabei für einen bestimmten Spektralbereich zuständig. Abbildung 24 zeigt, in welcher Weise sich die Empfindlichkeiten der Rezeptoren auf den Spektralbereich des Lichtes verteilen. Die Maxima dieser Empfindlichkeitskurven liegen genau auf den Wellenlängen der Spektralfarben Blau, Grün und Rot. Wegen der exakten Farbtönung wird das Blau von manchen Fachleuten auch als Violettblau und das Rot als Orangerot bezeichnet. Empfängt das Auge Lichtstrahlen, werden sie entsprechend ihrer Zusammensetzung als Farbreize vom Gehirn verarbeitet, das daraus die Farbsignale Rot, Grün und Blau erzeugt. Besitzen die Farbreize dieselbe Intensität, interpretiert das Auge die Farbe Weiß. Weiß ist also das additive Ergebnis aus der Mischung der drei Spektralfarben Rot, Grün und Blau, die auch als additive Primärfarben be-

2.2 Entstehung des Farbeindrucks

zeichnet werden. Sind die Intensitäten der Farbreize aber unterschiedlich oder fehlt ein Farbreiz, interpretiert das Gehirn eine additive Mischfarbe. Aus der Mischung jeweils zweier Farben können weitere drei Farben, die sog. Sekundärfarben, erzeugt werden. Insgesamt können so von unserem Sehorgan die acht bekannten Grundfarben aus den drei Spektralfarben und ihren Mischungen erzeugt werden. In Tabelle 3 sind diese Farben und ihre Beziehungen zueinander dargestellt.

Tabelle 3: Aus den Mischungen der drei Spektralfarben ergeben sich acht Grundfarben

Grundfarbe		Spektralfarbe	
Schwarz	-	-	-
Orangerot	-	-	Orangerot
Grün	-	Grün	-
Gelb	-	Grün	Orangerot
Violettblau	Violettblau	-	-
Magenta	Violettblau	-	Orangerot
Cyan	Violettblau	Grün	-
Weiß	Violettblau	Grün	Orangerot

Die Interpretation von Mischfarben kann allerdings nicht nur aus dem Lichtspektrum hervorgehen, sondern auch auf einer Fehlfunktion des Auges beruhen. Wenn nämlich die Rezeptoren unterschiedlich sensibel sind oder einzelne sogar völlig ausfallen, wird daraus eine Farbenblindheit. Dann kann der Spektralbereich, der einem Rezeptor zufällt, nicht mehr ermittelt werden, und die entsprechende Grundfarbe fehlt für immer. Glühbirnen und Neonröhren sind Lichtstrahler, aber auch Fernsehbildröhren. Indem diese Röhren die Farben Rot, Grün und Blau abstrahlen, können sie ebenfalls ein großes Farbspektrum erzeugen, und zwar additiv. Die exakte Beschreibung der additiven Farberzeugung ist sehr komplex und umfangreich. Es soll hier nicht näher darauf eingegangen werden.

Abb. 25: Die additive Mischung der drei Spektralfarben untereinander ergibt die Komplementärfarben sowie Weiß

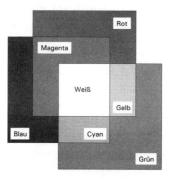

Subtraktive Farben

Treffen additive Lichtstrahlen auf einen Gegenstand, so werden sie absorbiert oder reflektiert. Der Grad der Absorption hängt von der Farbe des Gegenstandes ab. Ein weißes Blatt Papier absorbiert fast kein Licht, das Licht wird reflektiert und erreicht unser Auge. Ein schwarzer Vorhang hingegen absorbiert das Licht vollständig, es wird nichts reflektiert, das Auge sieht nur schwarz. Das, was wir als Farbe wahrnehmen, ist also der um die absorbierte Menge subtrahierte Lichtanteil des ursprünglich aufgetroffenen Lichtes.

Die Komplementärfarben von Rot, Grün und Blau sind Cyan, Magenta und Gelb. Diese Grundfarben werden benutzt, um das Farbspektrum subtraktiv zu drucken. Und das hat folgenden Hintergrund: Eine Farbe kann in ihre roten, grünen und blauen Komponenten zerlegt werden, wenn sie durch rote, grüne und blaue Filter gesehen wird. Die Farbe, die durch das Rotfilter entfernt wird, ist eine Mischung aus Grün und Blau, nämlich Cyan. Umgedreht wird rotes Licht durch ein Cyanfilter entfernt. Daher kann man Cyan als Invers- oder Komplementärfarbe von Rot betrachten. Die gleiche Verfahrensweise, allerdings durchgeführt mit Grün- und Blaufiltern, ergibt die Komplementärfarben Magenta und Gelb.

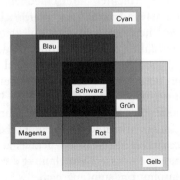

Abb. 26: Die subtraktive Mischung der drei Komplementärfarben untereinander ergibt die Spektralfarben sowie Schwarz

Während nun im additiven Farbsystem die Farbe Weiß aus den drei Farben Rot, Grün und Blau besteht, erzeugen im subtraktiven System die Farben Cyan, Magenta und Gelb die Farbe Schwarz. Das subtraktive System mit Cyan, Magenta und Gelb als Grundfarben bildet die Grundlage für alle Druckverfahren. Aber nicht ausschließlich, denn das Prinzip des digitalen Farbdruckens beruht, wenn man es genau nehmen will, auf Gesetzen der sog. autotypischen Farbmischung, bei der auch die additiven Mischgesetze berücksichtigt werden müssen. Für die Betrachtungen in diesem Buch reicht es aber aus, die subtraktive Farbmischung als Basis zu benutzen.

2.3 Die Wahrnehmung von Farbe

Befaßt man sich näher mit dem Thema Farbe, stößt man sehr bald auf eine Reihe von Merkwürdigkeiten, die die vorangegangene Behandlung des Farbspektrums und der additiven und subtraktiven Farbmischung unter einem anderen Licht erscheinen lassen. Der Grund dafür ist in einigen Merkmalen zu suchen, welche die Farbe charakterisieren. Weil Farbe mit der Erscheinung des Lichts zu tun hat, ist sie ein Sinneseindruck. Dieser Sinneseindruck kann nicht, wie sonst üblich, mit physikalischen Größen definiert werden, in der Physik gibt es nämlich überhaupt keine Farbe. Um diesen Sinneseindruck entstehen zu lassen, sind zwei Voraussetzungen nötig: Die Strahlung muß sichtbar sein, also sich im sichtbaren Spektrum der elektromagnetischen Wellen bewegen, und sie muß auf ein Empfangsorgan treffen, nämlich das menschliche Auge. Um Farben zu beschreiben, sind mindestens drei Größen notwendig, von denen die gebräuchlichsten der Farbton, die Sättigung und die Helligkeit sind. Soll mit Hilfe dieser drei Größen eine zahlenmäßige Beschreibung einer Farbe erfolgen, ist die Funktion des Auges bei deren Bewertung mit einzubeziehen. Diese Funktion ist aber von Betrachter zu Betrachter unterschiedlich, es führt dazu, daß Farben, oder besser Farbeindrücke, unterschiedlich beschrieben werden. Aber auch das Licht, das auf ein Farbobjekt trifft und so erst einen Farbreiz entstehen läßt, spielt eine Rolle bei der Bewertung eines Farbeindruckes. So empfinden wir z. B. das Tageslicht je nach Tageszeit anders, mal ist es bläulich, mal ist es rötlich, und es ist ein großer Unterschied, ob Sonnenstrahlen direkt oder durch Wolken gefiltert auf ein Objekt treffen oder der Gegenstand von Kunstlicht angestrahlt wird. Diese wenigen, aber prinzipiellen Merkmale der Farbcharakteristik reichen aus, um das Thema Farbdrucken zu einem komplexen Thema werden zu lassen, in dessen Mittelpunkt die Wahrnehmung der Farben und deren Mischungen steht.

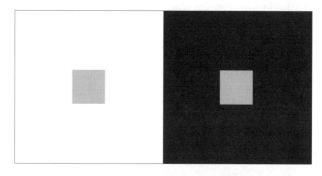

Abb. 27: Die beiden hellen Felder besitzen denselben Grauton, erscheinen aber unterschiedlich

Einige simple Beispiele sollen aufzeigen helfen, wie das Auge versucht, sich an veränderte Umgebungsbedingungen anzupassen. Die Folge sind Manipulationen des Sinneseindruckes, die nicht für eine objektive Bewertung der Farben geeignet sind. Stellen wir uns eine Overhead-Präsentation vor. Ein Projektor bildet eine Präsentationsfolie auf der Leinwand ab, welche vor einem dunklen Hintergrund bunte Objekte in gelben, roten, blauen und grünen Farben zeigt. Das gelbe Objekt soll nun mit einem Stück grüner Transparentfolie abgedeckt werden, worauf es nicht mehr gelb, sondern grün erscheint. Wird aber anstelle des gelben Objektes die gesamte Overheadfolie mit grüner Transparentfolie überdeckt, so erscheint das Objekt wieder gelb. Dies ist einigermaßen überraschend. Daraus läßt sich ableiten, daß unser Auge eine Farbe nicht präzise interpretiert, sondern sie im Zusammenhang mit der Umgebung sieht, also Farbunterschiede wahrnimmt.

Ein weiteres Beispiel belegt, wie unser Auge Kontraste interpretiert, also Hell-Dunkel-Unterschiede wahrnimmt. Es trifft für monochrome Kontraste ebenso zu wie für farbige. Abbildung 27 zeigt ein Quadrat mit einem mittleren Grauton innerhalb eines weißen und eines schwarzen Feldes. Der Grauton ist in beiden Fällen derselbe, erscheint jedoch im weißen Feld dunkler als im schwarzen. Das gleiche Experiment, allerdings in Farbe, finden wir auf Farbtafel 2. Deutlich erscheint dasselbe blaue Farbquadrat unterschiedlich intensiv, wenn es auf einem dunklen und hellen Hintergrund abgebildet wird. Versucht man experimentell, umgekehrt die Farbe eines Quadrates zu verändern, damit sie gleich erscheint wie die Farbe des anderen Quadrates, so ist man über den Unterschied überrascht, wenn man die Hintergründe entfernt. Den Sinneseffekt, den Kontrastunterschied in dieser Form wahrzunehmen, wird als bunter oder unbunter Simultankontrast bezeichnet.

Neben dem Simultankontrast gibt es zwei weitere Begriffe, welche die Manipulationseigenschaften beschreiben. Sie werden in der Fachsprache mit Adaption und Umstimmung bezeichnet. Mit Adaption bezeichnet man das ständige Bemühen des Auges, des Sinneseindruck an die Helligkeit der Umgebung anzupassen. Dazu wird die Iris automatisch mehr oder weniger geöffnet. Das Ergebnis ist, daß der Sinneseindruck, den das Auge von einem Objekt vermittelt in einer hellen oder dunklen Umgebung identisch ist. Farben erscheinen gleich, obwohl sie Helligkeitsunterschiede aufweisen.

Tageslicht besteht aus einem Frequenzspektrum, das je nach Wetterlage oder Tageszeit unterschiedlich gewichtet ist. Die spektrale Zusammensetzung von Kunstlicht hängt von der Art der Erzeugung ab. Unser Sehorgan ist aber ständig bemüht, diese unterschiedlichen Beleuchtungsbedingungen auszugleichen und den Sinneseindruck an die spektrale Zusammensetzung des Lichtes anzupassen. Diese Fähigkeit bezeichnet man mit Umstimmung.

Diese Beispiele verdeutlichen, daß die drei Größen, die den Farbeindruck erzeugen, nämlich das Licht, das Objekt und das Sehorgan, variabel sind und jede für sich den Farbeindruck mitbestimmt. Soll eine Farbe definiert werden, so müssen diese variablen Größen so konstant wie möglich gehalten werden, damit eine objektive Aussage gemacht werden kann. Unser Sehorgan paßt sich Veränderungen von Farberscheinungen, die durch Licht und Objekt verursacht werden, an. Durch gewisse Normen kann diese ausgleichende Wirkungsweise ausgeschaltet werden. Bei der spektralen Zusammensetzung des Lichtes spielen die Intensitäten der elektromagnetischen Wellen eine Rolle, die in der Summe das Licht bilden. Entsprechend dieser Spektralanteile wurde der Begriff der Farbtemperatur geprägt. Die Farbe von Objekten entsteht aufgrund von Absorption und Reflexion bestimmter Spektralanteile des Lichtes. Aus diesem Zusammenhang wurde der Begriff Remission geprägt, der Aufschluß über die Erscheinungsform farbiger Objekte gibt. Diese Themenkreise werden nachfolgend eingehend behandelt. Dabei spielt eine in Frankreich ansässige internationale Beleuchtungskommission, die Commission Internationale de l'Eclairage, kurz CIE, eine bedeutende Rolle. Sie beschäftigt sich schon seit langer Zeit damit, Grundlagen und Verfahrensweisen für die meßtechnische Bestimmung von Farben und Farbeindrücken zu liefern.

2.4 Farbtemperatur

Die Wahrnehmung von Licht wird im wesentlichen durch die Summe der Anteile der drei Spektralfarben Rot, Grün und Blau geprägt. Was aber ist, wenn die Anteile unterschiedliche Intensitäten haben? Für unser Auge ist das Licht dann immer noch weiß, da es sich ja auf die unterschiedliche Erscheinungsform einstimmt (Umstimmung). Je nachdem, welche der Spektralfarben überwiegt, spricht man aber z. B. von warmem oder kaltem Licht. In der Mittagssonne sind die kurzwelligen, also „blauen" Strahlen stärker vertreten, das Licht erscheint hart und kalt. Abends dagegen überwiegen die langwelligen „roten" Anteile, und das Licht kommt uns weich und warm vor. Kalt und warm, das sind Temperatureindrücke, und in der Tat spricht man von der Temperatur des Lichtes, die von seiner spektralen Zusammensetzung abhängt. Diese Temperatur wird in „Kelvin" angegeben, manche kennen diese Angaben bereits vom Weißabgleich bei Grafikbildschirmen.

Die Angabe in Kelvin bezieht sich auf einen kugelförmigen Hohlkörper aus Ton mit einer kreisförmigen Öffnung, dem sogenannten „Planckschen Strahler". Bei einer bestimmten Temperatur fängt dieser Strahler an zu glühen, wenn man ihn erhitzt. Aus der Öffnung heraus beginnt er zu strahlen und sendet Licht aus. Entsprechend der Temperatur ist die spektrale Zusammensetzung dieses Lichtes unterschiedlich gewichtet, und man bezieht diese Spektralverteilung dann auf die Temperatur, durch die sie bestimmt wird. Die Temperaturen werden nicht in Grad Celsius (0 Kelvin = -273° C) sondern in Kelvin angegeben.

In Abbildung 28 sind einige spektrale Strahlungsverteilungen von genormten Lichtarten dargestellt, denen unterschiedliche Farbtemperaturen zugeordnet sind. Farbtemperaturen bewegen sich normalerweise zwischen 1000 und 6500 Kelvin, manchmal auch darüber. Die kurzwelligen Strahlen werden dabei besonders stark von der Temperatur beeinflußt. Sind diese Strahlen in etwa der gleichen Intensität wie die langwelligen vorhanden, dann ist das Spektrum energiegleich und besitzt eine Farbtemperatur von 5270 K. Ein Glühlampenlicht ist z.B. charakterisiert durch eine Farbtemperatur von 2856 K und als Normlichtart A standardisiert. Normlichtart B stellt ein mittleres Sonnenlicht mit einer Farbtemperatur von 4900 K dar, und Normlichtart C soll mit 6750 K in etwa das echte Tageslicht nachempfinden. Tabelle 4 zeigt einige Lichtarten und ihre Farbtemperaturen, auch ein Bezug auf die Diagramme in Abbildung 28 ist dabei enthalten.

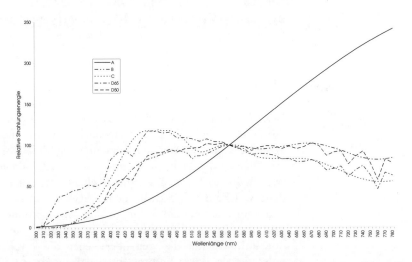

Abb. 28: Unterschiedliche Intensitäten der Spektralanteile von normierten Lichtarten

Um eine objektive Beurteilung von Farbreproduktionen durchführen zu können, ist die Beleuchtung von maßgebender Bedeutung, denn sie bestimmt die Farbempfindung mit. Daher wurden Farbtemperaturen standardisiert, die für eine solche Begutachtung oder Abmusterung verwendet werden sollen. Als Maß für ein Normlicht hat man die Farbtemperatur eines mittleren Tageslichtes gewählt, wie es in Mitteleuropa vorkommt. In der DIN 6173 ist festgelegt, daß für Aufsichtsobjekte, beispielsweise Drucke, die Normlichtart D50 mit einer Farbtemperatur von 5000 K und für Durchsichtsvorlagen, beispielsweise

2.5 Remission des farbigen Objektes

Dias, die Normlichtart D65 mit einer Farbtemperatur von 6500 K zu verwenden ist. Diese Farbtemperaturen entsprechen einem mittleren Sonnenlicht bzw. einem mittleren Tageslicht, wie anhand der Tabelle zu sehen ist. Farbige Objekte kann man unter diesen Farbtemperaturbedingungen verbindlich vergleichen und beurteilen, ohne daß das Auge seine „betrügerische" Rolle spielen kann.

Tabelle 4: Einige Lichtquellen und ihre Farbtemperaturen

Lichtquelle	Farbtemperatur	Normlichtart (ungefähr)
Sonnenlicht bei Sonnenuntergang	2000 K	
Glühlampe 40W	2800 K	A
Glühlampe 100W	2900 K	
Halogenglühlampe	3300 K	
Mittleres Sonnenlicht	5000 K	B, D50
Mittleres Tageslicht	6500 K	C, D65

2.5 Remission des farbigen Objektes

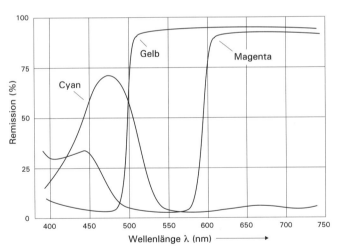

Abb. 29: Verlauf der Remission von Prozeßfarben eines Thermotransferdruckers

Treffen verschiedene Lichtarten auf ein farbiges Objekt, erscheint dieses unter Umständen unterschiedlich. Die Farbe des Objektes besitzt die Eigenschaft, selbst auf die spektrale Zusammensetzung des Lichtes zu reagieren, indem bestimmte Wellenlängen anders absorbiert oder reflektiert werden als andere. Die Farbinformation ist im Anteil des Lichtes enthalten, der reflektiert wird, man spricht dann von der Remission. Die Remission ist also der Anteil der Reflexion, der die Farbinformation enthält, man kann ihn daher als eine Art Fingerabdruck bezeichnen, anhand dessen eine Objektfarbe genau identifizierbar ist. Abbildung 29 zeigt als Beispiel den prinzipiellen Verlauf der spektralen Remission der Prozeßfarben eines Thermotransferdruckers.

Ein wichtiger Aspekt ist die Tatsache, daß zwei Objekte, die unter einer bestimmten Lichttemperatur dieselbe Farbe zu besitzen scheinen, unter anderen Lichteinflüssen unterschiedliche Farben haben können. Man spricht dann von einem metameren Verhalten. Betrachten wir ein Objekt alleine unter diesen unterschiedlichen Bedingungen, fällt die Abweichung nicht auf. Denn unser Auge stimmt sich wiederum darauf ein, es sieht das Objekt vor einem Hintergrund, der denselben Bedingungen unterliegt, und gleicht aus (Adaption). Um so wichtiger ist die Verwendung normierter Lichtarten für die Abmusterung von Farbobjekten.

2.6 Farbreiz und Normfarbwerte

Wenn man Farbe als Sinneswahrnehmung eines Beobachters definiert, welche aus Lichtstrahlen resultiert, die auf ein Objekt treffen, kann man folgende Beziehungen aufstellen:

Licht + Objekt = Farbreiz

Farbreiz + Beobachter = Farbe

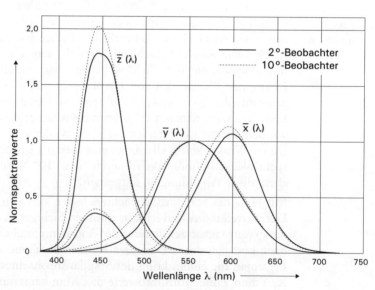

Abb. 30: Empfindlichkeitskurven des von der CIE genormten Standardbeobachters

Die Rolle, die das Licht und die Beschaffenheit des Objektes spielen, wurden bereits mit den Themen Farbtemperatur und Remission im vo-

2.6 Farbreiz und Normfarbwerte

rigen Abschnitt behandelt. Damit kann ein Farbreiz ausgelöst werden, der bei einem Beobachter den Farbeindruck verursacht. Da aber verschiedene Beobachter auch unterschiedliche Sehfunktionen, sprich Augenempfindlichkeiten besitzen, ist auch der Farbeindruck unterschiedlich. In vielen empirischen Versuchen konnte ermittelt werden, daß drei Größen ausreichen, um einen Farbeindruck zu beschreiben. Diese trichromatischen Größen basieren auf den drei Rezeptorentypen des Auges, die für unterschiedliche Spektralanteile des Lichtes sensibel sind. Aus dem Farbreiz wird ein Farbeindruck oder besser eine Farbvalenz, die aus der spektralen Empfindlichkeit der Rezeptoren resultiert, oder anders ausgedrückt, aufgrund der Gewichtung der drei Spektralfarben Violettblau, Grün und Orangerot, die die Rezeptoren in unserem Auge vornehmen. Das bedeutet, daß sich jede Farbe des Lichtspektrums aufgrund des trichromatischen Farbreizes ausdrücken läßt. Um dieses aber unabhängig vom Beobachter durchführen zu können, muß eine bestimmte Augenempfindlichkeit definiert werden. Die CIE hat daher einen Beobachter standardisiert, dessen Rezeptoren im Auge bestimmte Empfindlichkeitskurven aufweisen, die denen eines durchschnittlichen Beobachters entsprechen. Sie zeigen die Augenempfindlichkeit in Abhängigkeit von der spektralen Wellenlänge des Lichtes auf. Die daraus resultierenden Normspektralwerte ($\bar{x}$, $\bar{y}$, $\bar{z}$) sind als Diagramm in Abbildung 30 zu sehen. Farbempfindungen hängen aber auch noch vom Blickwinkel ab, mit dem Farbreize ausgelöst werden. Man hat festgestellt, daß das Sehorgan je nach Größe der Farbfläche unterschiedliche Farbreize erzeugt. Das heißt, daß die Farbe einer größeren Fläche anders empfunden wird als dieselbe Farbe, wenn sie auf einer kleinen Fläche aufgebracht ist. Meßtechnisch gesehen wäre die Farbe zwar gleich. Jedoch hat die CIE stets versucht, die Beobachtungsempfindungen in die Modelle einzubeziehen. Sie hat daher bereits 1931 einen Blickwinkel von 2° vorgegeben, also einen 2°-Beobachter genormt, der bis heute die Referenz für Farbmeßverfahren darstellt. Erst viel später, nämlich 1976, kam ein weiterer Beobachter hinzu, dessen Beobachtungsempfinden auf einen Winkel von 10° ausgerichtet ist. Dieser Winkel spielt allerdings eine weitaus geringere Rolle, und die spektrale Empfindlichkeitskurven des 10°-Normbeobachters sind ebenfalls in Abbildung 30 dargestellt.

Mit Hilfe des Standardbeobachters lassen sich also beliebige spektrale Lichtverteilungen zuverlässig in die trichromatischen Farbempfindungswerte umsetzen, welche die Augenempfindlichkeiten berücksichtigen und von der CIE mit den Kürzeln X, Y und Z bedacht wurden. Legt man die Sehfunktion des Standardbeobachters zugrunde, stellen X, Y und Z die Normfarbwerte dar. Man kann nun zusammenfassen, daß die Farbe eines Objektes entsteht als Resultat dreier Farbreize X, Y, Z, die von der Remission des Objektes, also seiner spektralen Kennlinie, der spektralen Zusammensetzung des Lichtes und der Augenempfindlichkeit des Beobachters abhängen. Somit besteht ein Zusammenhang, der in Abbildung 31 bildlich dargestellt ist. Die Farbe eines Objektes kann nun eindeutig anhand der Normfarbwerte X, Y und Z ermittelt werden, wenn man bei ihrer Bestimmung eine normierte Lichtquelle und die Augenempfindlichkeit des Normbeobachters verwendet.

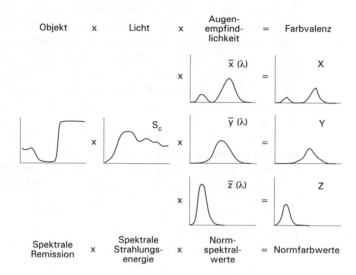

Abb. 31: Zusammenhang zwischen den einzelnen Funktionen, die den Farbeindruck bestimmen

2.7 Farbmetrik

In den vorangegangenen Abschnitten wurde versucht, Erklärungen und Begründungen aufzuzeigen, welche eine objektive Darstellungsweise von Farbwerten notwendig machen. Die beiden beteiligten variablen Größen, die die Wahrnehmbarkeit von Farbe unberechenbar machen, das Licht und die Sehfunktion, wurden standardisiert. Für die meßtechnische Farberfassung sind damit diese beiden Größen zu integrieren, die Farbmetrik wird darauf aufgebaut. Die verschiedenen genormten Farbmodelle, die daraus abgeleitet wurden, bilden heute u.a. die Basis für Methoden des Farbmanagements in der Computerindustrie. Die CIE hat nun versucht, auf Basis dieser Grundlagen anschauliche Modelle zu entwickeln, die Farbenwerte aufnehmen und Farbumfänge leicht verständlich beschreiben können. Damit wären Farben meßbar und vergleichbar, auch wenn der Betrachter diese Farben in anderer Weise aufnehmen würde. Aber gerade diese subjektiven Empfindungsabweichungen sollen ja ausgeschaltet werden.

Die trichromatischen Normfarbwerte kann man zwar für die zahlenmäßige Erfassung der Farben verwenden. Eine Abbildung der Farb-

2.7 Farbmetrik

werte zum leichten Verständnis beispielweise in einem Diagramm ist aber sehr schwierig durchzuführen. Daher hat die CIE weitere Überlegungen angestellt, wie die trichromatischen Werte umgesetzt werden können, um Farben und Farbumfänge mit Hilfe zweidimensionaler Modelle bildhaft zu machen. Dies wäre denkbar, wenn es gelänge, eine Konstante aus den trichromatischen Werten herauszufiltern, die einen gleichbleibenden Einfluß auf die Farbempfindung hat. Man hat dazu die Werte X, Y und Z in eine Beziehung zueinander gebracht, die durch die einfache Formel X + Y + Z = 1 ausgedrückt wird. Alle drei Werte zusammen machen einen 100%igen Farbreiz aus. Wenn die trichromatischen Werte die gleiche Größe haben, entsteht z. B. der Farbreiz für die Farbe Weiß. Verändert man X, Y und Z in gleicher Weise, d. h. jeweils um den gleichen Faktor, so ändert sich dadurch nicht die Farbempfindung. Es wird lediglich eine andere Farbintensität ausgemacht, und Weiß wird zu Grau. Diese Erkenntnis benutzt man, um die Beziehung zwischen X, Y und Z unabhängig von der Helligkeit der Farbe zu machen, denn dann kann man die Farbe mit nur zwei Variablen beschreiben, die man in ein Diagramm eintragen kann. Diese variablen Größen hat die CIE mit x und y definiert, sie werden wie folgt ermittelt:

$$x = \frac{X}{X+Y+Z}$$

$$y = \frac{Y}{X+Y+Z}$$

CIE 1931 (xy) Wie gesagt beschreiben die Formeln nur den Farbton, nicht aber die Helligkeit, die durch die Größe von Y ausgedrückt wird. Der Wert für die Helligkeit kann für dieses Diagramm schlicht und einfach unterdrückt werden. Zugegeben, diese Überlegungen sind sehr abstrakt, und man kann ihnen kaum folgen. Für jede Spektralfarbe (Wellenlänge) des Lichtspektrums können aber nun die trichromatischen Empfindungswerte X, Y und Z ermittelt werden, die aus den Empfindungskurven der Rezeptoren unseres Standardbeobachters resultieren. Errechnet man aus X, Y und Z die Werte x und y und trägt sie in ein Koordinatensystem ein, kommt man zu einem Kurvenzug, welcher mit CIE Chromatisches Diagramm oder CIE Farbtafel 1931 (xy, manchmal auch Yxy) bezeichnet wird. Die Form dieses Diagramms, das in Abbildung 32 und in Farbtafel 2 zu sehen ist, erinnert sehr an eine Schuhsohle, sie wird auch in der Umgangssprache so genannt. Am Kurvenverlauf sind die Werte der Wellenlänge für jeden Spektralanteil aufgetragen. Die Spektralanteile selbst besitzen am Rand die größte Intensität und stellen somit die größte Reinheit und Sättigung des jeweili-

*Abb. 32:
Spektralkurvenzug, der 1931 von der CIE als Chromatisches Diagramm (x y) genormt wurde*

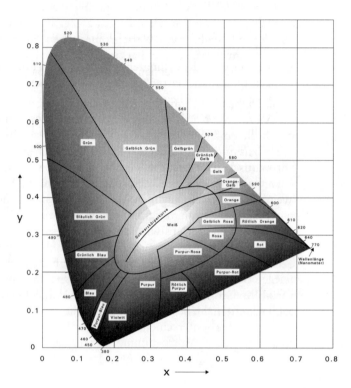

gen Farbtones dar. Zur Mitte hin nimmt die Sättigung aller Farben ab, sie münden dann in einem weißen Bereich, der auch die unterschiedlichen Farbtemperaturen des weißen Lichtes berücksichtigt, ausgedrückt durch die Schwarzkörperkurve. Sie bezieht sich auf die Farbtemperaturen des Planck'schen Strahlers (Schwarzkörper). Anfangspunkt (380 nm) und Endpunkt (770 nm) sind mit einer geraden Linie miteinander verbunden, der sogenannten „Purpurgeraden", die nicht aufgrund einer Messung oder Berechnung entstanden ist. Vielmehr hat man dort Mischfarben aufgetragen, die nicht im Lichtspektrum vorkommen.

Selbstverständlich spielt auch bei dieser Farbtafel die Helligkeit eine Rolle, sie ist in der Ebene nur nicht vorstellbar. Würde man den Helligkeitsanteil Y mit in dieses Modell einbringen, käme man zu einem dreidimensionalen Körper, der die Form einer flachen Tüte hat. Die abgebildete Farbtafel würde dabei die Öffnung der Tüte darstellen mit dem größten Helligkeitsanteil. Dieser Wert der Helligkeit rückt jedoch auch bei den folgenden Farbmodellen etwas in den Hintergrund, er ist die Konstante, die sich für alle Farben, ausgedrückt durch die trichromatischen Werte, gleich verhält. Zusammenfassend läßt sich die CIE-Farbtafel von 1931 wie folgt beurteilen:

- ▸ Jede dargestellte Farbe ist eine additive Mischung von Spektralfarben.
- ▸ Die Gesamtheit aller möglichen Farben liegt innerhalb des Spektralkurvenzuges.
- ▸ Die Werte der Koordinaten x und y stellen Informationen über den Farbton und die Sättigung dar, nicht aber über die Helligkeit.
- ▸ Das ideale Weiß liegt auf der Koordinate x = 0,333 und y = 0,333 (ist aber praktisch immer anders).
- ▸ Additive Mischungen von eingezeichneten Farben liegen auf geraden Verbindungslinien.

Schaut man sich die soeben vorgestellte CIE-Farbtafel genauer an, so stellt man fest, daß sich die Farben zu Weiß hin zwar verändern. Sie tun dies aber nicht in einheitlicher Weise. Es gibt Farbbereiche, in denen man eine leichte Veränderung der Farben zweier Punkte erst nach einer größeren Entfernung der Farbpunkte voneinander ausmachen kann, z. B. bei Grün oder Gelblich Grün. Bei einer anderen Farbe, z. B. Blau oder Rot, nimmt man dagegen einen Farbunterschied schon nach einer geringen Distanz zweier Punkte wahr. Dies liegt daran, daß die CIE in ihrem Chromadiagramm von 1931 die Farbempfindungen eines Beobachters nicht berücksichtigt hat, die ja immer auf der Wahrnehmung von Farbunterschieden beruhen. Diese Tatsache wurde bereits im Absatz „Die Wahrnehmung von Farbe" anhand des Phänomens Bunter Simultankontrast eingehend erläutert.

CIE 1976 UCS (u', v')

Um die Gleichabständigkeit von Farbunterschieden zu berücksichtigen, wurde von der CIE ein weiteres Modell entwickelt, das sich an die Farbtafel von 1931 anlehnt. Es ist 45 Jahre später, 1976, entstanden und ist in Abbildung 33 und Farbtafel 3 dargestellt. Dabei wurde der Versuch unternommen, Farbunterschiede mit empfindungsmäßig gleichen Abständen aufzutragen, so daß der Beobachter eine bessere Vergleichsmöglichkeit hat. Gleiche Farbempfindungsabstände entsprechen nun gleichen Zahlenwertabständen im Diagramm, das mit CIE 1976 UCS (*Uniform Chromaticity Scale*) = Gleichabständige Farbtafel bezeichnet wird. Die Achsen sind beschriftet mit den Buchstaben u' und v', um den Unterschied zur xy-Farbtafel von 1931 deutlich zu machen.

Die beiden Farbtafeln CIE 1931 (xy) und CIE 1976 UCS (u', v') sind imposante Figuren und stellen zudem eine Menge Grundlagenforschung dar. Auch sind in ihnen die Farbmischgesetze des Auges und das menschliche Empfindungsverhalten berücksichtigt. Jedoch sind die Tafeln sehr theoretischer Natur und nicht von jedermann und für alle möglichen Anwendungsfälle zu verwenden, so daß sich die CIE mit alternativen Darstellungsformen der Farbmetrik zu befassen hatte. Ebenfalls 1976 entstand ein Modell, das nach dem Gegenfarbenprinzip aufgebaut ist und zudem die leichter vorstellbaren Farben Rot, Grün, Blau und Gelb als Ausgangsbasis verwendet. Dieses Farbmodell

Abb. 33:
Um die Farben in gleichem Abstand zueinander darzustellen, entwickelte die CIE 1976 die Gleichabständige Farbtafel CIE 1976 UCS

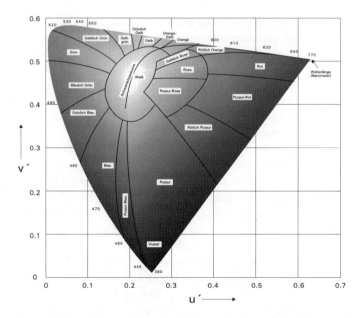

hat sich besonders in der Druckbranche bewährt, denn es berücksichtigt noch besser das Bestreben, Farbunterschiede empfindungsmäßig zu erfassen, es ist also fast gleichabständig. Zudem ist es simpel und verständlich und läßt gute Vergleichsmöglichkeiten der Farbenräume von additiven und subtraktiven Farbmischmethoden zu.

Abb. 34:
Das CIE L*a*b*-Farbmodell beruht auf dem Gegenfarbenprinzip

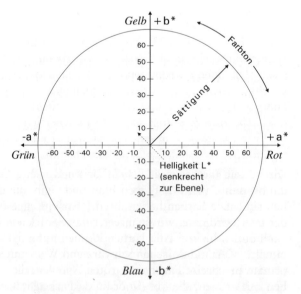

**CIE L*a*b*,
auch CIE LAB**

Das Prinzip der Gegenfarben sieht in den Farben Rot und Grün sowie Blau und Gelb gegensätzliche Farben. Eine Farbe, die rot ist, kann nicht gleichzeitig grün sein, und eine Farbe, die blau ist, kann nicht gleichzeitig gelb sein, denn sonst wäre sie grün. Dies ist die einfache Grundformel, die für das CIE L*a*b*-Farbmodell zur Anwendung kommt. Es ist ebenfalls im Jahre 1976 entstanden und neben den beiden anderen Farbbeschreibungsmodellen genormt; die CIE überläßt es schlicht den Anwendern, welche Methode der Farbraumdefinition verwendet wird. Und tatsächlich wird das CIE L*a*b*-Modell von den meisten Anwendern und Herstellern zur Definition von Farbumfängen benutzt. Vielleicht ist das gute Verständnis und die einfache Handhabung darauf zurückzuführen, daß es sich um ein dreidimensionales Modell handelt, also um einen echten „Farbraum". Er berücksichtigt zudem lineare Farbmetrik, wenngleich die visuelle Gleichabständigkeit von Farbdifferenzen wiederum nicht gegeben ist. Dafür erfolgt die Ermittlung der L*a*b*-Werte recht simpel aus den trichromatischen Farbmeßwerten X, Y und Z anhand der folgenden Formeln, wobei X_n, Y_n und Z_n Werte einer Weiß-Referenz für den CIE-Standardbeobachter bei normierter Beleuchtung sind:

$$L^* = 116 \sqrt[3]{\frac{Y}{Y_n}} - 16$$

$$a^* = 500 \left(\sqrt[3]{\frac{X}{X_n}} - \sqrt[3]{\frac{Y}{Y_n}} \right)$$

$$b^* = 200 \left(\sqrt[3]{\frac{X}{X_n}} - \sqrt[3]{\frac{Z}{Z_n}} \right)$$

Das CIE L*a*b*-Farbmodell, in der Umgangssprache mit CIE LAB bezeichnet, ist als Flächendarstellung in Abbildung 34 zu sehen. Die Koordinate L* repräsentiert die Helligkeitsachse, sie beinhaltet alle Helligkeitswerte zwischen Schwarz und Weiß. Schwarz wird der Wert 0 zugeordnet, Weiß, gleichbedeutend mit totaler Reflexion, kann maximal einen Wert von 100 annehmen. L* drückt den für eine bestimmte Farbe geltenden aktuellen Helligkeitswert aus. Die a*-Achse wird durch die gegensätzlichen Farben Rot und Grün bestimmt, und die b*-Achse von den Farben Blau und Gelb, die ebenfalls gegensätzlich sind. Die Farben haben ihren Ursprung im Mittelpunkt, also auf der L*-Koordinate, wo sie ihre geringste Sättigung besitzen; sie nimmt nach außen hin zu. Alle Farben können auf der L*-Achse jeden „unbunten" Zustand zwischen Schwarz und Weiß annehmen. Die +a*-Koorinate beschreibt Farben mit roten Anteilen, die -a*-Koordinate Farben mit grünen, die +b*-Koordinate Farben mit gelben und die -b*-Koordinate schließlich Farben mit blauen Anteilen. Aktuelle Farbenwerte werden durch Einträge der beiden Koordinaten auf der ±a*-

Abb. 35:
Der CIE L*a*b*-
Farbraum in drei-
dimensionaler
Darstellung

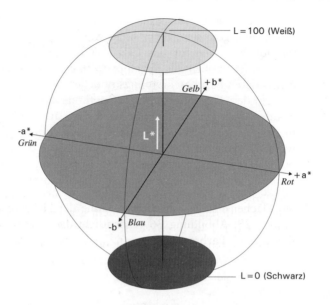

Achse sowie der ±b*-Achse in das Diagramm festgehalten. Das vollständige dreidimensionale Modell ist ansatzweise in Abbildung 35 gezeigt, es wird häufig wegen des leichteren Verständnisses kugelförmig dargestellt. Die mittlere Schnittfläche ist bei einer Helligkeit von L* = 50 angebracht; man kann der Einfachheit halber annehmen, daß dort die Farben ihre maximale Sättigung besitzen (in der Praxis sieht es jedoch etwas anders aus). Die obere Schnittfläche weist einen Helligkeitswert von etwa L = 90 auf, alle Farben erscheinen fast weiß, die Sättigung ist nur noch minimal. Die untere Schnittfläche zeigt die Farben ebenfalls fast ohne Sättigung und mit einer sehr geringen Helligkeit von L = 10. Mit Hilfe des CIE LAB-Farbraumes kann jede Farbmischung, jede Farbtönung eindeutig und anschaulich definiert und dargestellt werden, unabhängig davon, ob sie auf einem Drucker subtraktiv oder einem Bildschirm additiv erzeugt wurde. Auch läßt das CIE LAB-System Vergleiche der Farbcharakteristik unterschiedlicher Systeme zu. Beinahe schon standardmäßig wird es von Herstellern von Farbmanagementsystemen als Basismodell verwendet, um die Farbcharakteristik von Ein- und Ausgabegeräten festzuhalten und notwendige Farbtransformationen durchzuführen.

Zur Verdeutlichung sind in den Farbseiten Beispiele aufgeführt, die hier näher erläutert werden sollen. Die Farbe im Meßpunkt 1 des linken Papageis auf Farbtafel 5. wird mit folgenden Koordinatenwerten beschrieben: L*=52,99, a*=8,82, b*=54,53. Der rechte Papagei besitzt im Meßpunkt 2 eine Farbe mit den Werten L*=29, a*=52,48 und b*=18,23. Die Farbe besitzt ebenfalls eine hohe Sättigung, allerdings bei verminderter Helligkeit. Einzutragen wären die Werte in zwei ebe-

2.7 Farbmetrik

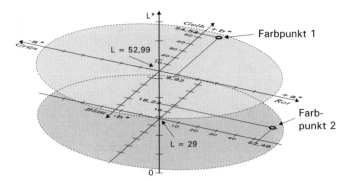

Abb. 36:
Die Lage der Farben zweier Papageien im CIE L*a*b*-Farbraum (Beispiele der Farbseite 5)

nen Flächen des Farbmodells in Höhe der Helligkeiten L*=52,99 sowie L*=29. Abbildung 36 verdeutlicht die Position dieser Farben im CIE L*a*b*-Farbraum.

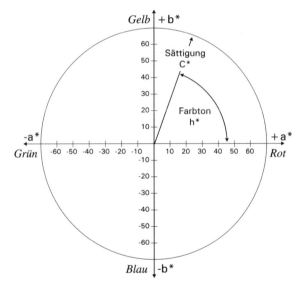

Abb. 37:
Die CIE LCH-Darstellung, die aus dem CIE L*a*b*-Modell abgeleitet ist

CIE LCH   Der Vollständigkeit halber sei hier noch die CIELCH-Farbdefinition vorgestellt, die aus dem CIE LAB-System abgeleitet werden kann, siehe Abbildung 37. Sie benutzt dasselbe Farbmodell, definiert jedoch einen gleichen Farbort in anderer Weise. Die Bezeichnung und Definition für die Helligkeit ist genau dieselbe wie im CIE LAB-System. L steht für einen aktuellen Helligkeitswert eines Farbtones. C beschreibt die Farbsättigung und ist als Distanz eines Farbpunktes von der L*-Achse definiert, wird also aus den Koordinaten a* und b* des CIE LAB-Systems errechnet. Der Farbton selbst wird als Winkelmaß h (°) angegeben, um den ein Farbpunkt von der +a*-Koordinate gedreht ist. Die Berechnungsformeln für das CIELCH-System lauten folgendermaßen:

$$L* = 116 \sqrt[3]{\frac{Y}{Y_n}} - 16$$

$$C* = \sqrt{a*^2 + b*^2}$$

$$h_{ab} = arc\,tan\left(\frac{b*}{a*}\right)$$

Als Beispiel soll hier der Farbpunkt 1 des linken Papageis mit LCH-Werten ermittelt werden, wobei L* = 52,99 unverändert bleibt.

$$C* = \sqrt{8,82^2 + 54,53^2} = 55,23$$

$$h_{ab} = arc\,tan\left(\frac{54,53}{8,82}\right) = 80,81°$$

Farbenabstand ΔE   Nun ist es nicht nur damit getan, Farben meßtechnisch zu erfassen und miteinander zu vergleichen bzw. auf unterschiedliche Systeme zu transformieren. Das Feststellen aller mit einem System reproduzierbarer Farben und Farbtöne ist sicherlich ein Kriterium für die Charakteristik des Systems. Darüber hinaus ist es aber interessant, die bereits angeführte Differenz zwischen zwei Farbenwerten, die ein Beobachter wahrnehmen oder ein Meßsystem ermitteln kann, zahlenmäßig auszudrücken. Farbendifferenzen werden mit ΔE (Delta E) bezeichnet, eine Einheit gibt es ebensowenig wie für die anderen Zahlenwerte. In der Praxis sind durchaus unterschiedliche Definitionen für ΔE bekannt. Eine Version lautet z.B., daß die Farbdifferenz, welche das menschliche Auge gerade noch wahrnehmen kann, mit ΔE = 1 bezeichnet wird. Die fundierten Methoden beruhen jedoch auf Berechnungen, die CIE-Farbstandards berücksichtigen. Sicherheitshalber sollte der verwendete Farbstandard mit angegeben werden, z.B. ΔE*$_{ab}$. Hier ist Bezug genommen auf das CIE LAB-Farbmodell, das ja annähernd gleichabständig ist. Also ist auch der Farbenabstand ΔE*$_{ab}$ gleichabständig, ein weiterer Grund für die Beliebtheit im Druckgewerbe.

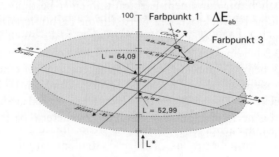

Abb. 38:
Beispiel für die Ermittlung der Farbdifferenz
ΔE$_{ab}$

2.7 Farbmetrik

Wie ΔE im CIE LAB-Farbstandard ermittelt wird, verdeutlicht die folgende Berechnung, die sich auf Abbildung 36 und Seite 5 der Farbseiten bezieht. Zunächst werden die Farbkoordinaten der Farben, deren Abstand ΔE zueinander bestimmt werden soll, meßtechnisch ermittelt. Man erhält den Farbwert des gelben Farbpunktes 1 des linken Papageis mit L*=52,99, a*=8,82 und b*=54,53 und den des etwas helleren gelben Farbpunktes 3 mit L*=64,09, a*=2,72 und b*=49,28. Abbildung 38 zeigt den Eintrag dieser Werte in das dreidimensionale Modell. Die direkte Verbindung der beiden Farborte in diesem Modell stellt die Farbdifferenz ΔE dar. Einfache mathematische Funktionen helfen, diese Strecke auszurechnen:

$$\Delta E^*{}_{ab} = \sqrt{\Delta L^{*2} + \Delta a^{*2} + \Delta b^{*2}}$$

ΔL* stellt den Helligkeitsunterschied, Δa* und Δb* die Farbunterschiede der jeweiligen Koordinate im CIELAB-Farbdiagramm dar.

$$\Delta L^* = 64,09 - 52,99 = 11,1$$

$$\Delta a^* = 2,72 - 8,82 = -6,1$$

$$\Delta b^* = 49,28 - 54,53 = -5,25$$

$$\Delta E_{ab} = \sqrt{11,1^2 + (-6,1)^2 + (-5,25)^2} = \sqrt{187,98}$$

$$\Delta E_{ab} = 13,71$$

Farbdifferenzen können für viele verschiedene Zwecke interpretiert werden und haben eine große Bedeutung, wenn es darum geht, die Charakteristik von Farbein- und ausgabesystemen oder die Qualität einer Farbreproduktion zu ermitteln. Die Farbcharakteristik hängt oft von Umweltbedingungen wie Außentemperatur und Luftfeuchtigkeit ab. So sollte sichergestellt sein, daß gleiche Farben an verschiedenen Orten mit Geräten aus einer Produktionsserie mit einer gewissen Konstanz reproduziert werden. Oder es können Farbunterschiede an unterschiedlichen Stellen auf einem Blatt auftreten, das so homogen wie möglich mit nur einem Farbton und einer bestimmten Farbdrucktechnologie bedruckt ist. Die Werte für die Farbdifferenzen für die Darstellung oder Messung gleicher Farbwerte bewegen sich in Bereichen von < 0,2 bei Spektralphotometern, < 2 bei Colorimetern (Farbmeßgeräte), < 3 beim Cromalin-Proofingverfahren, < 5 bei einer Bildvorlage zur Scannerkalibrierung nach IT8-Standard und um 10 bei digitalen Farbdruckern. Dieser Wert ist bei solchen Farbdruckern kleiner, deren Farbgenerierung auf konstanten Parametern basiert, wie z. B. bei Thermotransferdruckern.

Preiswerte Tintenstrahldrucker und Laserdrucker weisen größtenteils eine geringere Farbgenauigkeit auf, denn hier sind Papier, Tintentropfen und Toner die weniger konstanten Elemente.

2.8 Farbmeßgeräte

Zum Abschluß dieses Kapitels sollen einige Geräte vorgestellt werden, mit denen Farbmessungen durchgeführt werden können. Das erste Ziel einer Farbmessung ist die Ermittlung der Normfarbwerte X, Y und Z, die in diesem Kapitel bereits ausführlich behandelt wurden. Aus diesen Normfarbwerten lassen sich die Farbwerte der anderen CIE-Farbmodelle errechnen. Die Formeln dafür wurden ebenfalls aufgeführt. Weil die Normfarbwerte strengen Richtlinien unterliegen, die unbedingt einzuhalten sind, muß man sich bei der Farbmessung natürlich auch daran halten.

Dreibereichs-Meßverfahren

Normfarbwerte lassen sich mit zwei verschiedenen Meßverfahren ermitteln. Dies sind das Dreibereichs-Meßverfahren und das Spektralverfahren. Dreibereichs-Farbmeßgeräte, auch Colorimeter genannt, sind die preiswerteren Varianten, denn das Meßverfahren ist einfacher, aber auch ungenauer als das Spektral-Meßverfahren. Die Arbeitsweise ist leicht verständlich zu erklären, denn es wurden ja bereits die Grundlagen der Farbmetrik behandelt. Im Prinzip muß ein Colorimeter lediglich die Funktion des Auges unseres Normbeobachters simulieren. Dazu werden drei einzelne Sensoren verwendet, welche die zu messenden Farben über Filter zugeleitet bekommen. Die Filter besitzen Kennlinien, die identisch sind mit den Empfindlichkeitskurven des Normbeobachters, siehe Seite 42. Um den Beobachtungswinkeln von 2° und 10° gerecht zu werden, sind beide Normspektralwertfunktionen berücksichtigt. Genau dieselben Überlegungen, die zur Entwicklung der CIE-Farbtafel (x, y) von 1931 geführt haben, werden nun bei einer Farbmessung mit einem Colorimeter angesetzt. Eine Farbprobe muß daher mit einem Normlicht angestrahlt werden, denn ein Colorimeter liefert Ergebnisse, die von der Farbtemperatur des Lichtes abhängen. Der reflektierende (remittierende) Anteil des Lichtes wird vom Dreibereichs-Meßgerät aufgenommen und durch die Filter geleitet. Die resultierenden Größen stellen die Normfarbwerte X, Y und Z als integrierte Summe der Filterfunktionen dar. Colorimeter sind heute in der Lage, diese Werte gleich umzurechnen in andere CIE-Einheiten, beispielsweise in CIE LAB- oder CIE LCH-Werte.

Spektralverfahren

Viel komplizierter ist die Arbeitsweise von Spektral-Meßgeräten, den sog. Spektralphotometern. Dafür liefern sie genauere Meßergebnisse, sind aber auch erheblich teurer. Spektralphotometer messen die remittierten Anteile über das gesamte Spektrum des sichtbaren Lichtes. Das

2.8 Farbmeßgeräte

von der Probe remittierte Licht wird zunächst über ein Prisma geleitet, welches das Spektrum aufspaltet und die blauen, grünen und roten Spektralanteile den einzelnen Sensoren zuleitet. Die Messungen finden dann an Punkten statt, die in bestimmten Wellenlängen-Abständen über das Spektrum verteilt sind, beispielsweise 5 nm. Die Summen der jeweiligen Spektralmeßwerte ergeben wiederum die Normfarbwerte X, Y und Z. Die Genauigkeit eines solchen Meßverfahrens ist viel größer als das der Colorimeter. Denn technisch ist es sehr schwierig, die genauen Normspektralwertfunktionen in den Filtern zu berücksichtigen. Zur Ermittlung der Farbenumfänge von Farbdruckern, die in Kapitel 5 näher erläutert werden, wurde ein Spektrophotometer der Firma X-Rite verwendet.

3 Farbdruckertechnologien

3.1 Wie kann Farbe zu Papier gebracht werden?

In diesem Kapitel sollen nun einige Druckertechnologien vorgestellt werden, welche in unterschiedlichster Form Farbe zu Papier bringen können. Dabei handelt es sich ausschließlich um Methoden, die aufgrund ihrer Verwendung in Computergrafikdruckern eine große Verbreitung und einen gewissen Markterfolg vorweisen können. Es sind dies:
- Tintenstrahlverfahren
- Thermotransfer- und Thermosublimationsverfahren
- Xerografisches Druckverfahren (Farblaser).

Nur ist es leider mit dem Drucken allein nicht getan. Mehrere Kriterien spielen eine Rolle, wenn Druckverfahren und Druckergebnisse hinsichtlich Qualität, Stabilität, Durchsatz und Kosten optimiert sein sollen. Diese Kriterien werden in der Folge aufgezeigt und anhand von existierenden Produktbeispielen behandelt. Im einzelnen kommen folgende Themen zur Sprache:
- Herkunft der Farbdruckertechnologien
- Zeilendrucker oder Seitendrucker, Separieren der Farben
- Funktion der Drucktechnologie, Druckprinzip, Druckformate, Farbsubstanz und Empfangsmedium, Farbverbrauch, räumliche Auflösung, Farbauflösung und Speicheranforderung.

In separaten Kapiteln werden allgemeine Überlegungen angestellt, die auf alle Druckmethoden angewendet werden können. Dies sind die Themen:
- Druckerintelligenz und Computeranbindung
- Farbraumbeschreibung der einzelnen Technologien
- Methoden zur Farboptimierung und zum Farbmanagement
- Druckdurchsatz und Produktivität
- Drucken am Arbeitsplatz oder im Netz (Personal Printing vs. Shared Resource)
- Berechnung der Druck- und Betriebskosten
- Einsatzgebiete und Anforderungskriterien für Farbdrucker.

Daraus ergeben sich Hilfestellungen, um eine individuelle Stärken/Schwächen- und Kosten/Nutzen-Analyse zu entwickeln, woraus sich für jedes Einsatzgebiet Entscheidungskriterien ableiten lassen.

3.2 Entwicklung der Farbdruckertechnologien

An Technologien zum Farbdrucken wurde ebenso lange geforscht und entwickelt wie an Druckmethoden allgemein. So gibt es eine ganze Reihe von Erfindungen und Patenten, die Methoden beschreiben, Farbe zu Papier zu bringen. Ob mit Computerunterstützung oder ohne – erst im alltäglichen Praxisbetrieb stellt sich heraus, ob eine Drucktechnologie über die grundsätzliche Eignung hinaus in der Lage ist, sich im Markt durchzusetzen und vom Anwender akzeptiert zu werden. So ist es auch mit den heute bekannten Farbdruckertechniken. Einige von ihnen reiften in langen Jahren in Labors heran, ohne jemals beachtet zu werden. Andere wiederum kamen erst zur Geltung und Reife, als Computerumgebungen und entsprechende Anwendungen Nutzen aus ihnen ziehen konnten. Und obendrein liegt es oft nicht an der Technologie alleine. Farbe als Druckmittel selbst spielt die größte Rolle, ebenso, in welcher Weise sie überhaupt aufgetragen wird. Nehmen wir zum Beispiel das Wachs oder die Tinte der Tintenstrahldrucker, die Schwachpunkte sind (sie trocknen zu langsam und sind oft nicht wischfest), während die Technik selbst simpel und ausgereift ist. Dagegen ist es bei Farblaserdruckern genau umgekehrt. Hier ist am Druckstoff, dem Toner, kaum noch etwas zu verbessern, bei der Technik ist jedoch noch genügend Potential zur Weiterentwicklung vorhanden.

Abb. 39:
Globale Marktsegmente für Farbverarbeitung

Doch schauen wir uns anhand Abbildung 39 zunächst die unterschiedlichen Marktsegmente für Farbverarbeitung an, wie sie von namhaften Marktforschungsgesellschaften definiert wurden. Das mittlere Segment, das bislang vom Apple Macintosh dominiert wurde, hat sich in den letzten Jahren sehr stark vergrößert. Und genau dort werden an die Druckausgabe die höchsten Anforderungen hinsichtlich der Farbwiedergabe gestellt. Aus einigen dieser Marktsegmente entspringen auch Druckertechnologien, andere Techniken wiederum sind Forschungs- und Entwicklungsergebnisse, die nach Anwendungsfeldern suchten. Seitdem PC-Anwendungen Farbe ausgeben können, beschäftigen sich die Hersteller von monochromen Arbeitsplatzdruckern mit der Entwicklung farbfähiger Varianten. Zunächst waren dies Nadel-Matrixdrucker, die zusätzlich mit einem Vierfarbband ausgestattet werden konnten. Das mit je einem schwarzen, gelben, magenta- und cyanfarbenen Streifen versehene Farbband mußte mit Hilfe einer kleinen und oftmals empfindlichen Motormechanik auf den gewünschten Farbstreifen gehoben oder gedreht werden, damit der Nadeldruckkopf die entsprechende Farbe drucken konnte. Dieses Verfahren kostete Zeit und Geduld und verschmutzte und verschliß das Farbband. Das Mischen von Farben durch Übereinanderdrucken war grundsätzlich möglich, jedoch waren die Ergebnisse in der Regel nicht vorzeigbar. In dieser Epoche bekanntgeworden ist die kleine Firma IrseeSoft im Allgäu, die sich eingehend mit der Farbdruckersteuerung an Commodore Amiga-Rechnern beschäftigte, welche die Farbe schon gut beherrschten. Die jungen, aber fähigen Leute aus Irsee schafften es tatsächlich, eine relativ hohe Farbgüte aus den preiswerten Farbmatrixdruckern herauszuholen, indem sie die Farbstreifen, mit Rastern unterlegt, bei geringem Zeilenversatz mehrmals übereinanderdruckten. Die Kosten für diesen Einsatz als Farbgrafikdrucker waren enormer Farbbandverschleiß (und auch Druckkopfverschleiß) und ein Papier, das nach dem Drucken sehr große Ähnlichkeit mit Wellpappe aufwies. Deshalb druckten die Spezialisten ihre Druckdemos immer auf 120 – 150 g Karton. IrseeSoft integrierte aber auch schon Routinen zur farblichen Veränderung der Druckausgabe. Entfernt kann man dies durchaus mit den heutigen Bemühungen um professionelle Farbmanagement-Software vergleichen: Bezogen auf die im Amateurbereich angesiedelten Benutzer und Anwendungen konnten mit der intelligenten Treibersoftware von IrseeSoft respektable Ergebnisse erzielt werden. Diese Treibersoftware ging bis an die Grenzen des Betriebssystems und der angeschlossenen Drucker. So wie heute ein QuickDraw-Treiber, beispielsweise ColorOut von Metafore, auch an die Grenzen der professionellen Macintosh-Umgebung geht.

Die heute bereits weitverbreiteten Thermischen oder Bubble-Jet-Tintenstrahldrucker bspw. der Firma Hewlett Packard haben ihren Ursprung in dieser PC-Umgebung. Das preisgünstige Prinzip des Zeilendruckers, gepaart mit der ebenso preisgünstigen und um Farbe erweiterten Bubble-Jet-Technik ist die Gewähr für den großen Erfolg dieser Drucker.

Aus einer ganz anderen Richtung kommen professionellere Druckmethoden. Bevor nämlich die PC-Gemeinde sich der Farbausgabe widmete, gehörte das Farbdrucken zur täglichen Routine einiger professioneller Anwender. Designer und Konstrukteure, aber auch Forscher, Wissenschaftler und Grafiker, die mit Computerunterstützung ihre Entwürfe und Auswertungen bearbeiteten – die Zahl dieser Profis war lange nicht so groß wie die ihrer Wünsche, die beim Drucken berück-

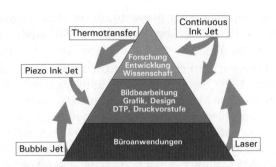

Abb. 40: Einige Farbdruckertechnologien haben ihren Ursprung in diesen Marktsegmenten

sichtigt werden mußten. Und so zählen die entsprechenden Druckertechnologien zwar nicht zu den preisgünstigsten, jedoch zu den produktivsten, flexibelsten und universellsten und für die jeweilige Ausrichtung zu den optimiertesten.

Die Computerumgebungen für diese Farbdruckeranwendungen wurden zu Beginn der achtziger Jahre durch die grafischen Arbeitsplatzstationen geschaffen. In Ermangelung intelligenter Druckersteuerungen war man anfangs auf Video- oder RGB-Ausgaben angewiesen. Indem man die Videosignale, also RGB- und zugehörige Sync-Signale, vom Computer auf den Drucker und von dort zum Grafikbildschirm leitete, konnten Screen Dumps des Bildschirms gedruckt werden. Dies hatte zudem den Vorteil der einfachen Installation, weil in die Software nicht eingegriffen werden mußte. Damit waren im Prinzip die Anforderungen der Benutzer bereits erfüllt: Die Hard Copy, wie der Farbausdruck bezeichnet wurde, war nicht schlechter, aber auch nicht besser als der Bildschirminhalt, genügte aber den Ansprüchen. Und die Geschwindigkeit der Datenübertragung war enorm. Innerhalb weniger Sekunden waren die Bildschirmdaten übertragen. So einfach dies alles klingt, so kompliziert waren – und sind heute noch – die Videoschnittstellen. Sie müssen eine Vielzahl von Aufgaben erledigen, von denen einige hier erwähnt sein sollen: Umsetzung von RGB-Signale in CMYK-Daten, Umwandlung von Farbtönen in Halbtonraster (Screening), Skalierung, d.h. Anpassung des Bildschirmformates an die Ausgabegröße, Drehen und Spiegeln des Druckbildes, Inversdarstellung, u.v.m. Hinzu kommt die enorme Videobandbreite bis zu 150 MHz, damit auch höchste Auflösungen und Bildwiederholfrequenzen berücksichtigt werden können.

Zwar gibt es heute immer noch bestimmte Anwendungen für RGB-Drucker, besonders in Computerumgebungen, wo es auf eine schnelle Abbildung des Bildschirminhaltes ankommt, bspw. in der Prozeßindustrie. Aber der Markt für diese Drucker wird immer kleiner. Dies ist u.a. darauf zurückzuführen, daß die Hersteller von Workstations inzwischen hochentwickelte Systeme zur Druckausgabe anbieten und sich zudem mit der Seitenbeschreibungssprache PostScript der Firma

Adobe eine weltweiter Standard für die Druckausgabe entwickelt hat. Daher wollen wir in diesem Buch die RGB-Schnittstellen nicht weiter behandeln.

Farblaserdrucker kann man getrost zu den kommerziellen Druckmethoden zählen. Sie werden zwar häufig als eine Weiterentwicklung der monochromen Laserdrucker angesehen, welche die xerografische Drucktechnologie der Fotokopierer verwenden. Farblaserdrucker wurden bisher vornehmlich als Farbkopierer gefertigt, und zwar von ursprünglichen Fotokopiererherstellern. Doch kam im letzten Jahr mit dem QMS ColorScript Laser 1000 der erste Desktop-Farblaserdrucker auf den Markt. Er wurde bereits in diesem Sommer ergänzt durch die 600 dpi-Variante. Es ist zu erwarten, daß nun ein wenig Leben in solche Desktop-Geräte kommt und noch weitere Hersteller entsprechende Modelle vorstellen werden. Doch auch die Zahl derer, die einen digitalen Farbkopierer mit Hilfe eines externen RIP an einen Rechnerverbund anschließen, steigt gewaltig. Dann erst kann der größtmögliche Nutzen aus diesem multifunktionellen und kostspieligen Gerät gezogen werden: Es kann zum Einscannen von Farbvorlagen zur späteren Weiterverarbeitung und zum anschließenden Ausdrucken ebenso benutzt werden wie zum einfachen Fotokopieren.

Festtintendrucker mit Piezo-Ink-Jet-Technologie sowie die Continuous-Ink-Jet-Technologie verdanken ihre heutige Positionierung dem schnell wachsenden Markt der computergestützten grafischen Designer und Desktop Publisher. Die Preis- und Leistungsmerkmale dieser Kategorien lassen einen Einsatz in anderen Marktsegmenten nur schwer denkbar erscheinen.

Bei all den Technologien spielen stets zwei Schlüsselfaktoren die Hauptrolle: Die Farbe selbst und das Empfängermaterial. Diese beiden Elemente bestimmen ganz alleine den darstellbaren Farbumfang, also die Gesamtheit aller Farbtönungen. Dabei sind jedoch eine Menge Kompromisse einzugehen, deren Gründe sehr unterschiedlich sind. Beispielsweise kann die Farbe Weiß nicht gedruckt werden. Sie wird bestimmt von der Farbe des Empfängermediums. Papier ist meistens weiß, kann aber auch eine gelbliche Tönung haben. Wird auf Transparentfolie gedruckt, bestimmt das hindurchtretende Licht bei der Projektion das Erscheinungsbild weißer Flächen. Größere Schwierigkeiten bereitet die Substanz der Farbe selbst, also die Form, in der die Farbpartikel von der Technologie zu Papier gebracht werden. Diese benötigt den Farbstoff z. B. in Form von Pulver, Wachs oder Tinte. Teilweise verändern diese Stoffe während des Druckvorganges ihren Aggregatzustand, was nicht ohne Einfluß auf die Faktoren bleibt, die die Farbwiedergabe bestimmen. Bei der Zusammensetzung der jeweiligen Farbstoffe müssen sich die Farbdruckerhersteller einzig und allein nach dem Farbdruckverfahren richten, es hat den größten Einfluß auf die Qualität der Farbe und ihrer Wiedergabe. Ansonsten wäre es recht einfach, die gleich gute Farbqualität für alle Technologien zu erreichen. Denn nach dem subtraktiven Mischungsprinzip sind nur die drei primären Druckfarben Gelb, Magenta und Cyan dazu nötig. Wenn diese Farben mit der gleichen Reinheit, Helligkeit, Sättigung und Dichte vorhanden wären, müßten auch die Druckergebnisse vergleichbar sein. Leider ist dies nicht so. Und darum werden eine Menge zusätzliche Anstrengungen unternommen, Farbdruckergebnisse unterschiedlicher Technologien einander anzugleichen oder aufeinander abzustimmen. Diese Bemühungen werden im Kapitel 5 noch ausführlich behandelt.

3.3 Zeilendrucker oder Seitendrucker

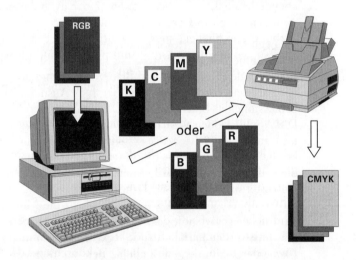

Abb. 41: Farbauszüge werden seitenweise zu einem Seitendrucker übertragen

Worin besteht der Unterschied? Nun, im Prinzip ist es klar, daß ein Seitendrucker mit dem Ausdruck beginnt, nachdem sich die Daten für die komplette Seite im Drucker befinden. Ein Zeilendrucker dagegen startet den Druck bereits nach Erhalt der Daten für eine Druckzeile. Inzwischen wird dieser Zusammenhang aber auch von der Druckerintelligenz mitbestimmt. Es gibt genügend Tintenstrahldrucker, die zwar nach dem Zeilendruckerprinzip arbeiten, aber eine Seitenbeschreibungssprache enthalten, die das Kommando zum Druckstart gibt, nachdem eine Seite zum Drucken bereit steht. Für die Klassifizierung des Druckverfahrens spielt dieser Sachverhalt aber keine Rolle: Die Drucker bleiben trotzdem Zeilendrucker.

Viel bedeutender ist aber, wie die Aufbereitung der Druckdaten vor sich geht. Denn dort gibt es einen gewaltigen Unterschied zwischen einem Zeilendrucker und einem Seitendrucker, der bereits beim Compu-

3.3 Zeilendrucker oder Seitendrucker

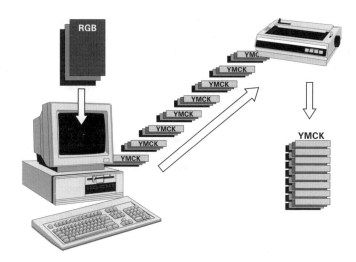

Abb. 42: Farbauszüge werden zeilenweise zu einem Zeilendrucker übertragen

ter beginnt. In der Regel arbeiten Betriebssysteme und Applikationsprogramme mit RGB-Daten, die Farbdatei ist also in ihren additiven Bestandteilen Rot, Grün und Blau vorhanden, und zwar jeweils mit einer Farbtiefe von 8 Bit (es gibt aber auch Ausnahmen, besonders in der professionellen Bildverarbeitung, die mit größerer Farbtiefe arbeiten). Die Applikationen verarbeiten Dateien stets seitenweise, somit stehen also auch die Farbauszüge seitenweise zur Verfügung. Je nach Druckerintelligenz, also Druckerkontroller und Kommandosprache, erfolgt die Umsetzung der RGB-Daten in die CMYK-Druckdaten und die Aufrasterung entweder im Drucker oder bereits durch die Applikation im Computer. Abbildung 41 verdeutlicht die Möglichkeiten. Ein Seitendrucker verarbeitet die Farbauszüge in derselben Weise, wie sie angeliefert werden, nämlich auch seitenweise. Damit sind bestimmte Vorzüge verbunden, die sich beim Druckdurchsatz, der Dimensionierung des Druckerspeichers, dem Datentransfer und bei der Entlastung des Computersystems bemerkbar machen.

Etwas anders verhält es sich, wenn ein Zeilendrucker mit der gleichen Farbdatei angesteuert wird. Er kann die Daten nur zeilenweise verarbeiten, dafür aber alle Farben gleichzeitig. Dies hat zur Folge, daß die Farbauszüge bereits im Computer in die Druckzeilen umgesetzt und die Farbauszüge zeilenweise übertragen werden müssen. Bevor das allerdings geschieht, müssen alle Farbauszüge komplett als Druckdatei vorliegen, erst dann können die einzelnen Farbzeilen einer Separation abgetrennt und zusammen mit den Farbzeilen der anderen Separationen versendet werden. Abbildung 42 verdeutlicht das Prinzip. Der Drucker muß also erst alle Farben einer Zeile drucken, bevor er mit der nächsten Zeile fortfahren kann. Die Farbdaten, die noch nicht gedruckt sind, werden im Computer gehalten, der dann blockiert ist, sofern er nicht über Multitasking-Fähigkeiten verfügt. Ein Ausweg wäre, den Druckerspeicher aufzurüsten, damit er alle Farbseparationen aufnehmen kann. Doch diese Möglichkeit sehen die meisten Tintenstrahldrucker nicht vor.

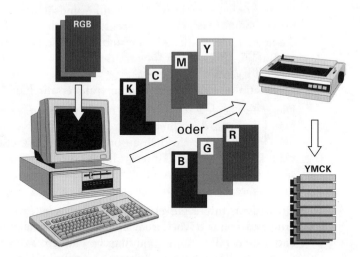

Abb. 43:
Umwandlung der Farbauszüge in Zeilendaten erfolgt im Drucker

Zeilendrucker, die über die Seitenbeschreibungssprache PostScript von Adobe verfügen, arbeiten sowohl als Seiten- wie auch als Zeilendrucker. Der Druckerprozessor selbst ist dann wie bei einem Seitendrucker dimensioniert, er ist also schnell, aufwendig und teuer und steht mitunter nicht im richtigen Verhältnis zur Druckertechnologie. Das bedeutet, daß sie hinter den Leistungen des Prozessors zurückstehen muß. Denn die Technologie ist nach wie vor die eines Zeilendruckers, und was mit hohem Aufwand vorher komfortabel und schnell aufgewertet wurde, erfährt nun wieder eine Rückstufung. Dieser Sachverhalt schränkt vor allem den kommerziellen Einsatz in vernetzten Umgebungen sehr ein.

Seitendrucker bestehen meistens aus einer umfangreicheren Mechanik, die von vornherein mit höheren Anschaffungskosten verbunden ist. Dafür läßt sich in der Regel ein größerer Nutzen daraus ziehen, der diese Kosten schnell amortisiert. Dagegen sind Zeilendrucker vom Kaufpreis her gesehen häufig die günstigeren Geräte, die sich vor allem im PC-Umfeld großer Beliebtheit erfreuen. Unter welchen Kategorien die einzelnen Technologien einzuordnen sind und wo ihre Stärken und Schwächen liegen, wird im Rahmen dieses Buches noch genauer behandelt.

3.4 Tintenstrahlverfahren

Von den Tintenstrahl-Druckverfahren, die bisher entwickelt und zur Produktreife gebracht wurden, sind grundsätzlich drei Techniken weiter verbreitet. Anders ausgedrückt greifen die Farbtintenstrahldrucker, die heutzutage in aller Munde sind, auf diese drei Verfahren zurück:
- Bubble-Jet-Tintenstrahlverfahren
- Piezo-Verfahren
- Kontinuierliches Hertz-Tintenstrahlverfahren.

Die ersten beiden Technologien bezeichnet man auch als Drop-on-Demand-Technik, denn hierbei werden nur Tintentropfen gebildet, wenn der Druckkopf sie wirklich anfordert. Dagegen fließt der Tintenstrom beim kontinuierlichen Tintenstrahlverfahren ununterbrochen. Mit diesen drei Verfahren werden wenige Hersteller in Verbindung gebracht, die entsprechende Produkte erfolgreich vermarkten.

Die Tintenstrahltechnik nach dem *Bubble-Jet-Prinzip* wurde von Canon und Hewlett Packard gleichzeitig und unabhängig voneinander entwickelt. HP nennt es Thermisches Tintenstrahlverfahren, während Canon die Bezeichnung „Bubble-Jet-Technik" für sich nutzt und auch einige namhafte Systemintegratoren (OEM) mit ihrer Technik beliefert. Die Canon- und HP-Produkte sind hauptsächlich in der Bürokommunikation anzutreffen, wo HP mit Abstand Marktführer ist.

Das *Piezo-Tintenstrahlverfahren* wurde in den vergangenen Jahren als Farbdruckertechnik vornehmlich für sog. Festtintendrucker (Solid Ink Jet) verwendet, mit denen sich Tektronix und Dataproducts intensiv beschäftigen. Dort liegt auch die Mehrzahl der Patentrechte. In jüngster Zeit kam auch ein Flüssigtintendrucker des japanischen Herstellers Epson mit diesem Verfahren auf den Markt, das den preiswerten Bubble-Jet-Druckern Paroli bieten soll.

Das *Kontinuierliche Tintenstrahlverfahren* wurde einst von der amerikanischen Firma Iris Graphics zur Produktreife gebracht. Iris ist vor einigen Jahren vom führenden israelischen Druckvorstufenhersteller Scitex übernommen worden, welche die Drucker zunächst in ihr Marktsegment positioniert.

Die genannten Firmen darf man durchaus als führende Hersteller von Tintenstrahldruckern bezeichnen, und anhand ihrer Produkte kann man die Technologien am klarsten erläutern.

3.5 Bubble-Jet- oder Thermisches Tintenstrahlverfahren

Drucker mit dieser Technik arbeiten nach dem Zeilendruckerprinzip und sind nach ihrer Bauart Desktop-Drucker mit geringen Ausmaßen. Im Vergleich zu den anderen hier vorgestellten Technologien nimmt die Druckqualität eher einen mittleren bis unteren Rang ein, ist aber für die angesprochenen Zielgruppen mehr als ausreichend. Druckgeschwindigkeit und Datendurchsatz sind vergleichbar mit Nadelmatrixdruckern, mit denen sie auch hinsichtlich der Anschaffungs- und Druckkosten und der Einsatzfelder konkurrieren. Die Technologie ist zwar sehr simpel und entsprechend kostengünstig zu integrieren. Aber es mußten erst lange Jahre intensiver Forschung vergehen, bis die Technologie ausgereift, sicher und benutzerfreundlich war. Dabei mußten auch einige Fehlschläge hingenommen werden. Die Forschungsinvestitionen werden heute mehr als amortisiert durch den enormen Markterfolg, den Bubble-Jet-Drucker inzwischen haben.

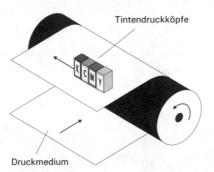

Abb. 44: Druckprinzip von Bubble-Jet-Druckern

Ein auf einem Druckschlitten befestigter Druckkopf fährt über dem Papier hin- und her, das nach dem Drucken einer Zeile vorgeschoben wird. Der Druckvorgang erfolgt berührungslos. Bei Bedarf, also wenn der Druckkopf einen Druckimpuls erhält, wird die Tinte aus winzigen Düsen aus dem Druckkopf herausgeschleudert, daher die Bezeichnung „Drop-on-Demand", was vielleicht mit „Tropfen bei Bedarf" übersetzt werden kann. Die Tintentropfen müssen eine geringe Distanz überwinden, bevor sie auf das Papier auftreffen. Mehrere solcher Düsen sind wie die Nadeln eines Nadelmatrixdruckers untereinander angebracht, so daß sie eine Druckzeile überdecken. Das Druckbild wird in Form einer Punktmatrix gebildet, wobei jeder Tintentropfen einen Punkt oder ein Pixel erzeugt. Ein Tropfen ist also die kleinste Einheit, die entsprechend präzise kontrolliert werden muß. Denn die Menge der Tinte, also die Größe des Tropfens, bestimmt die Punktgröße. Für jede Druckfarbe wird ein separater Druckkopf verwendet, die Druckköpfe

3.5 Bubble-Jet- oder Thermisches Tintenstrahlverfahren

sind hintereinander angeordnet und könnten die Tinte eigentlich gleichzeitig versprühen. Dieses würde jedoch einen Naß-in-Naß-Auftrag bedeuten, was in der Praxis nicht durchführbar ist. Denn die verwendeten Tinten sind wasserlöslich, verlaufen also ineinander. Dadurch sind in einer Zeile entweder mehrere Druckdurchgänge mit jeweils einer anderen Farbe nötig, was den Druckdurchsatz herabsetzt, oder es wird die Menge der Tintentropfen reduziert, so daß wiederum erst nach mehreren Durchgängen alle Pixel mit allen Farben gedruckt sind.

Durch den Abstand der Tintenstrahldüsen wird die vertikale Auflösung festgelegt. Bedingt durch ihre Druckerbefehlssprache HPPCL wird bei Hewlett Packard standardmäßig eine Auflösung von 300 dpi verwendet. Damit sind diese Drucker weitgehend kompatibel zu Laserdruckern. Canon-Drucker und die darauf basierenden OEM-Produkte sind dagegen mit einer Auflösung von 360 dpi und entsprechenden Befehlssätzen kompatibel zu Nadelmatrixdruckern. Nur bei dem Farbtintenstrahlkopierer CLC-10 setzt Canon eine Auflösung von 400 dpi ein. Die horizontale Auflösung wird wiederum vom Vorschub der Druckkopfeinheit definiert, sie ist in der Regel identisch mit der vertikalen Auflösung. HP bietet im hochauflösenden Textmodus inzwischen sogar eine horizontale Auflösung von 600 dpi an. Bei solchen Auflösungen ist eine Punktstruktur nicht mehr zu erkennen.

Das zeilenweise Drucken der Druckfarben Gelb, Magenta, Cyan und bei Bedarf Schwarz macht eine etwas aufwendige Aufbereitung der Druckdaten erforderlich, siehe auch voriger Abschnitt. Ein Seitendrucker nimmt die Farbinformationen so auf, wie sie in der Anwendung vorliegen, also seitenweise nacheinander. Dagegen benötigt ein Zeilendrucker alle Farben gleichzeitig, dafür aber zeilenweise. Eine Farbdatei muß daher immer vollständig aufbereitet sein, bevor die erste Druckzeile übertragen werden kann. Dieser Umstand wirkt sich negativ auf die Druckzeit und die Dimensionierung eines Bubble-Jet-Druckers aus. Um die Zeit für Datenaufbereitung und -übertragung zu verkürzen, ist ein gewisser Aufwand für die Druckerintelligenz nötig, der sie teuer macht. Dem stehen aber die Druckqualität und Druckdauer entgegen, die den Drucker wiederum in seinem Einsatzgebiet limitieren. Eine wohldurchdachte Abstimmung von Technologie, Kontroller und Zielgruppe ist hier vonnöten. Als ein Beispiel einer solchen Optimierung sollen weiter unten einige Eigenschaften des DeskJet 1200C von HP vorgestellt werden.

Druckprinzip und Druckkopf

Beim Bubble-Jet- oder auch Thermischen Tintenstrahlverfahren wird ein Tintentropfen erzeugt, indem Tinte in der Tintenstrahldüse zunächst erhitzt wird. Darauf bildet sich eine kleine Blase, die einen hohen Druck in der Düse erzeugt. Überschreitet die Blase eine gewisse Größe, drückt sie einen Tropfen Tinte durch die Öffnung der Düse,

*Abb. 45:
Bildung der Blase, die den Ausstoß eines Tintentropfens bewirkt*

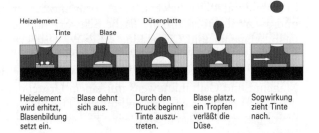

und der Tropfen tritt mit hoher Geschwindigkeit heraus. Sie kann bis zu 700 km/h betragen. Nachdem der Tintentropfen die Düse verlassen hat, entsteht darin ein Unterdruck, der für das Nachfließen von Tinte aus dem Vorratsbehälter sorgt. Der ganze Prozeß kann nun von neuem beginnen. In Abbildung 45 ist diese Sequenz im Detail dargestellt. Die Rate, mit der die Tropfen ausgestoßen werden, liegt bei 4 – 5 kHz, also 4 – 5000 Tropfen pro Sekunde. Diese Rate limitiert die Druckgeschwindigkeit, und ein Mittel, diese zu erhöhen, ist eine Erhöhung der Frequenz. In ihrem Modell Deskjet 1200C hat HP diese Frequenz auf 8 kHz erhöht, so daß sich allein dadurch ein Geschwindigkeitsvorteil von 80 – 100% ergibt. Der so erzeugte Druckpunkt hat einen Durchmesser von etwa 0,16 mm. Im Druckkopf sind mehrere Düsen senkrecht untereinander angeordnet, entweder einreihig oder zweireihig versetzt. Bei einer Auflösung von 300 dpi beträgt der Punktabstand etwa 0,085 mm. Dies ist etwas mehr als der halbe Punktdurchmesser, eine gute Überlappung der Punkte ist also gewährleistet. Bei einer Auflösung von 360 dpi liegen die Punkte sogar noch dichter beieinander. Eine ausgezeichnete Schrift- und Grafikauflösung wird so in einem Druckdurchgang erreicht.

*Abb. 46:
Arrangement der Düsen eines HP-Druckkopfes und Anordnung der Punkte in einer Druckzeile (rechts)*

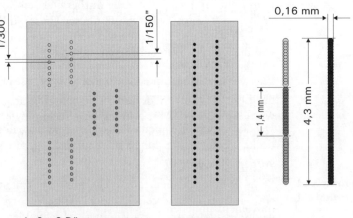

3.5 Bubble-Jet- oder Thermisches Tintenstrahlverfahren

In Abbildung 46 ist die versetzte Anordnung der Druckdüsen zu sehen, und zwar 50 Stück für die Farbe Schwarz und jeweils 16 Stück für Gelb, Magenta und Cyan. Eine schwarze Druckzeile kann also in einem Druckdurchgang zu Papier gebracht werden, sie hat mit ca. 4,3 mm die Höhe einer Textzeile. Dagegen werden die drei Farben Cyan, Magenta und Gelb mit jeweils nur einem Drittel dieser Zeilenhöhe gedruckt, so daß erst nach insgesamt drei Druckdurchgängen eine komplette farbige Druckzeile mit einer Zeilenhöhe von ca. 4,3 mm erstellt ist. Der Zeilenvorschub dazwischen erfolgt nun mit jeweils 1/3 der Textzeilenhöhe. Es wird also hier vorausgesetzt, daß Texte stets in schwarzer Farbe erscheinen und schnell gedruckt werden müssen, während die Farben grafischen Elementen zugeordnet sind, die – auch wegen der Trocknung der Tinte – langsamer ausgegeben werden können.

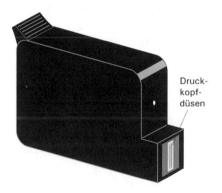

Abb. 47: Tintenbehälter und Druckkopf bilden bei HP eine Einheit. Hier eine Kartusche des DeskJet 1200C

Die Firma Canon verfährt bei ihrem jüngsten Modell BJC-600 grundsätzlich anders. Hier sind alle Druckköpfe gleichartig ausgeführt. Sie besitzen jeweils 64 Düsen, die mit einem Abstand von 64/360" = 5 mm einreihig untereinander angeordnet sind. Der Spielraum ist somit ein wenig vergrößert, und Textzeilen können auch in anderen Farben ausgeführt werden.

Eine weitere Möglichkeit, bei einem Low-Cost-Drucksystem ohne Verzicht auf Qualität den Druckdurchsatz zu erhöhen, besteht darin, zwei Zeilen auf einmal zu bedrucken. Dazu muß der Druckkopf mehr Druckdüsen aufnehmen, damit der entsprechende Druckbereich abgedeckt werden kann. Einen solchen Druckkopf mit insgesamt 104 Düsen hat HP in dem Modell Deskjet 1200C verwendet, und zwar für jede Farbe einen. Damit kann ein Band mit einer Höhe von 104/300" in einem Durchgang bedruckt werden. Dies entspricht zwei Textzeilen mit einem üblichen Zeilenabstand von 1/6". Die höhere Tropfenausstoßrate und der Zweizeilendruck sorgen für eine spürbare Erhöhung der Druckgeschwindigkeit, die sich mit der von Seitendruckern messen lassen kann. Die beiden Maßnahmen bedingen aber eine aufwendigere

Mechanik und Steuerung, die den Deskjet 1200C an die obere Grenze eines Low-Cost-Farbdruckers rücken.

Leider wird den Bemühungen, die Druckqualität und -geschwindigkeit zu erhöhen, durch einen Umstand Einhalt geboten, der in der Flüssigtintendrucktechnologie selbst begründet ist. Durch den flüssigen Auftrag der drei bzw. vier Prozeßfarben verlaufen die Farbtinten sehr leicht ineinander. Dieser negative Einfluß auf die Druck- und Farbqualität kann nur dadurch wettgemacht werden, daß man mit der nächsten Tintenlage wartet, bis die vorige getrocknet ist oder den Trocknungsprozeß beschleunigt. Beide Mittel werden angewandt, jedoch bleibt die praktisch erreichbare Druckgeschwindigkeit hinter der theoretisch möglichen zurück. Am aufwendigsten sind die Maßnahmen, die Hewlett Packard beim DeskJet 1200C vorgesehen hat. Gleich zwei Heizlampen sollen das Papier vor dem Druck vorwärmen bzw. nach dem Druck den Tintenauftrag trocknen. Eine kurze Wartezeit nach dem Einschalten muß deswegen in Kauf genommen werden, denn der Drucker startet nicht, bevor die gewünschte Temperatur der Lampe erreicht ist. Dieses Mittel alleine reicht aber noch nicht aus, um bei intensiverer Farbnutzung die Tinte schnell zum Trocknen zu bringen. Eine Intelligenz im Druckprozessor ermittelt anhand der übertragenen Druckdatei das Farbvolumen, das auf das Papier zu übertragen ist. Steht zu erwarten, daß aufgrund des Farbauftrages die Tinte zu langsam trocknen und ineinander laufen würde, wird die Druckgeschwindigkeit herabgesetzt. Die weiter oben beschriebenen Maßnahmen zur Druckbeschleunigung werden dadurch neutralisiert, letztlich ist das Druckprinzip an der physikalischen Grenze angelangt.

Abb. 48: Abwechslendes Drucken der ungeraden und geraden Pixel

1. Druckband   2. Druckband   Druckergebnis

Alle angebotenen Tintenstrahlprodukte wenden noch einen recht simplen Trick an, den Farbauftrag stabil zu halten. Sie liefern die Druckdaten stückchenweise zum Druckkopf, der aber dann mehrmals über eine Druckzeile fahren muß, um alle Farbpixel zu drucken. Das funktioniert so: Anhand der Druckdatei kann die Anordnung und Menge der Tintenpunkte ermittelt werden. Würden danach Tintentröpfchen direkt neben- und übereinander liegen, könnten sie verlaufen und das Druckergebnis negativ beeinflussen. Die Druckdaten einer Zeile werden nun aufgeteilt, beispielsweise in gerade und ungerade Pixel, und zwar vertikal und horizontal. Sodann werden zunächst die geraden Pixel einer Zeile gedruckt, gefolgt von den ungeraden im nächsten Durchgang. Abbildung 48 verdeutlicht dieses Prinzip, das sich noch

3.5 Bubble-Jet- oder Thermisches Tintenstrahlverfahren

verfeinern läßt. Es kann ebenfalls verwendet werden, um verschiedene Grafikmodi zu ermöglichen. Auch diese Option wird von den Tintendruckerherstellern angeboten. Ein Schnelldruckmodus beispielsweise könnte nur jeden zweiten geraden Pixel berücksichtigen, aber jeweils komplette Druckzeilen in einem Durchgang drucken, dies aber mit verminderter Auflösung und Qualität. Der Normaldruckmodus würde dann zu den geraden noch die ungeraden Pixel in einem zweiten Durchgang hinzuaddieren, was die Auflösung und Druckqualität zwar erhöht, die Druckgeschwindigkeit aber verringert.

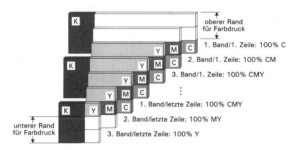

Abb. 49: Schema des Farbauftrages bei DeskJet-Druckern von HP zur Reduzierung der Streifenbildung

Ähnliche Maßnahmen, allerdings in vertikaler Richtung, können die störenden *Banding-Effekte* verkleinern. Sie entstehen, wenn nach dem Drucken einer Zeile das Papier um den Zeilenabstand weitertransportiert wird. Aufgrund der Toleranzen im Mechanismus kommt es nicht zu einem einwandfreien Aneinanderreihen der Druckkopfpixel, so daß sich die Zeilen entweder gering überlappen oder ein kleiner weißer Streifen zwischen ihnen entsteht. Die Streifenbildung wird mit dem amerikanischen Ausdruck *Banding* bezeichnet, und einige Möglichkeiten der Verminderung sollen kurz besprochen werden. Abbildung 49 zeigt den Farbauftrag der HP DeskJet 5xx-Serie. Wie bereits erläutert sind die Druckkopfdüsen für die drei Farben Cyan, Magenta und Gelb übereinander angeordnet, jede der Düsen überdeckt 1/3 einer Druckzeile. Um eine komplette Zeile mit allen Farben zu füllen, müssen die Farblagen als Bänder gedruckt werden, zwischen denen das Papier jeweils um 1/3 Zeilenabstand vorgeschoben wird. Erst nach drei Durchläufen befinden sich auf einem Band mit 1/3 Zeilenhöhe alle drei Farben übereinander. Düsen für die schwarze Tinte überdecken eine komplette Zeile, daher muß Schwarz nur alle drei Zeilen eingefügt werden. Durch diese Druckweise wird zwar der Banding-Effekt verringert, dies jedoch zu Lasten der Druckgeschwindigkeit. Außerdem ist bei einer solchen Druckkopfanordnung das Format der farbigen Fläche kleiner als das der schwarzen, denn jeweils die obersten und untersten beiden farbigen Bänder können am Beginn und Ende einer Seite nicht gedruckt werden.

Abb. 50:
Schema des Farbauftrages beim Canon BJC-600

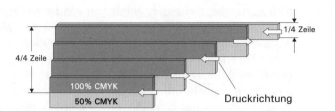

Die Druckmethode des Canon BJC-600 ist ein gutes Beispiel dafür, wie mit nebeneinander liegenden gleich hohen Druckköpfen die Streifenbildung verringert und gleichzeitig die Trocknung der Tinte gefördert wird. Abbildung 50 verdeutlicht dieses Verfahren, bei dem während eines Zeilendurchlaufes alle Druckfarben aufeinander gebracht werden. Dabei werden aber nicht alle Pixel angesteuert, sondern nach oben beschriebenem Verfahren nur jedes zweite. Somit werden während eines Durchlaufes 50% der Farbdaten gedruckt. Zudem werden diese Daten in einer Weise auf die Druckköpfe verteilt, daß das obere Viertel die 50%-Daten des vorigen Bandes druckt, während das zweite Viertel die 50%-Daten des aktuellen Bandes erhält. Durch den Bidirektionaldruck wird beim Rücklauf dann das aktuelle Band mit den verbleibenden 50%-Daten gefüllt, so daß es danach komplett bedruckt ist. Gleichzeitig wird das darunter liegende Band zu 50% erstellt. Auf diese Weise überlappen sich die einzelnen Druckzeilen, nach vier Durchläufen ist eine Zeile komplett bedruckt. Auch hierbei wird dir Druckgeschwindigkeit gemindert, aber anders läßt sich die Streifenbildung nicht in den Griff bekommen.

Druckkopf-verschleiß

Die beiden Pioniere auf dem Gebiet der Bubble-Jet- bzw. thermischen Tintenstrahltechnik, Canon und Hewlett Packard, verfahren nach unterschiedlichen Methoden, die Tinte an den Druckkopf zu liefern. Bei HP ist der Tintenvorrat zusammen mit dem Druckkopf in einer Einheit zusammengefaßt, die nach Verbrauch im Abfall landet. Die Lebensdauer des Druckkopfes unterliegt daher einer natürlichen Begrenzung, und man muß sich keine Gedanken darüber machen, nach welchem Zyklus der Druckkopf zu wechseln ist. Eine gleichbleibende Druckqualität ist so stets gewährleistet. Bei Canon wurden die Tintenbehälter von den Druckköpfen getrennt. Sie werden entweder direkt auf die Druckkopfeinheit gesteckt oder aufgrund ihrer Größe an anderer Stelle untergebracht, die Tinte wird dann mittels Schlauchsystem an die Druckköpfe geführt. Automatisch erfahren die Canon-Druckköpfe eine längere Lebensdauer als die der HP-Drucker.

Tinte

Die Druckcharakteristik wird hauptsächlich von der Tinte und dem Empfängermaterial beeinflußt. Dabei muß die Tinte, die zumeist auf Wasser basiert, wohl die größten Schwierigkeiten meistern. Sie muß so dünnflüssig sein, daß sie in Form winziger Tröpfchen gut zu transportieren ist und eine hohe Ausstoßrate erlaubt, aber gleichzeitig so dick-

3.5 Bubble-Jet- oder Thermisches Tintenstrahlverfahren

flüssig, daß sie nicht allzu schnell in das Druckmedium eindringt. Sie darf innerhalb des Drucksystems nicht trocknen, muß aber nach dem Auftreffen auf Papier oder Folie schnell trocknen. Es wird von ihr eine hohe Farbbrillanz, d.h. Dichte und Farbsättigung, verlangt. Darüber hinaus soll die Tinte lichtbeständig, wasserfest und ungiftig sein. Es scheint unmöglich, all diese Forderungen, die teilweise paradox sind, zu erfüllen. Und tatsächlich müssen große Kompromisse eingegangen werden, welche die heutigen Bubble-Jet-Drucker in ihrem Einsatzgebiet einschränken. Damit die Tinte schneller trocknet, wärmt z.B. HP das Druckmedium aufwendig vor. Oder die Druckgeschwindigkeit wird automatisch verringert, damit nicht zuviel Tinte auf einen Fleck gesprüht wird und die Farben ineinander laufen. Eine weitere Gegenmaßnahme zur Feuchtigkeitsbildung besteht darin, die Grafikauflösung herabzusetzen, damit nicht zu viele Pixel pro Flächeneinheit gedruckt werden. Die Wasserfestigkeit läßt selbst bei teueren Flüssigtintenstrahldruckern zu wünschen übrig, was zu Vorsicht im Umgang mit den Ausdrucken mahnt.

Drop on Demand Beim Tintenverbrauch entwickeln Tintenstrahldrucker wohl ihre verbraucherfreundlichsten Eigenschaften. Die Bezeichnung Drop on Demand verdienen sie zurecht, denn es wird nur soviel Tinte verbraucht, wie tatsächlich gedruckt wird. Genau so verlaufen auch die Verbrauchskosten. Werden wenig Flächenanteile bedruckt, wie z.B. in der Büroumgebung, sind die Kosten als gering zu bezeichnen. Übersteigt die Farbfläche aber eine bestimmte Größe, kann das Tintenstrahldrukken recht kostspielig werden. Doch dazu später mehr.

Abb. 51: Damit die Tinte nicht eindringt und verläuft, wird speziell beschichtetes Druckmedium empfohlen

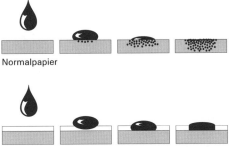

Druckmedium Das Druckmedium sollte eigentlich nur als Trägermaterial des Druckbildes dienen. Doch haben Flüssigkeiten zwei Eigenarten, die dem Tintenstrahldrucken nicht dienlich sind. Treffen Flüssigkeiten auf poröses Material, dringen sie ein. Ist das Medium hingegen dicht, bilden sich Tropfen. Genau das sind die Schwierigkeiten, mit der Papier und Transparentfolie zu kämpfen haben. Abhilfe schafft hier nur spezielles, beschichtetes Papier, das die Hersteller anbieten. Dies kann aber unter

Umständen kostspielig werden, und der anfänglich preiswerte Drucker entpuppt sich schnell als Verbrauchskostenfalle. Hier ist also Vorsicht geboten, wenn der Hersteller damit wirbt, sein Drucker könne sog. „Plain Paper" bedrucken. Dieser Ausdruck kommt aus dem amerikanischen und beschreibt einen Begriff, der am besten mit „Standard-Kopierpapier" gedeutet werden kann. Damit läßt sich wenig anfangen, es werden schließlich eine Vielzahl unterschiedlicher Qualitäten angeboten, die unterschiedliche Farbdruckergebnisse produzieren.

Papier ist mit vielen Fasern durchzogen, welche Flüssigkeiten wie ein Stück Löschpapier aufsaugen. Dieser Effekt macht auch vor der Tinte nicht halt. Sie wird aufgesogen und verläuft, was besonders am Rand von Schriften, Linien und Kanten sichtbar wird. Abbildung 51 verdeutlicht diesen Effekt. Dadurch entsteht ein unscharfes, schmutziges und nachlässiges Aussehen. Außerdem wird das Papier wellig, was nicht besonders repräsentativ aussieht. Beidseitiges Drucken erübrigt sich ebenfalls. Für das Farbdrucken viel bedeutender ist allerdings die Tatsache, daß die Farbbrillanz verlorengeht, die Farbe wie ausgewaschen wirkt. Das liegt daran, daß Farbdichte und -sättigung beeinträchtigt werden, es mischen sich ja viele Papierfasern unter die Flüssigkeit. Recycling-Papier liefert vielleicht auf einem S/W-Kopierer akzeptable Qualität, ist aber für Farbdrucke jeder Art wenig geeignet. Es staubt nur die empfindlichen Druckwerke ein, saugt Tinte auf und läßt Farben verblassen. Besseres Schreibmaschinenpapier mit einer glatten und festen Oberfläche kann für Tintenstrahldrucke sehr wohl verwendet werden, wenn diese nicht gerade repräsentativen Zwecken dienen sollen. Wird die beste Druckqualität gefordert, ist auf jeden Fall des Spezialpapier des Herstellers zu verwenden. Die Kosten dafür sind allerdings beachtlich, wie später gesondert untersucht wird. Aber anders läßt sich die ansonsten recht gute Farbqualität der Tinte nicht erhalten.

Abb. 52:
Die linsenartige Tröpfchenoberfläche sorgt für Lichtstreueffekte

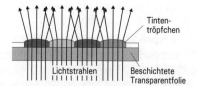

Die Tröpfchenbildung der Tinte ist verantwortlich für das schlechte Abschneiden der Präsentationsfolien bei deren Projektion. Die Tröpfchen wirken wie eine optische Linse und streuen die hindurchtretenden Lichtstrahlen des Projektors. Die Projektion auf der Leinwand erscheint dadurch blaß, die Farben matt und nicht satt, schon gar nicht brillant. Für anspruchsvolle Präsentationen ist daher die Tintenstrahltechnik nicht geeignet.

3.5 Bubble-Jet- oder Thermisches Tintenstrahlverfahren

Druckformate

Am häufigsten verwenden Bubble-Jet-Drucker Papierformate rund um DIN A4, ein Modell der Firma Canon ist auch in der Lage, DIN A3 zu bedrucken. Überformate wie Oversize oder Supersize, die das Bedrukken der vollen A4-oder A3-Formatfläche erlauben, gehören nicht zu den Merkmalen dieser Drucker. Die bedruckbare Fläche wird aber wegen des Papiertransportes oben und unten begrenzt. Links und rechts entstehen ebenfalls Ränder, die nicht bedruckt werden können, sie sind jedoch schmaler. Mit diesen Einbußen können insbesondere Anwender in der Büroumgebung leben, auf welche die Produkte zielen. Auch werden Druckformate häufig nach der Menge der Zeichen und Zeilen bemessen, eine in diesem Marktsegment übliche Praxis. Es ist dann sehr schwierig, die echte bedruckbare Fläche zu ermitteln.

Räumliche Auflösung und Speicherkapazität

Räumliche Auflösung und Größe des Druckdatenspeichers stehen in direktem Verhältnis zueinander. Für einen Zeilendrucker muß der Speicher mindestens so groß sein, daß er bei vorgegebener Auflösung die Druckdaten möglichst aller Farben für eine Zeile aufnehmen kann. Entsprechend der unterschiedlichen Auflösungen, Zeilenbreiten und Druckmodi variieren auch die Speichergrößen sehr stark von Modell zu Modell.

Bei einem Druckkopf mit 50 Düsen und einer Auflösung von 300 x 300 dpi können in einer Druckzeile mit der Breite von 8" = 203 mm genau 300 x 8 x 50 = 120.000 Punkte gedruckt werden, wofür der Drucker 120.000 Bit oder 15 KByte reservieren muß. Für die drei Prozeßfarben Gelb, Cyan und Magenta werden somit 45 KByte benötigt. Soll Schwarz als Grafik mitgedruckt werden, kämen weitere 15 KByte hinzu. Die Farbe Schwarz ist aber meistens ausschließlich dem Textdrucken vorbehalten, das aus dem internen Zeichengenerator bedient wird und dann einen geringeren Speicherbedarf benötigt. Tatsächlich bewegen sich die Speicherkapazitäten der A4-Tintenstrahldrucker in dieser Größenordnung.

Werden aber Tintenstrahldrucker als Seitendrucker dimensioniert, wie z.B. Canons BJC-880 (A3) oder HPs DeskJet 1200C (A4), dann ist auch der Speicher entsprechend groß zu wählen. Angenommen, der BJC-880 mit einer Auflösung von 360 x 360 dpi kann eine maximale Fläche von 11" x 14" bedrucken, was etwa 279 mm x 356 mm entspricht, dann ist pro Farbe folgende Speicherkapazität nötig: 11 x 360 x 14 x 360 = 20.000.000 Pixel = 2,5 MByte. Für drei bzw. vier Farben kommt man dann auf eine Speichergröße von 7,5 bzw. 10 MByte, eine Größenordnung, die ins Geld geht, und das bei eingeschränkter Druckfläche (mit 6 bzw. 8 MByte kommt man schon bei Thermotransferdruckern aus, die zudem einen größeren Bereich bedrucken können).

Farbauflösung und Erzeugung von Halbtönen

Während man bei der Farbtiefe der Tintenstrahldrucker eine klare Aussage treffen kann, ist die Erzeugung von Halbtönen von der Anwendungssoftware, der Kommandosprache des Druckers und dem Druckertreiber abhängig. Mit der Bubble-Jet-Technologie werden nur konstante Punktgrößen gebildet, damit läßt sich nur ein einziger Farbton erzeugen, die Farbtiefe beträgt somit ein Bit pro Primärfarbe. Halbtöne müssen mit Hilfe von Ditheringmustern nach dem ein oder anderen beschriebenen Verfahren simuliert werden, und da gibt es einige Unterschiede, wie wir gleich sehen werden.

Die einfache Methode des Dispersed Dithering wird von Grafikprogrammen selbst erzeugt und in die Pixeldaten des Druckers umgesetzt, bevor sie als Bitmap-Muster mittels Druckertreiber zum Drucker übertragen werden. Dieser muß nicht über viel Intelligenz verfügen, auch mit einfachen Befehlssätzen können so die Halbtöne zu Papier gebracht werden, allerdings mit den Einschränkungen, die bereits im entsprechenden Kapitel erläutert wurden. Zwar ist der Umfang der Farbtöne nicht so groß, für die Darstellung von Geschäftsgrafiken und einfachen Grafikentwürfen bis hin zur Präsentation sind die Druckergebnisse, die mit der Tintenstrahltechnik erzeugt werden, aber als gut zu bezeichnen.

Das Clustered Dithering ist schon etwas aufwendiger, kann aber mehr Farbtöne und bessere Farbverläufe erzeugen. Es wirkt aber, mit Tintenstrahldruckern gedruckt, ein wenig grobkörnig. Das hat auch damit zu tun, daß die Tintentropfen, diesem Ditherverfahren entsprechend, in der Mitte der Halbtonzelle angehäuft werden und verlaufen können oder durch das Eindringen in das Papier etwas größer werden, als sie in Wirklichkeit sind. Dieser Effekt läßt sich durch Verwendung des beschichteten Spezialpapiers minimieren. Wie bereits erläutert kann die Rasterung der Farbdaten im Drucker erfolgen, wenn er über einen PostScript-RIP verfügt. Dies ist jedoch bei Farbtintenstrahldruckern eine Ausnahme, und so müssen alternativ die von der Applikation gerasterten Farbdaten vom Druckertreiber in die Druckerkommandos übersetzt und wiederum als Bitmap-Daten zum Drucker übertragen werden. Die am häufigsten vorkommenden Befehlssätze sind HPPCL und Epson ESC/P. HPPCL bezieht sich generell auf die Auflösung von 300 dpi, ESC/P ist ein Befehlssatz, der ursprünglich für 24-Nadel-Drucker mit einer Auflösung von 360 dpi konzipiert war. Diese Form der Datenaufbereitung ist schon sehr aufwendig, weil die gesamten Druckdaten, also die Farbauszüge für die komplette Seite, vor der Übersetzung in die Druckerbefehlssprache gerastert sein müssen. Weil der Druckerspeicher dann noch meistens begrenzt ist, kann immer nur die zu druckende Zeile übertragen werden. Der Rest verbleibt im Computer und blockiert ihn.

3.5 Bubble-Jet- oder Thermisches Tintenstrahlverfahren

Neuerdings wird auch die frequenzmodulierte Rasterung für Tintenstrahldrucker verwendet. Sie stellt gerade für diese Druckerspezies eine enorme Verbesserung dar, sofern sie von den Herstellern angeboten wird. Der Grund: Die Halbtonzelle wächst nicht aus der Mitte heraus, sondern wird durch die unregelmäßig verteilten Pixel gebildet. Eine Anhäufung von Tintentropfen auf einem Fleck und das Verlaufen wie beim vorigen Verfahren wird vermieden. Die Aufbereitung der Druckerdaten erfolgt zwar auch im Computer. Dort muß das Rasterverfahren aber vom Druckertreiber oder der Druckausgabesoftware ermöglicht werden. Bei HP scheint diese Druckerbehandlung kein Thema mehr zu sein, seit sie ihre Software ColorSmart vorgestellt haben und diese den Farbdruckern beifügen. ColorSmart sorgt für die frequenzmodulierte Rasterung der Farbdaten und für die Umsetzung in die HPPCL-Kommandosprache. Die Druckergebnisse sind selbst mit dem Basismodel DeskJet 560C so gut, daß eine Beschreibung von ColorSmart im Rahmen dieses Buches erfolgt. Sie ist im Kapitel 5 "Optimierung der Farbwiedergabe" nachzulesen.

Fazit zur Druckqualität

Die Druckqualität von Tintenstrahldruckern ist sicherlich durch mehrere Faktoren geprägt und nur als Resultat der Summe dieser Faktoren zu sehen. Limitierungen sind bestimmt durch die Tinte und deren Farbumfang, der aber auch sehr stark vom Druckmedium abhängt. Tinte und Druckmedium sorgen auch für den Löschpapiereffekt, also das Aufsaugen und Ausbreiten der Tinte. Scharfe Kantenverläufe, die für Schriftzüge und Linien wünschenswert sind, wirken unsauber, und Flächen, gefüllt mit vollen Farbtönen, werden leicht streifig und ungleichmäßig. Der Ausdruck erhält dadurch ein schmutziges Aussehen. Genau entgegengesetzt wirken die Tintentropfen beim Auftrag auf Folienmaterial, wo die Oberflächenspannung für einen Lichtstreueffekt sorgt, der die Präsentation verblassen läßt. Die Optimierung dieser drei Qualitätsmerkmale geht ins Geld. Für eine weitere Einengung sorgt das Zeilendruckprinzip, das auch heute noch manchmal die berühmten Streifen erzeugt, die durch unpräzisen Papiervorschub entstehen. Demgegenüber steht die hohe Druckauflösung mit 360 x 360 dpi, 300 x 300 dpi oder neuerdings sogar 300 x 600 dpi für den Textdruck, die positiv zu bewerten ist. Damit wird die Auflösung von Laserdruckern erreicht. Abgerundet werden die positiven Merkmale durch die neue frequenzmodulierte Rasterung, welche die Qualität der Farbtonwiedergabe anhebt.

Es bleibt die Erkenntnis, daß die Bubble-Jet- oder Thermische Tintenstrahltechnologie im Hinblick auf die relativ geringen Anschaffungskosten, eine von den Einschränkungen geprägte Farbdruckqualität abliefert. Damit ist aber die adressierte Zielgruppe bestens versorgt. Die Druckqualität kann zwar mit relativ hohem Kostenaufwand angehoben werden, kommt aber über ein bestimmtes Maximum nicht hinaus und stößt zudem häufig an die Grenzen des finanziellen Engagements der Anwender. Zusammenfassend kann man unter Berücksichtigung der angebotenen Produkte für die Flüssigtintenstrahl-Technologie eine Charakterisierung durchführen, die stichpunktartig aufgeführt ist.

Positive Merkmale

- Einfache, aber ausgereifte Zeilendruckertechnik
- Mittlere bis hohe Zuverlässigkeit
- Mittlere Druck- und Farbqualität und -stabilität
- Optimiert auf Farbe-bei-Bedarf
- Druck- und Verarbeitungsgeschwindigkeit ausgerichtet auf Büroumgebung
- Verwendung in Macintosh- und PC-Umgebungen
- Einfache Computeranbindungen (Betriebssystemebene, Matrixdruckerbefehlssätze, PDLs,)
- Geeignet für Einzelplatzumgebungen
- Günstige Verbrauchskosten bei niedrigem bis mittlerem Farbanteil pro Seite
- Sehr günstige bis mittlere Anschaffungskosten

Kritische Merkmale

- Druckgeschwindigkeit niedrig für Grafikanwendungen
- Teueres Spezialpapier notwendig für höhere Druckqualität
- Ungünstige Verbrauchskosten bei höherem Farbanteil pro Seite, ebenso bei höherer Druckqualität
- Eingeschränkte Druckformate
- Qualität auf Transparentfolien läßt zu wünschen übrig
- Manchmal noch Streifenbildung
- Farbdrucke sind meistens nicht wasserfest
- Trocknung der Tinte

3.6 Piezo-Tintenstrahlverfahren

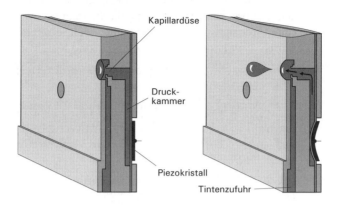

Abb. 53: Ausschnitt eines Piezo-Tintendruckkopfes

Die andere Drop-on-Demand-Tintenstrahltechnologie beruht auf der Piezo-Technik. Hierbei befindet sich in der Druckdüse ein Piezo-Kristall, das sich bei Anlegen einer elektrischen Spannung verformt. Diese Verformung bewirkt das Herauspressen eines Tintentropfens aus der Düse. Eine Spannungsimpulsfolge sorgt für einen Tropfenstrom. Mehrere dieser Düsen befinden sich in einem Druckkopf, der ansonsten ähnlich aufgebaut ist wie der eines thermischen Tintenstrahldruckers. Er ist nur stabiler ausgeführt, weil er einem höheren Druck standhalten muß. Daher ist die Fertigung eines Piezo-Tintendruckkopfes etwas komplizierter, und die Gesamttechnologie etwas teurer.

Drucker mit Piezo-Tintentechnik arbeiten ebenfalls nach dem Zeilendruckerprinzip, der Druckprozeß verläuft im Prinzip genauso wie bei einem Bubble-Jet-Drucker. Aus unterschiedlichen Gründen hat die Piezo-Drucktechnik allerdings keine vergleichbare Verbreitung erfahren. Zum einen ist die Patentsituation ein Grund dafür, zum anderen ist es schwierig, bei dem höheren technischen Aufwand konkurrenzfähig zu bleiben. Nachdem vor einigen Jahren ein A3-Farbdrucker mit dieser Technik auf dem Markt erschien, war es dann wieder ruhig um solche Varianten, die der starken Konkurrenz seitens der Bubble-Jet-Drucker nicht gewachsen schienen. Doch hat in diesem Jahr die Firma Epson für Überraschung gesorgt, als sie ein A4-Farbmodell vorstellte. Dieses Gerät ist preislich sehr attraktiv, verfügt über eine ausgezeichnete Farbqualität und erlaubt eine maximale Auflösung von 720 dpi horizontal und vertikal. Dazu sind jedoch einige Anstrengungen notwendig, denn die Grundauflösung beträgt 360 dpi. Jedoch sind die einzelnen Druckpunkte so klein, homogen und scharf, daß die daraus resultierende Ortsauflösung und Farbqualität angesichts der Preiskategorie als hervorragend bezeichnet werden kann. Damit beweist Epson, daß es durchaus möglich ist, einen Piezo-Flüssigtintendrucker als Farbversion erfolgreich zu positionieren. Weil die Arbeitsweise ansonsten aber vergleichbar mit dem Funktionsprinzip von Bubble-Jet-Druckern ist, soll dieser neue Drucker hier nicht weiter behandelt werden. Anstelle dessen soll ausführlich die Arbeitsweise von sogenannten Festtintendruckern vorgestellt werden, welche auch das Piezo-Druckverfahren verwenden. Diese Drucker sind von vornherein aufwendiger konstruiert und werden ausschließlich als Farbdrucker gefertigt. Bekannter sind vielleicht die Bezeichnungen „Solid Ink Jet"-, „Hot Melt"- oder „Phase Change"-Technologie, die von ihren Herstellern dafür gewählt wurden. Übersetzen könnte man dies etwa mit Fest-Tintenstrahl-, Heißschmelz- oder Phasenwechselverfahren. Es beschreibt, daß Tinte in Form von festem Wachs verflüssigt wird, also den Aggregatzustand verändert, bevor der Druck beginnt.

Die Entwicklungsgeschichte ist allerdings mit einigen unglücklichen Umständen behaftet, die eine große Verbreitung der Technologie verhinderten. Es hat heute fast den Anschein, als ob die sicherlich gute und in mancher Hinsicht überzeugende Farbdrucktechnologie die Zeit verschlafen hat. Gerade, als Computer und Anwendungen auf die Farbverarbeitung vorbereitet waren, gab es zwischen den Patentinhabern und einigen an der Weiterentwicklung beteiligten Firmen Patentstreitigkeiten, und Unsicherheit, gefolgt von abwartender Haltung machte sich breit. Eine Firma trat als Gewinner hervor, und zwar Tektronix, die ihr Verfahren Phase-Change-Technologie nennt und neben Dataproducts, einem der Patentinhaber, ein Produkt fertigt. Gewinner deshalb, weil sie mit der Positionierung ihres Produktes erfolgreich ist, während der Drucker von Dataproducts die Erwartungen bislang nicht erfüllen konnte und kürzlich für eine andere Zielgruppe neu ausgerichtet wurde.

Die Bezeichnung Desktop-Drucker verdient eigentlich nur das Dataproducts-Modell, das einigermaßen handlich ist, da es sich nur auf die Papiergröße A4 beschränkt. Dagegen nimmt das Tektronix-Produkt viel Raum ein, und es ist sehr schwer. Dieses Gerät erfordert zwei Personen zur Installation und sollte am besten auf einem separaten Tisch positioniert werden. Dafür ist es für A3-Formate geeignet und wartet zudem mit einer aufwendigen Nachbehandlung des Ausdruckes auf.

Druckprinzip und Druckkopf

Aber wie funktioniert nun dieses Verfahren? Die Farbe wird in Form von festen Wachsstiften, welche leicht zu handhaben sind, bereitgestellt. Sie stecken in einer Vorrichtung am Druckkopf, in der die Wachsstifte geschmolzen werden. Für jede Farbe ist eine getrennte Schmelzkammer vorgesehen, in der das Wachs verflüssigt wird und im Tintenreservoir zum Drucken bereitgehalten wird. Die gesamte Druckkopfeinheit, bestehend aus Schmelzkammern, Tintenreservoir, Leitungen und Druckkopf wird aufgeheizt, dabei herrschen Temperaturen zwischen 90 und 140°C. Die flüssige Tinte wird nun über Versor-

3.6 Piezo-Tintenstrahlverfahren

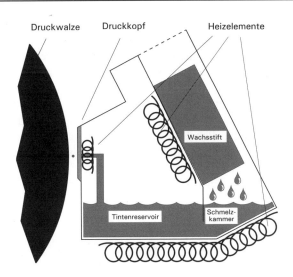

Abb. 54:
Schnitt durch die Druckkopfeinheit des Phaser 300i von Tektronix

gungsröhrchen zum Druckkopf befördert, die mit der beschriebenen Piezo-Methode für die Übertragung auf das Empfängermaterial sorgen.

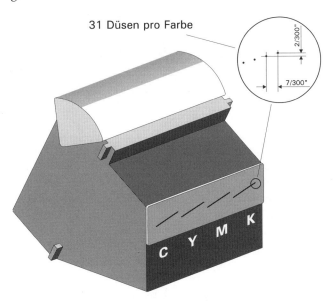

Abb. 55:
Anordnung der Druckdüsen am Druckkopf des Phaser 300i von Tektronix

Nach Abschalten des Druckers erstarrt das flüssige Wachs im Reservoir, in den Leitungen und im Druckkopf selbst. Nach Wiedereinschalten können bis zu 20 Minuten vergehen, bis die Betriebstemperaturen erreicht sind und das Wachs geschmolzen ist. Auch muß das System einer mehr oder weniger aufwendigen Reinigung unterzogen werden, will man es wieder zum Drucken nutzen. Daher empfehlen die Hersteller, die Geräte eingeschaltet, also aufgeheizt, zu lassen. Dafür bieten sie einen sog. Standby-Modus an, der das Gerät in Bereitschaft hält. In diesem Modus werden die Geräte bis auf wenige Funktionseinheiten ausgeschaltet und die Temperaturen etwas abgesenkt. Zwar können Daten empfangen und gespeichert werden, bis zum Druckbeginn vergehen aber wieder einige Minuten. Die Hersteller geben zwischen 5 und 10 Minuten Wartezeit an, die vergeht, bis das Drucksystem vollständig aufgeheizt ist. Abbildung 54 zeigt Druckkopfeinheit inkl. Schmelzvorrichtung der Firma Tektronix im Schnitt.

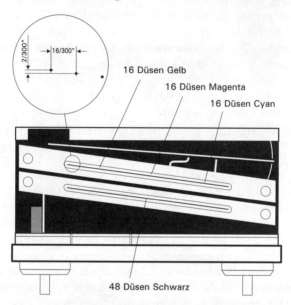

Abb. 56:
Anordnung der Druckdüsen am Druckkopf des Jolt PSe von Dataproducts

Die Piezo-Tintendruckköpfe selbst sind mit den haarfeinen Druckdüsen für alle vier Druckfarben ausgestattet. In Abbildung 55 ist die Druckkopfeinheit des Phaser 300i von Tektronix zu sehen. Die vier Düsenreihen mit jeweils 31 Druckdüsen befinden sich nebeneinander in der Reihenfolge Cyan, Gelb, Magenta und Schwarz. Die Düsen sind in einer Schräglage angeordnet, so daß sie einen größeren Abstand zueinander besitzen (siehe Ausschnitt). Dieser Abstand ist fertigungstechnisch bedingt. Die vertikale Distanz beträgt 2/300", und um die hohe Auflösung von 300 dpi erreichen zu können, muß der Druckkopf zweimal über eine Zeile fahren. Dabei wird die zweite Zeile gegenüber der ersten um 1/300" versetzt, indem das Druckmedium um diese Distanz fortbewegt wird. Mit dieser Anordnung der Druckdüsen druckt der Phaser 300i gleich hohe Zeilenbänder jeder Druckfarbe gleichzeitig und aufeinander, siehe Abbildung 57. Die Höhe der Bänder beträgt max. ca. 5,2 mm.

3.6 Piezo-Tintenstrahlverfahren

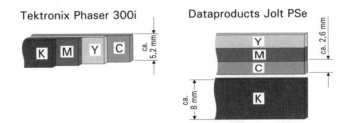

*Abb. 57:
Höhe des Farbauftrages während des Drucks einer Zeile*

Der Druckkopf des Jolt PSe von Dataproducts ist ein wenig anders aufgebaut (Abbildung 56). Hier sind zwei Düsenreihen mit jeweils 48 Druckdüsen schräg übereinander angebracht. Die obere Reihe enthält jeweils 16 Düsen für die Farben Gelb, Magenta und Cyan, und in der unteren Reihe befinden sich 48 Düsen für die Farbe Schwarz. Der vertikale Abstand zwischen den Düsen beträgt ebenfalls 2/300", und die Auflösung von 300 dpi wird genauso erreicht wie oben beschrieben. Jedoch verläuft der Farbauftrag nach einem anderen Schema, denn die Farbbänder sind nun untereinander angeordnet. Ein Zeilendurchlauf beginnt mit der Farbe Gelb, gefolgt von Magenta und Cyan, wobei alle Bänder eine Höhe von ca. 2,6 mm besitzen. Das unterste Band enthält Schwarz mit einer Höhe von ca. 8 mm. Abbildung 57 zeigt den Unterschied beider Druckmethoden, wobei es für das Druckverfahren nicht von Bedeutung ist, ob die Farben gleichzeitig aufeinander oder untereinander aufgetragen werden (die Zeit zum Erstarren des Wachses ist sehr kurz, so daß die Farben nicht ineinanderlaufen). Jedoch ist die Druckzeit unterschiedlich. Der Tektronix-Drucker kann in einer Zeile auf einer Höhe von ca. 5,2 mm alle Farben gleichzeitig aufbringen, danach erfolgt der Papiervorschub um eine Distanz von ca. 5,2 mm. Bei Dataproducts muß bereits nach ca. 2,6 mm das Papier transportiert werden, um alle Farben zur Deckung zu bringen. Der Druckvorgang dauert allein dadurch doppelt so lange.

Druckzeiten Die Hersteller geben unterschiedliche Druckzeiten an, die durch die angebotenen Druckmodi zustande kommen. Denn auch die Festtintendrucker zeigen die unliebsame Banding-Erscheinung, die durch Lücken zwischen den Druckzeilen oder Überlappung der Zeilen aufgrund von Papiervorschubtoleranzen entstehen. Um den Effekt zu minimieren werden z.B. die Druckdüsen unterschiedlich angesteuert und Druckzeilen überlappend gedruckt. Im höchsten Qualitätsmodus und mit größter Druckzeit ist ein Banding nicht mehr zu erkennen. Die typische Druckdauer für eine A4-Grafikseite beträgt zwischen 1 Minute bei geringster Qualität und 4 Minuten bei höchster Qualität. Lediglich bei reinem Textdruck wird ein höherer Durchsatz erzielt.

Das Festtintendruckverfahren ist also wieder ein Zeilendruckverfahren, die verfügbaren Produkte sind aber als Seitendrucker ausgelegt, beide benutzen Adobes Seitenbeschreibungssprache PostScript Level 2

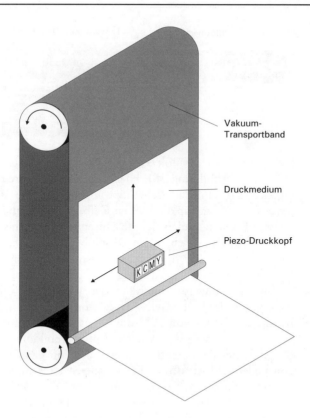

Abb. 58:
Mechanischer Funktionsablauf und Papiertransport des Jolt PSe

und zielen damit auf professionelle Anwender des Farbgrafikmarktes. Auch ein reiner Monochromdruck ist denkbar. Beide Hersteller gehen übrigens davon aus, daß der Schwarzanteil in den Ausdrucken erheblich höher ist als der Farbanteil. Völlig unterschiedlich ausgelegt sind die Papiertransportsysteme von Tektronix und Dataproducts. Der Jolt PSe zieht das Druckmedium horizontal ein, lenkt es um in die vertikale Richtung und übergibt es an ein Vakuum-Transportband. Dort wird es durch winzige Öffnungen angesaugt und sicher transportiert, bevor es an der Oberseite des Druckers ausgeworfen wird. Der Druckkopf fährt dabei vor dem Transportband hin und her.

Auch beim Phaser 300i von Tektronix wird das Papier an der Vorderseite horizontal eingezogen, im Inneren aber an eine Druckwalze übergeben und dort festgeklemmt. Diese Walze ist so groß, daß sie das Format A3 Übergröße auf ihrem Umfang aufnehmen kann. Die Druckkopfeinheit fährt hinter der Druckwalze hin und her, ist also während des Druckvorgangs nicht zu sehen. Nachdem ein Blatt bedruckt ist, ändert die Druckwalze die Drehrichtung und transportiert das Blatt nach vorne zur Fusereinheit und wirft es von dort aus. Der Funktionsablauf ist in Abbildung 59 zu sehen.

3.6 Piezo-Tintenstrahlverfahren

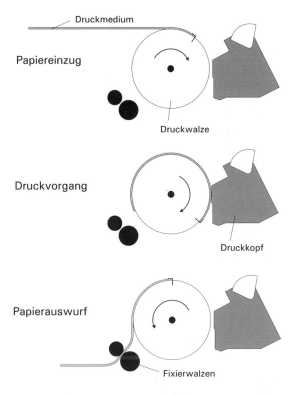

Abb. 59:
Funktionsablauf während Papiereinzug, Druck und Papierauswurf des Phaser 300i

Wachs, Tinte Die Anforderungen an das Wachsmaterial übertreffen bei weitem die Kriterien der flüssigen Tinte von Bubble-Jet-Druckern. Denn das Wachs erfährt eine Veränderung seines Aggregatzustandes, bevor es für den Farbauftrag verwendet wird und danach wieder in seine ursprüngliche Form zurückkehrt. Die Zeit dafür liegt im Bereich von Millisekunden, was dazu führt, daß der Abstand zwischen Papier und Druckkopf exakt eingehalten werden muß. Denn der Zeitpunkt für das Erstarren beeinflußt auch die Farbwiedergabequalität. Da die Farbpigmente als Träger keine Flüssigkeit, sondern festes Wachs verwenden, ist der Farbauftrag wasserfest. Dies führt auch zu der Eigenschaft, daß das flüssige Wachs nicht in das Druckmedium eindringt, sondern auf der Oberfläche fest wird. Das Wachs ist zudem bestrebt, schnell wieder vom flüssigen in den festen Zustand zurückzukehren, was den Trocknungsprozeß unterstützt. Zudem ist die Konsistenz nicht so dünnflüssig wie bei Flüssigtintendruckern, sondern eher zähflüssig. Die Charaktereigenschaft des Wachses, von selbst in die Ausgangsform zurückzukehren, ist der Schlüssel der Technologie. Dieser Prozeß muß nicht von außen unterstützt werden. Kompliziert ist es aber, das Wachs vor dem Druck aufzubereiten und dem Druckkopf zuzuführen. Da ist schon ein hoher Aufwand nötig, der die Technologie so kompliziert macht. Das Wachs wird in Form von Stiften geliefert, die der Schmelzeinheit zugeführt werden müssen. Bei Dataproducts sind dazu handgroße Vorratskassetten vorgesehen, die mehr als 30 solcher Stifte fassen. Die Kassette legt man in den Drucker ein, und immer, wenn im Druckkopf das flüssige Wachs zur Neige geht, holt er sich automatisch einen neuen Wachsstift von der Vorratskassette. Beim Tektronix-Drucker muß man die Wachsstifte einzeln manuell in ein kleines Magazin einlegen, an dem der Druckkopf vorbeifährt und sich, wenn nötig, einen Stift holt. Pro Farbe können drei Wachsstifte auf einmal eingelegt werden.

Der Aufwand vor dem Drucken ist also erheblich, dafür verläuft der physikalische Prozeß nach dem Drucken sehr vorteilhaft. Denn das Wachs dringt nicht in das Druckmedium ein, sondern haftet an der Oberfläche, es homogenisiert sie sogar. Dadurch können gerade auch auf qualitativ niederwertigem Material sehr gute Druckergebnisse erzielt werden. Der Effekt, der bei Flüssigtintendruckern zu Einschränkungen der Druck- und Farbqualität führt, ist hierbei nicht vorhanden, was sich vorteilhaft auf Druckschärfe, Farbdichte und -brillanz auswirkt. Die Farbqualität darf daher zu recht als sehr hochwertig bezeichnet werden. Schaut man sich einen Probeausdruck an, dann fällt sofort die Intensität der Farben auf.

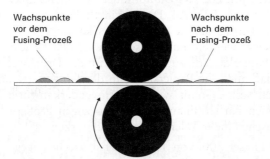

Abb. 60: Das Pressen der Farbwachspunkte in die Oberfläche des Papiers wird mit Fusing oder Fixieren bezeichnet

Druckmedium Eine Reihe Verbesserungen wurden seit der Anfangsphase der Verbreitung dieser Drucktechnologie durchgeführt. Sie hatten zum Ziel, die Haftung des Wachses auf dem Untergrund unter allen denkbaren Umständen und ohne Vernachlässigung der Druckqualität zu gewährleisten. Denn das Trocknen oder besser Verfestigen des flüssigen Wachses verläuft leider so schnell, daß die Haftung des Wachses nicht optimal ist. Tektronix hat sich daher zu einer weiteren aufwendigen Maßnahme entschlossen, einem sog. Cold-Fusing-Prozeß. Dabei läuft der Ausdruck vor dem Auswerfen durch zwei Fixierwalzen, die die Wachspartikel mit enormem mechanischem Druck in die ungleichmäßige Papier- oder Folienoberfläche pressen (siehe Abbildung 60). Diese Art des Fixierens ist bei Tintendruckern normalerweise nicht nötig, denn das Druckbild haftet ja bereits auf dem Untergrund. Bei Laserdruckern sorgt der Fixier- oder Fusing-Prozeß unter Zuführung von Wärme für eine dauerhafte Verbindung des Tonerpulvers mit dem Empfangsmaterial.

Dafür kann man mit Hilfe der Festtintentechnik auf beinahe jedem Papier- und Folienmaterial drucken, das vom Papiertransportmechanismus beherrscht wird. Darin liegt der große Vorteil dieser Technik, die zu Recht als echte Plain-Paper-Druckertechnik bezeichnet wird. Die Technik erlaubt die Verwendung von Recyclingpapier ebenso wie stärkere Kartons bei gleichbleibender hoher Druckqualität. Lediglich Präsentationsfolien fallen leicht ab, denn trotz Fusing-Prozeß bleibt der Lichtstreueffekt der Farbpixel erhalten. Die beiden Hersteller empfehlen daher eine weitere Nachbearbeitung mit einem Laminator, der den fertigen Ausdruck noch einmal erhitzt, preßt, in eine Folie einschweißt und so die Pixel platt macht.

Druckformate Angesichts des hohen technischen Aufwandes von Festtintendruckern wäre ein Optimum an Ausstattung wünschenswert, die bspw. das Bedrucken von größeren Papierformaten und unterschiedlichen Papierstärken gestattet. Dadurch ließe sich auch eine breite Anwenderschar erreichen. Wie aber bereits oben angemerkt wurde, berücksichtigt das Modell Jolt PSe von Dataproducts lediglich Papierformate in der Größenordnung DIN A4. Die maximale Papiergröße, die der Jolt PSe erlaubt, beträgt 8,5" x 14", ein amerikanisches Format, welches manuell eingelegt werden muß. Ansonsten werden Druckmedien mit Hilfe einer Papierkassette zugeführt und an der Druckwalze stark umgelenkt, so daß auch die Papierstärke in der Größenordnung von Büropapier liegen sollte. Somit wird die Anwenderkategorie limitiert, denn die meisten Farbgrafikanwender bevorzugen größere Druckformate und wünschen mehr Toleranz bei Papierstärken.

Der Phaser 300i von Tektronix beherrscht dagegen Druckformate bis DIN A3 Übergröße und Papiergewichte bis 175 g/m^2 und höher; hier spielt die Steifigkeit die größere Rolle. Eine spezielle Klemmvorrichtung an der Druckwalze ermöglicht dies. Hinzu kommt eine automatische Druckkopfjustage an die Papierstärke. Damit können breite Anwendungsgebiete abgedeckt werden. Die nicht bedruckbaren Papierränder betragen bei beiden Druckern an allen Kanten ca. 5 mm, so daß im Rahmen der Papiergrößen durchaus ein großer Druckbereich abgedeckt werden kann. Aufgrund der Überformate des Phaser 300i lassen sich sogar die Teststreifen und Schnittmarkierungen mitdrucken, die für professionelle Grafik- und Druckvorstufenanwendungen benötigt werden.

Räumliche Auflösung und Speicherkapazität

Mit einer horizontalen und vertikalen Auflösung von jeweils 300 dpi ist die derzeitige Grenze erreicht. Dies liegt u. a. an der Komplexität des Druckkopfes. Aber ähnlich wie bei anderen Farbdrucktechnologien wird auch hier weitergeforscht und -entwickelt, das Ziel ist eine Auflösung von 600 dpi. Die vorgestellten Drucker werden als Seitendrucker gehandelt, zielen also von vornherein auf professionelle Anwendungsbereiche. Der Mindestspeicher, der zum Bedrucken einer Seite notwendig ist, liegt je nach Modell zwischen 4 und 10 MByte. Das reicht aus für alle vier Farben, der Speicher kann aber für den jeweiligen Bedarf noch vergrößert werden, um z.B. mehrere Seiten hintereinander zügig zu verarbeiten, ohne den Rechner zu blockieren. Aufgrund der Preiskategorie der Geräte (zwischen 10.000 und 30.000 DM) und der Ausrichtung auf die professionelle Farbgrafikverarbeitung ist der Speicherausbau aber kein kritisches Thema.

Farbauflösung und Erzeugung von Halbtönen

Die Farbpixel besitzen eine Tiefe von einem Bit, können also nur eine Größe und einen Farbton annehmen. Halbtöne sind mit Hilfe der verschiedenen Dithermethoden zu erzeugen. Vor allem die komplexeren Rasterverfahren eignen sich hier, denn zum einen können diese Raster gut dargestellt werden, denn die Druckqualität ist sehr gut und auch das Wachs steuert keine negativen Eigenschaften bei. Zum anderen verfügen die Drucker über einen eingebauten Adobe PostScript Level 2-RIP, der die Rasterung übernehmen kann.

In diesen Interpreter haben beide Hersteller eigene Rasterverfahren integriert, welche sich an die bereits beschriebenen anlehnen. Damit werden Rasterlaufweiten bis zu 60 lpi erreicht, beim Phaser 300i sogar bis zu 80 lpi, allerdings unter Einschränkung des Farbumfanges. Diese Verfahren gehen auf eigene Forschungsaktivitäten zurück, auch Erfahrungswerte sind eingeflossen. So bieten beide Clustered Dithering-Methoden an, bei denen die gerasterten Farbauszüge nicht gegeneinander gedreht sind. Auch die frequenzmodulierte Rasterung gehört zum Angebot, bei Dataproducts sind es sogar zwei solcher Rasterungen. Erzeugt die frequenzmodulierte Rasterung, auch Error Diffusion genannt, bereits bei den Flüssigtintendruckern eine gute Druckqualität, so ist sie bei den Festtintendruckern noch einmal erheblich besser. Denn die Farben sind satter und brillanter und die Pixel dringen nicht in das Papier ein und behalten ihre ursprüngliche Größe. Tektronix ermittelte sogar eine mit dem Clustered Dithering vergleichbare Rasterlaufweite von 150 lpi im Mittel für die frequenzmodulierte Rasterung.

Fazit zur Druckqualität

Wie nicht anders zu erwarten sind Druck- und Farbqualität überaus hoch. Dabei besticht die Reinheit der Farben und, kombiniert mit den ausgezeichneten Rastermethoden, das satte und brillante Erscheinungsbild. Trotz Zeilendruckerverfahren sind Flächendeckungen sehr gleichmäßig, und das auf beinahe jedem Papier. Lediglich Präsentationsfolien lassen zu wünschen übrig, und betrachtet man die Verwen-

3.6 Piezo-Tintenstrahlverfahren

dung eines zusätzlichen Laminators, dann kann man eigentlich die Festtintendrucker für die Produktion von mehrseitigen Farbpräsentationen nicht empfehlen.

Die räumliche Auflösung ist noch zeitgerecht. Angesichts der Konkurrenz von Thermotransfer- und Farblaserdruckern mit 600 dpi Auflösung ist dieser Punkt aber überdenkenswert.

Der bei Zeilendruckern übliche Banding-Effekt, der durch Toleranzen beim Papiervorschub entsteht, ist auch bei diesen Druckern vorhanden. Um diesen Nachteil zu eliminieren, bieten beide Hersteller unterschiedliche Druckmodi an, die allerdings den Druckdurchsatz stark mindern können. Dabei werden nicht alle Düsen gleichzeitig aktiviert, und die Druckzeilen überlappen sich. Für besonders hochwertige Ausdrucke sind diese Modi aber sehr wohl zu empfehlen.

Bei dem hohen technischen Aufwand der Festtintendrucker darf man eine hohe Druckqualität erwarten, so wie es auch tatsächlich der Fall ist. Da darf es auch als selbstverständlich angesehen werden, wenn Maßnahmen zur Farbkorrektur und prinzipielle Farbmanagementmethoden im Paket enthalten sind und dem Anwender zugänglich gemacht werden. Beide Hersteller bieten mit ihren Treibern diese Hilfen an, die in den Rahmen des technischen Aufwandes fallen, aber die Produkte erfreulich abrunden. Der professionelle Anwender wird die Anstrengungen zu schätzen wissen.

Zusammenfassend kann man unter Berücksichtigung der angebotenen Produkte für die Festtintenstrahl-Technologie eine Charakterisierung durchführen, die stichpunktartig aufgeführt ist.

Positive Merkmale
- ▶ Hohe Druck- und Farbqualität und -stabilität
- ▶ Mittlere bis hohe Zuverlässigkeit
- ▶ Druckt auf vielen Papierqualitäten und -stärken mit guter Qualität
- ▶ Viele Papierformate
- ▶ Mittlere Qualität auf Transparentfolien
- ▶ Farbdrucke sind widerstandsfähig
- ▶ optimiert auf Farbe-bei-Bedarf
- ▶ Verwendung in Macintosh- und PC-Umgebungen
- ▶ Geeignet für Einzelplatz- und Netzwerkumgebungen
- ▶ Mittlere bis hohe Anschaffungskosten
- ▶ Günstige Verbrauchskosten bei niedrigem bis mittlerem Farbanteil pro Seite

Kritische Merkmale

- Aufwendige, noch nicht ganz ausgereifte Zeilendruckertechnik
- Wenig Produktauswahl
- Druckgeschwindigkeit niedrig für Grafikanwendungen
- Computeranbindungen eingeschränkt (Vektorgrafik, PostScript)
- Ungünstige Verbrauchskosten bei höherem Farbanteil pro Seite, ebenso bei höherer Druckqualität
- Aufwendiger Druck von Transparentfolien
- Aufwendige Reinigung nach dem Erkalten
- Lange Aufwärmphase

3.7 Kontinuierliches Tintenstrahlverfahren

Das Verfahren, das mit Abstand die beste Druckqualität erreicht, allerdings zu entsprechenden Kosten, ist das durch die amerikanische Firma Iris Graphics bekannt gewordene kontinuierliche Hertz-Tintenstrahlverfahren. Es ist nicht im geringsten vergleichbar mit irgend einem anderen Druckprinzip, kann aber im weitesten Sinne als Seitendrucker betrachtet werden. In Wirklichkeit wird dieser Begriff übertroffen, denn es lassen sich auch ganz andere Stoffe in ganz anderen Größen bedrucken. Somit passen Drucker mit kontinuierlichen Tintenstrahlverfahren nicht ganz zur Kategorie der anderen vorgestellten Technologien. Mit der Ausweitung der Farbgrafikmärkte hat aber besonders ein Modell der Firma Iris, der SmartJet 4012, eine größere Beachtung gefunden, und er wird nun zusammen mit anderen Farbdrucktechnologien in diesen Märkten häufiger eingesetzt.

Iris-Drucker sind alles andere als handlich, denn der hohe mechanische Aufwand führt zu Geräteausmaßen, die mit denen von großvolumigen Trommelscannersystemen vergleichbar sind. Lediglich der „kleine" SmartJet 4012 kommt in die Größenordnung von Farblaserkopierern.

Prinzipielle Funktionsweise

Die Faszination der kontinuierlichen Tintenstrahldrucker geht von der überragenden Farbqualität aus und der Art und Weise, wie sie erzeugt wird. Dabei wird das Empfängermaterial entweder manuell oder automatisch auf eine Trommel gespannt, die in eine Rotation versetzt wird. An der rotierenden Trommel vorbei und parallel zur Längsachse werden Tintenstrahldüsen geführt, die dabei einen kontinuierlichen Tropfenstrom produzieren. Im Gegensatz zu den anderen Tintenstrahlverfahren steht nur eine Düse pro Farbe zur Verfügung; vier Düsen für die Farben Cyan, Magenta, Gelb und Schwarz befinden sich hintereinan-

3.7 Kontinuierliches Tintenstrahlverfahren

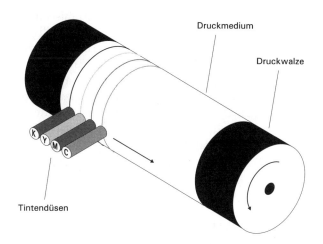

Abb. 61:
Druckprinzip
von kontinuierlichen Tintenstrahldruckern

der aufgereiht auf dem Düsenträger. Durch das kontinuierliche Ausstoßen eines Tintentropfenstromes und die konstante Vorwärtsbewegung erzeugen die Düsen auf dem Umfang der Trommel eine Punktreihe nach der anderen, so daß eine Flächenfüllung entstehen kann. Die Druckqualität ist dabei in großem Maße von der Gleichmäßigkeit des Tintenauftrages abhängig, d.h. vom Abstand der Punkte auf dem Umfang der Trommel und vom Abstand der Punktreihen in Längsrichtung der Trommel. Ebenso wichtig ist die konstante Form der Punkte, die mit dem Tintenstrom erzeugt werden. Dies wird dadurch erreicht, daß der Strom während des Druckprozesses nicht unterbrochen wird. Die winzigen Tropfen strömen in hoher Folge, wie Perlen auf einem Bindfaden aufgereiht, aus den Düsen. Ein Piezokristall, das wie ein Ventil wirkt, steuert dabei innerhalb der Düse den Tintenfluß. Mit einer Frequenz von 1 MHz werden winzige Tintentröpfchen erzeugt, die dann aufgrund des hohen Drucks aus der Düse strömen. Diese Rate ist mehr als 100 mal höher als die eines Bubble-Jet-Druckers.

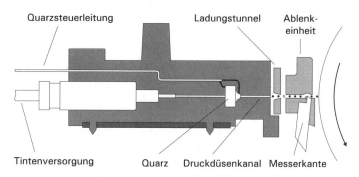

Abb. 62:
Druckdüse eines
kontinuierlichen
Tintenstrahldruckers

Wenn der Tintenfluß nicht unterbrochen wird und die Trommel sich stetig dreht, wie kann dann ein Bild von bestimmter Größe mit vielen

Farbnuancen entstehen? Denn die Farbmischung ist auch hier wieder subtraktiv, und Farbtöne müssen durch anteiliges Vermischen der Prozeßfarben erzeugt werden. Daß der Tintenstrom dauernd fließt, bedeutet nicht, daß er auch immer auf das Papier auftrifft. Vielmehr kann er abgelenkt und in einen Auffangbehälter abgeleitet werden, wenn nicht gedruckt werden soll. Die Steuerung dazu ist so präzise und schnell, daß sogar einzelne Tintentröpfchen abgeleitet werden können. Ein Vergleich mit der Arbeitsweise des Kathodenstrahls einer Fernsehröhre bietet sich hier an. Dort wird der Lichtstrahl durch elektrische Felder geleitet, die ihn je nach Polarität in eine bestimmte Richtung lenken. Genauso ist es mit dem Tintenstrom. In den Abbildungen 62 und 63 ist zu sehen, wie die Tropfen aus der Düse durch einen Tunnel schießen und über die Ablenkeinheit auf die Trommel auftreffen, wenn ein Druckbefehl vorliegt. Fehlt hingegen das Kommando zum Drucken, werden die Tröpfchen im Tunnel elektrisch geladen und in der Ablenkeinheit an eine Messerkante abgelenkt, dort aufgefangen und in einen Sammelbehälter geleitet. Die überschüssige Tinte kann nicht mehr verwendet werden und geht verloren. Die Rotationsgeschwindigkeit der Trommel, die Ausstoßfrequenz von 1 MHz und die Fortbewegung des Druckdüsenträgers sind so aufeinander abgestimmt, daß gleichmäßige Punktabstände entstehen, welche Auflösungen von wahlweise 200, 240 oder 300 dpi ergeben.

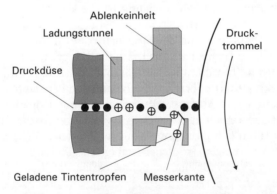

Abb. 63:
Ableiten der geladenen Tintentropfen

Soweit die prinzipielle Funktion des kontinuierlichen Tintenstrahlverfahrens. Um aber wie mit dem preiswerten Bubble-Jet-Verfahren Tintenpunkte mit einer Auflösung von 300 dpi zu setzen, ist diese Methode sicherlich zu aufwendig. Auch kann damit alleine nicht die enorm hohe Farbdruckqualität erzeugt werden. Vielmehr wendet der Iris-Drucker eine Reihe weiterer technischer Raffinessen an, die nur mittels der prinzipiellen Funktionseinheit zu verwirklichen sind. Die winzigen Tröpfchen sind dabei nur ein Hilfsmittel, die Pixelgröße zu variieren und damit bereits Farbtöne zu erzeugen.

3.7 Kontinuierliches Tintenstrahlverfahren

Zunächst werden Tintenpunkte erzeugt, die einen Durchmesser von 15 Micrometer haben, also 0,015 mm. Sie haben damit etwa nur 10% der Größe der Bubble-Jet-Punkte, überlappen sich also überhaupt nicht, wenn sie mit einem Abstand von 1/300" gedruckt werden. Abbildung 64 zeigt die Tintenpunkte im Vergleich zu denen der Bubble-Jet-Drucker. An der Position eines Pixels können bis zu 31 dieser Tröpfchen untergebracht werden, so daß sich zusammen mit der Farbe des Untergrundes 32 Farbnuancen ergeben können, und zwar für jede verwendete Prozeßfarbe. Wie dies im einzelnen geschieht, soll hier kurz beschrieben werden.

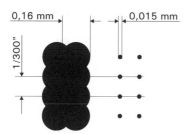

Abb. 64: Druckpunkte eines thermischen (links) und eines kontinuierlichen Tintenstrahldruckers (rechts)

Während die Ausstoßrate der Tintentröpfchen konstant ist, kann die Drehzahl und damit die Geschwindigkeit am Umfang der Trommel zwischen 100 und 250 ips (Zoll pro Sekunde) verändert werden. So können bei einer Auflösung von 300 dpi und der niedrigsten Geschwindigkeit rein rechnerisch bis zu 31 Tröpfchen auf der Position eines Pixels auftreffen. Entsprechend der Anzahl erzeugen die zugewiesenen Tröpfchen Druckpixel, die in der Größe zwar unterschiedlich, aber sehr gleichförmig und rund sind. Dies wird dadurch erreicht, daß die ersten auftreffenden Tröpfchen aufgrund des Luftwiderstandes vor der Trommel abgebremst werden und sich mit den nachfolgenden Tröpfchen in einer Kettenreaktion zu einem größeren Tropfen vermischen, der dann den Druckpunkt bildet. Je schneller sich die Trommel dreht, um so weniger Tröpfchen stehen zur Bildung eines Pixels zur Verfügung, so daß für eine Schnelldruckqualität (Draft) eine geringere Farbtiefe mit höherer Druckgeschwindigkeit produziert werden kann. Die Wirkungsweise klingt einigermaßen phantastisch, verhält sich aber tatsächlich so. In Kombination mit einer ausgeklügelten Rastertechnik, die später erläutert wird, erzeugen die kontinuierlichen Druckpunkte eine enorm hohe Farbauflösung. Nach Angaben von Iris müßte ein herkömmliches Rasterdruckverfahren mit konstanter Pixelgröße eine Ortsauflösung von bis zu 1800 dpi aufbringen, um die gleiche Farbauflösung zu bieten.

Um die beschriebenen Druckvarianten umzusetzen, ist eine sehr diffizile Steuerung notwendig. Zusammen mit der präzisen Mechanik macht sie den Wert des Druckverfahrens und seinen Preis aus. Es ist klar, daß unter diesen Umständen eine hohe Flexibilität hinsichtlich des Einsatzes eines solchen Drucksystems angestrebt ist. Diese Flexibilität ist durch eine Reihe von Maßnahmen gewährleistet, die kurz angeführt werden.

Tinte Entsprechend den Geräteausmaßen und dem Druckvolumen wird die Tinte in größeren Behältern angeliefert, welche im Drucker an ein Schlauchsystem angeschlossen werden. Das Schlauchsystem liefert die Tinte zu den Druckdüsen. Der hohe Qualitätsanspruch, die Präzision des gesamten Systems und die damit verbundene Anfälligkeit sind Anlaß für die Empfehlung, die Drucker dauernd eingeschaltet zu lassen. Dann ist ein reibungsloser Tintenfluß gewährleistet. Zudem wird eine Selbstreinigung automatisch in regelmäßigen Zeitabständen durchgeführt. Das Tintentransportsystem ist so ausgeführt, daß für die unterschiedlichsten Anforderungen vielerlei Tinten Verwendung finden können. Die Tinte unterliegt prinzipiell den gleichen Einschränkungen wie die der Bubble-Jet-Drucker, d. h. sie wird auch vom Empfängermedium aufgesogen. Um die hohe Farbqualität zu behalten, werden daher wasserlösliche Tinten ebenso angeboten wie lösungsmittelhaltige, die für eine Vielzahl von Bedruckstoffen benutzt werden können. Und tatsächlich zählt das Bedrucken von stärkeren Kartons für den Verpackungsdruck und sogar von Textilien zu einer Standardanwendung.

Die hohe Farbqualität ist nur zum Teil auf die Tinte selbst zurückzuführen. Wie bereits erwähnt wird sie hauptsächlich durch das Druckverfahren selbst bestimmt. Dies ist mit ein Grund dafür, daß die Kosten für die Tinte sehr in Grenzen gehalten werden. Ausdrucke sind kostenmäßig vergleichbar mit denen von Bubble-Jet-Druckern und weitaus preiswerter als die von Thermosublimationsdruckern. Allerdings sind dabei die Anschaffungskosten nicht einbezogen.

Druckmedium Genauso vielfältig wie die Anwendungssegmente sind die Bedruckstoffe. Entsprechend robust und sicher ist das Befestigungssystem der Drucktrommel ausgelegt. Es ist obligatorisch, auf die Tintendruckpapiere des Herstellers für Standarddrucke im grafischen Bereich und im Druckvorstufenbereich zurückzugreifen. Sie können automatisch mit Hilfe von Papierkassetten zugeführt werden und garantieren höchste Farbqualität. Auch stehen glänzende und matte Papieroberflächen zur Auswahl. Aber die Iris-Drucker werden auch für Spezialanwendungen eingesetzt, die eigene Materialien nötig machen. So kann für die Bestückung von Leuchtreklamekästen an öffentlichen Plätzen besonderes Folienmaterial bedruckt werden, das sehr stabil und beständig ist und zusammen mit der Tinte eine gleichbleibende Farbgüte von bis zu drei Jahren Dauer gewährleistet. Für Verpackungsdesign und Kartographie sind beispielsweise stärkere Materialien gefordert, häufig kommt das Originalmaterial in Betracht. Bereits erwähnt wurde das Bedrucken von Textilien in Anwendungen des Stoffdesigns. Sogar auf Zeitungspa-

3.7 Kontinuierliches Tintenstrahlverfahren

pier kann gedruckt werden, was kein anderes digitales Farbdruckverfahren ermöglicht (außer digitale Druckmaschinen selbst).

Druckformate

Ähnlich wie für die Solid-Ink-Technologie sind auch hier flexible Druck- und Papierformate wünschenswert. Denn die Iris-Drucker sind teuer und großvolumig und eignen sich für vielfältigen Einsatz. Doch bei den Druckformaten gibt es eine Einschränkung. Gerade der Smart-Jet 4012, der vom Preis und von seiner Größe her für viele grafische Anwendungen erschwinglich erscheint, kann nur eine maximale Papiergröße von 305 x 457 mm (12" x 18") mit einer maximalen Fläche von 269 x 437 mm bedrucken und scheidet daher für den klassischen Druckvorstufenmarkt als Proofing-Drucker aus. Denn dort ist eine Druckfläche gefordert, die größer ist als das A3-Format, also 297 x 420 mm, damit die Teststreifen auf den Papierrändern gedruckt werden können. Die größeren Modelle beherrschen hingegen Druckformate bis zu 622 x 622 mm und 864 x 1189 mm.

Räumliche Auflösung und Speicherkapazität

Die Iris-Drucker sind weder hinsichtlich des Druckverfahrens noch der Ansteuerung mit den anderen hier beschriebenen Methoden vergleichbar. Die Überlegungen, die bei der Besprechung der anderen Farbdruckverfahren zur Dimensionierung eines internen Druckerspeichers führen, sind in diesem Falle nicht relevant. Denn Iris-Drucker besitzen keinen eingebauten Controller oder RIP, sie werden stets an einem externen Server betrieben. Daß diese Server entsprechend den Anforderungen des Druckers ausgelegt sind, versteht sich von selbst. Hinsichtlich der Anschlußfähigkeit decken die Iris-Drucker wohl den breitesten Computerbereich ab. Dabei spielen die offenen Umgebungen der PC- und Macintosh-Welt sogar nur eine untergeordnete Rolle. Der volle Nutzen aus den Druckern kann nur in dedizierten, geschlossenen Systemen gezogen werden, wie beispielsweise in der Scitex- oder Hell-Umgebung oder den Unix-Plattformen von IBM, Silicon Graphics oder Sun. Dort stehen leistungsfähige Druckerserver und sog. Front-End-Prozessoren zur Verfügung, die alle die Arbeiten verrichten, für die in den kleineren Desktop-Druckern der DOS- oder Mac-Welt interne Druckerkontrollmodule ausreichend sind. Dann ist es durchaus verständlich, wenn man sich um Speicherkapazitäten keine Gedanken macht.

Erzeugung von Farbtönen

Mit Hilfe der Pixeltiefe von 5 Bit pro Prozeßfarbe können zwar Tintenpunkte in 31 unterschiedlichen Größen erzeugt werden, was aber noch nicht für die hohe Farbdruckqualität ausreicht. Daher kombinieren Iris-Drucker die 32 kontinuierlichen Helligkeitsstufen (31 + 1 für das Weiß des Untergrundes) mit einem Rasterverfahren, das eine Matrix von 4 x 4 Pixel verwendet. Die Grauwerterzeugung durch Rastern hat dabei Vorrang vor der Veränderung der Punktgröße. Abbildung 65 zeigt anhand zweier Beispiele, wie im Prinzip eine Punktgröße die Rastermatrix durchläuft, bevor sie verändert und die Matrix erneut ge-

Abb. 65:
Die sog. Bayer-Rastermethode und variable Punktgrößen ergeben zusammen eine Vielzahl von Graustufen

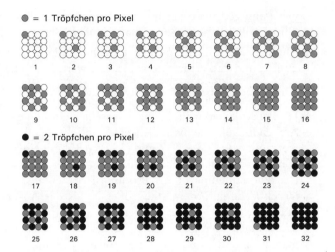

füllt wird. Die Rastermethode wird nach ihrem Erfinder mit Bayer-Methode bezeichnet. Da sich mit einer solchen Matrix erneut 16 Graustufen erzeugen lassen, stehen insgesamt sogar 496 Graustufen (31 x 16) und somit eine Pixeltiefe von fast 9 Bit für jede Farbe zur Verfügung. Aus diesem Graustufenbereich werden aber nur 256 ausgewählt und zum Drucken verwendet. Diese Technik wird für den gesamten Farbtonbereich aller vier Druckfarben angewandt; sie ist die Erklärung für die außerordentlich feine Kontrastabstufung, die sich besonders in hellen und dunklen Bildpassagen (Lichtern und Schatten) bemerkbar macht. Phantastische Farbdrucke sind das Resultat, sie werden häufig mit hochwertigen Fotografien verwechselt, was aber auch mit dem Druckmedium und seiner Erscheinungsform zu tun hat.

Diese beschriebenen Methoden zur Farbtonerzeugung gehören zu den Leistungsmerkmalen der Iris-Drucker, nicht der RIPs, Server oder Front-Ends. Diese müssen die ankommenden Farbdaten so umsetzen, daß sie mit den Iris-Methoden darstellbar sind. Die Farbrasterungen, die aufgrund der vielfältigen Ansteuerungen eingesetzt werden können, sind eine Mischung aus Halbtonrasterung und kontinuierlicher Farbtonerzeugung, können also nicht stur mit den anderen vorgestellten Verfahren verglichen werden. Dieser Aspekt ist aber für die Einsatzbedingungen nicht weiter relevant, denn für Geschäfts- oder Präsentationsgrafiken werden Iris-Drucker im allgemeinen nicht eingesetzt.

Druckdurchsatz

Die Art und Weise des Druckprozesses und der Farbtonerzeugung limitieren den Druckdurchsatz. Eine konstante Druckgeschwindigkeit kann nicht angegeben werden, denn sie hängt von vielen Faktoren ab. Für die höchste Farb- und Druckqualität bei einem Druckformat von 269 x .437 mm (fast A3) ist beim SmartJet 4012 mit einer Zeit von mehr als 6 Minuten zu rechnen.

3.7 Kontinuierliches Tintenstrahlverfahren

Fazit zur Druckqualität

Aufgrund der hohen Konstanz hinsichtlich Punktgröße, Punktabstand und Farbauftrag ist eine hohe Druckqualität zu erwarten, die noch durch die vielen Möglichkeiten der Druckpunktanordnungen und -größenvariation und der hohen Farbqualität der Tinte gesteigert wird. Das Zusammenspiel dieser vielen Faktoren gewährleistet eine hohe Orts- und Farbauflösung, brillierende und satte Farben. Zusammen mit den vielen Tinten und Druckmedien entstehen homogene Flächendeckungen, überaus sanfte Farbverläufe, Farbtöne, die rasterlos erscheinen und sehr dünne Linien und scharfe Kantenverläufe an Schriften sowie an schrägen und runden Verläufen. Streifen oder Banding-Effekte sind nicht vorhanden. Auch die Messungen der Farben (Farbraumbestimmung) liefert hervorragende Ergebnisse. Mit dem Farbraum der kontinuierlichen Tintendrucktechnik lassen sich viele andere Druckmethoden simulieren. Dieser positiven Bewertung der Druckqualität stehen allerdings einige kritische Merkmale gegenüber, die wieder in der Zusammenfassung erwähnt sind.

Positive Merkmale

- ▶ Überragende Druck- und Farbqualität
- ▶ Sehr großer Farbraum
- ▶ Optimiert auf intensive Farbnutzung
- ▶ Druckcharakteristik kann an Anforderungen angepaßt werden
- ▶ Große Vielfalt an Bedruckstoffen
- ▶ Farbdrucke sind farbbeständig
- ▶ Verwendung in vielen Computerumgebungen
- ▶ Offene Schnittstellen, vielfältige Computeranbindungen
- ▶ Geeignet für Netzwerkumgebungen
- ▶ Konstante, relativ niedrige Druckkosten

Kritische Merkmale

- ▶ Sehr kompliziertes und aufwendiges Druckverfahren
- ▶ Verlangt nach leistungsfähigen Computern
- ▶ Hohe Anschaffungskosten
- ▶ Wartungsintensiv
- ▶ Dauernder Betrieb notwendig
- ▶ Tintenstrom wird nicht unterbrochen
- ▶ Überschüssige Tinte geht verloren
- ▶ Normalfarbdrucke nicht wasserfest
- ▶ Eingeschränktes Druckformat bei SmartJet 4012
- ▶ Niedriger Druckdurchsatz
- ▶ Nischenprodukt

3.8 Thermotransfer-Druckverfahren

Diese Methode, Farbe mittels eines thermischen Prozesses auf ein Empfängermedium zu bringen, gilt heute als das ausgereifteste Farbdruckprinzip. Farbqualität, bestehend aus Dichte, Brillanz, Farbumfang (Color Gamut), Stabilität, Homogenität, also Gleichmäßigkeit des Farbauftrages und räumliche Auflösung sind weitgehend optimiert, ebeso Robustheit und Zuverlässigkeit. Verbesserungen wurden in der letzten Zeit noch bei der Druckgeschwindigkeit und der Ortsauflösung erzielt. Verschiedene Anstrengungen, die Druckkosten zu reduzieren, werden weiter unten kurz angesprochen. Normalerweise sind diese Versuche immer mit einer Reduzierung der Druckqualität oder -geschwindigkeit oder beidem verbunden.

Im Gegensatz zum Thermodruck sorgt hierbei der Wärmeeffekt nicht direkt für die Verfärbung des Empfängermediums. Vielmehr wird die Wärme auf eine Farbträgerfolie übertragen, auf die eine Wachsschicht aufgebracht ist. Das Wachs schmilzt und wird in zähflüssiger Form auf das Empfängermaterial transferiert, wo es sich sofort wieder verfestigt. Empfängermaterial sind normalerweise Spezialpapiere oder Transparentfolie, doch werden zum Bedrucken von Textilien oder Keramiken auch besondere Bedruckstoffe angeboten, welche später auf diese Materialien aufgebracht werden können.

Im Prinzip ist auch der Thermosublimationsdruck ein Thermotransfer-Verfahren. Doch wird dabei das Wachs nicht verflüssigt, sondern in den gasförmigen Zustand gebracht, in dem es dann in die oberste Schicht des Empfängermaterials diffundiert. Die Spezialisten streiten sich noch immer darüber, ob dieser Prozeß ein Sublimations- oder Diffusionsprozeß ist. Doch ändert dies nichts an der Funktion dieses Verfahrens. So wird dieses Druckverfahren in der Umgangssprache mit Dye Sublimation, Dye Diffusion Thermal Transfer (D2T2), Farbsublimation oder Thermosublimation bezeichnet, die Drucker benutzen aber alle dasselbe Druckprinzip.

Mechanische Funktion

Traditionell sind Thermotransferdrucker als Seitendrucker ausgeführt, die nur in dieser Form optimale Ergebnisse erlauben. Abbildung 66 zeigt die prinzipielle Funktionsweise. Kernstück ist ein fest positionierter Thermodruckkopf, der die ganze Breite der Druckbahn einnimmt. Farbträgerfolie und Empfängermaterial werden gleichzeitig am Druckkopf vorbeigeführt und dabei auf die Druckwalze gedrückt, die für den gleichmäßigen Transport sorgt. Die Prozeßfarben werden seitenweise nacheinander aufgebracht. Entsprechend ist die Farbträgerfolie aufgebaut. Diese Folie besteht aus einem sehr langen und dünnen, aber festen Trägermaterial, das die Farbwachsschichten in der Reihenfolge Gelb, Magenta und Cyan (YMC) bei Dreifarbendruck oder Gelb, Magenta, Cyan und Schwarz (YMCK) bei Vierfarbendruck enthält. Die

3.8 Thermotransfer-Druckverfahren

Abb. 66: Druckprinzip von Thermotransferdruckern

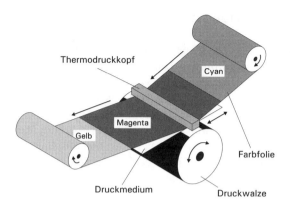

Wachsschichten haben die Dimension der bedruckbaren Fläche. Um einen kompletten Farbdruck durchzuführen, sind alle drei oder vier Farbwachsschichten nacheinander auf das Empfängermaterial zu transferieren, entsprechend häufig durchläuft diese Seite den Druckprozeß. Der Vollständigkeit halber sei vermerkt, daß die meisten Anbieter von Thermotransferdruckern auch monochrome, schwarze Farbfolien im Sortiment führen.

Ablauf des Druckprozesses

Die in die Prozeßfarben separierte Druckdatei wird entsprechend der Reihenfolge der Prozeßfarben in den Druckerspeicher übertragen. Sobald sich die erste Farbseparation dort befindet, kann der Druck beginnen. Der Druckerspeicher muß also mindestens so groß wie eine Farbseparation sein.

Abb. 67: Der Thermodruckkopf erhitzt die Farbtransferfolie und schmilzt Wachspartikel von der Größe eines Pixels auf das Empfängermaterial ab

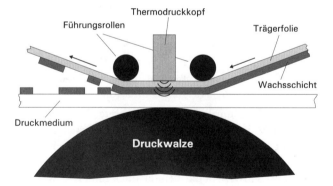

Die Thermoelemente des Druckkopfes werden nun dem Druckbild entsprechend erhitzt. Farbfolie und Papier befinden sich in Position unter dem Druckkopf, welcher Farbpartikel in Pixelgröße von der Transferfolie abschmilzt und zu Papier bringt. Während dieses kurzen Momentes steht der Transportmechanismus still. Ist eine Pixelzeile gedruckt, werden Farbfolie und Papier weitertransportiert. Die Distanz richtet sich nach der Auflösung und beträgt meistens 1/300". Nachdem eine Prozeßfarbe aufgebracht ist, befindet sich bereits die nächste Farbschicht vor dem Druckkopf. Das Papier muß aber wieder an die Ausgangsposition gefahren werden, um die nächste Farbseparation drucken zu können. Dieser Ablauf wiederholt sich entsprechend der Zahl der Prozeßfarben. Summa summarum werden dabei drei oder vier Farbwachsschichten verbraucht, das Papier wird drei- oder viermal vor- und zurückgeführt, und die Druckwalze macht dabei drei oder vier Umdrehungen mit zwischenzeitlichen Stops. Diese Farbdruckmethode kann vom Ablauf her durchaus mit dem Rollen- oder Bogenoffsetdruck verglichen werden. Dort besteht ebenso wie bei Farbseitendruckern die Forderung nach hoher mechanischer Präzision, damit die drei oder vier Farbseparationen deckungsgleich sind. Diese Präzision wird Registrierung oder Registrierhaltigkeit genannt und bewegt sich bei Thermotransferdruckern in der Größenordnung einer halben Punktgröße. Dabei ist es für die Farbidentifikation von Farbmischungen durch unser Auge nicht Bedingung, daß die Farbpunkte exakt übereinandergedruckt werden. Sie können auch nebeneinander liegen, was der mechanischen Toleranz des Drucksystems entgegenkommt.

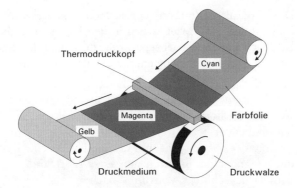

Abb. 68: Anstelle das Druckmedium hin- und herzubewegen, benutzt Tektronix die Druckwalze zum Papiertransport

Die herkömmliche längsgerichtete Papierführung verursacht also eine unerwünschte Verzögerung, die zu Druckzeiten von etwa einer Minute für den Dreifarbendruck einer DIN A4-Seite führt. Zusammen mit der Firma Tektronix hat sich vor einiger Zeit der Lieferant des Druckwerks Sharp Gedanken darüber gemacht, wie eine Beschleunigung herbeizuführen ist und hat die Papierführung grundlegend verändert. Anstatt das Papier in Längsrichtung zu transportieren, nutzt Tektronix die Druckwalze zur Papierführung. Dazu muß die Druckwalze größer sein, die Papierlänge muß ja auf den Umfang dieses Zylinders passen. Eine Klemmvorrichtung dient zur Befestigung des Druckmediums, unterstützt von dessen Adhäsionswirkung. Diese Modifizierung stellt eine wesentliche Verbesserung der Papierführung dar, die sich sehr positiv auf die Druckzeit auswirkt. Der Druckprozeß wird nicht mehr un-

3.8 Thermotransfer-Druckverfahren

terbrochen, sondern kontinuierlich durchgeführt. Die reine Druckzeit wird auf etwa 30 Sekunden für den Dreifarbendruck einer DIN A4-Seite verkürzt, was einer Verdopelung des Durchsatzes auf zwei Seiten pro Minute gleichkommt. Inzwischen wird dasselbe Prinzip auch beim neuesten Thermosublimationsdrucker von Tektronix angewendet, das dort ebenfalls zu einer merklichen Geschwindigkeitserhöhung führt.

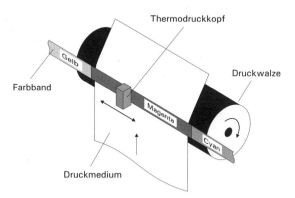

Abb. 69: Druckprinzip eines Zeilendruckers mit Thermotransfer-Technologie

Einen alternativen mechanischen Funktionsablauf, der in Abbildung 69 dargestellt ist, hat vor einiger Zeit ein anderer japanischer Hersteller verwirklicht. Der Gedanke war, aus einem Seitendrucker einen kostengünstigen Zeilendrucker zu machen. Der Aufbau ist im Prinzip einem Nadelmatrixdrucker nachempfunden. Dabei läuft der Thermodruckkopf auf einem Schlitten zeilenweise hin und her. Die Farbträgerfolie hat die Form eines Farbbandes und befindet sich in einer leicht zu handhabenden Kassette. Die Farbschichten sind nun zeilenweise hintereinander aufgebracht und decken jeweils eine Druckzeile ab, die sie nacheinander durchlaufen müssen. Während sich der Druckkopf auf dem Druckschlitten von links nach rechts bewegt, befindet sich ein Farbsegment vor dem Papier. Um alle drei Prozeßfarben zu drucken, durchläuft der Druckkopf somit dreimal eine Druckzeile. Nachdem so die drei Farbsegmente aufgebracht sind, wird das Papier um eine vertikale Distanz weitergeschoben, und das Spiel beginnt von Neuem. Gegen einen Bidirektionaldruck, der bei Zeilendruckern zu einer Zeitersparnis führt, ist prinzipiell nichts einzuwenden. Jedoch kostet hier der Transport des Farbbandes diese wertvolle Zeit, so daß das Drucken während des Druckkopfrücklaufes nichts einbringt.

Druckkopf Abbildung 70 zeigt stark vergrößert einen kleinen Ausschnitt eines typischen Druckkopfes, der bei den Thermotransfer-Seitendruckern fest angebracht ist und über die komplette Druckbreite geht. Winzige Thermoelemente sind in engem Abstand zueinander angebracht. Die Distanz bestimmt die Auflösung des Gerätes. Üblicherweise beträgt sie

Abb. 70:
Ausschnitt eines Thermotransfer-Druckkopfes

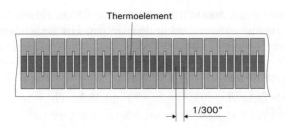

300 dpi, dies entspricht auch dem Industriestandard solcher Seitendrucker. Viel höher kann man heute nicht gehen, wenngleich der angeführte Zeilendrucker eine maximale Auflösung von 360 dpi besitzt. Diese wurde aus Gründen der Kompatibilität zum Epson-Befehlscode gewählt.

Die Anzahl der Thermoelemente hängt von der Auflösung und der bedruckbaren Breite ab. Bei 300 dpi und einer Breite von 8,5 Zoll oder 216 mm sind 2550 Elemente vorhanden, die individuell angesteuert werden. Damit die erforderliche Homogenität über diese Breite erreicht wird, ist eine aufwendige Thermokontrollelektronik notwendig. Immerhin müssen alle Thermoelemente dieselbe thermische Kennlinie aufweisen. Dieser Aufwand ist beim Thermodruckkopf der Zeilendruckervariante nicht nötig, die lediglich 144 Elemente besitzt. Sie sind im Abstand von 1/360 Zoll angebracht und decken so eine Zeilenhöhe von 144/360" ab, etwas mehr als 10 mm. Da der übliche Zeilenabstand in der Textverarbeitung 1/6" = 60/360" beträgt, kann der Drucker zwei Textzeilen in einem Durchgang drucken.

Abb. 71:
Keine Lichtstreuung bei Präsentationen

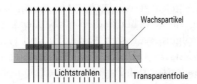

Farbfolie und Farbband

Das für den Druckprozeß verwendete Wachs zeichnet sich durch eine sehr hohe Farbgüte aus. Es hat eine ausgezeichnete Farbbeständigkeit, ist wasserfest und auch gegen mechanische Einflüsse recht widerstandsfähig. Pro Druckpunkt wird die komplette Menge des Wachses abgetragen, es bleibt also nichts auf dem Trägermaterial zurück als das Spiegelbild des Druckbildes. Das Wachs zieht auch nicht in die Papieroberfläche ein, sondern liegt wie eine eigene Schicht glatt obenauf. Dadurch wird eine hohe und konstante Farbdichte erreicht, was zusammen mit der Sättigung der Grundtöne diese enorme Farbgüte ausmacht. Dazu kommt die hohe Gleichmäßigkeit der Wachsschicht, die für homogene Flächenfüllungen sorgt. Es ergibt sich so eine Farbwiedergabe, die an Güte und Brillanz mit anderen Druckmethoden nicht so leicht erreicht werden kann. Dies gilt für Papierdrucke ebenso

3.8 Thermotransfer-Druckverfahren

wie für Transparentfoliendrucke. Thermotransferdrucker sind für die Anfertigung von Präsentationsfolien erste Wahl, denn die Lichtstrahlen eines Overhead-Projektors werden nicht gestreut, wenn sie durch die Farbpartikel hindurchtreten und erzeugen ein brillantes Farbbild auf der Leinwand, siehe Abbildung 71.

Die Druckmethode bringt es mit sich, daß pro Seite oder Zeile stets drei oder vier Farbsegmente verbraucht werden, egal was oder wieviel gedruckt werden muß. Auch wenn auf der Seite nur eine Grundfarbe benötigt wird, sind die Farbfolien oder Farbbandsegmente der anderen Grundfarben verloren. Im Vergleich zu anderen Druckverfahren, die nur soviel Farbe verbrauchen, wie tatsächlich gedruckt wird, hört sich das sehr aufwendig an. Ganz so schlimm ist es aber nicht, denn Thermotransferdrucker werden hauptsächlich dort eingesetzt, wo größere Flächen farbig zu bedrucken sind. Und dann sind sie kostengünstig, wie später noch im Detail zu sehen sein wird.

Empfängermaterial

Damit die höchste Qualität erzielt werden kann, benötigen Thermotransferdrucker Druckmedien, die eine besonders glatte Oberfläche aufweisen. Papier- und Foliensorten werden darum von den Druckerherstellern angeboten. Man sollte auch zu diesem Material greifen, denn nur dann gibt der Drucker die Qualität her, die der Fabrikant verspricht.

Heutige Drucker verwenden fast ausschließlich Einzelblattmaterial, das manuell oder über automatische Papierschächte zugeführt wird. Etwas älter ist die Methode, Rollenmaterial zu verwenden, das nach dem Druck mit Hilfe einer automatischen Schneidevorrichtung auf die gewünschte Länge gekürzt wird. Obwohl damit wesentliche Vorteile verbunden sind, geht man heute davon ab. Der gesamte Druck kann aber staubfrei erfolgen, weil sich Farbfolie und Empfänger innerhalb des Gerätes befinden, die bedruckbare Fläche ist größer, weil keine unbedruckbaren Ränder für den Papiertransport benötigt werden und die Möglichkeit eines Papierstaus ist minimal. Dies kommt besonders dem Bedrucken von Präsentationsfolien zugute, die wegen der statischen Aufladung immer aneinander haften. Mit Rollenmaterial können Präsentationsfolien in großem Volumen ohne manuellen Eingriff hintereinander gedruckt werden, ohne daß die Gefahr eines Papierstaus besteht.

Um die Verwendung von preiswerterem Standardpapier oder -folie zu gestatten, beschäftigten sich einige wenige Hersteller mit Methoden, die Oberfläche dieses Materials vor dem Drucken zu beschichten. Der preisliche Vorteil, der dabei beim Empfängermedium erzielt wird, bringt allerdings einen Nachteil mit, der ihn zunichte macht. Die Farbträgerfolie wird nämlich viel teurer, was sich negativ auf die Druckkosten schlägt, und der Druckprozeß dauert wegen der zusätzlichen Beschichtung länger. Die Beachtung der Anwender ist daher gering.

Man muß aber nicht spezielle Beschichtungmethoden einführen, um auch mit Normalpapier, sog. Plain Paper, gute Ergebnisse zu erzielen. Selbstverständlich ist man bei Rollenmaterial auf den Lieferanten angewiesen und kann nicht wechseln. Bei Einzelblatt kann man aber durchaus zu guten grafischen Papieren greifen, die dem Spezialpapier des Herstellers das Wasser reichen können und zudem preiswerter sind. Gute Papierlieferanten haben solche Papiere im Sortiment. Der japanische Hersteller Mitsubishi empfiehlt sogar Standardpapier und -folie für sein neues Low-Cost-Gerät, das auf der letzten CeBIT vorgestellt wurde. Jedoch ist die Kostenersparnis dadurch nicht überwältigend, weil die Kosten eines Ausdrucks zu etwa 80% vom Preis der Farbfolie bestimmt wird.

Neben Papier und Transparentfolien gibt es für Thermotransfer- und Thermosublimationsdrucker auch eine Reihe Sonderformen, die zu ganz speziellen Zwecken verwendet werden können. Darunter befinden sich z.B. transparente Klebefolien, Metallicfolien für dekorative Zwecke oder Folien, die auf T-Shirts oder keramische Materialen aufgebracht werden können.

Druckformate

Mit der Thermotransfer- und Thermosublimations-Technologie werden heute hauptsächlich Formate in der Größenordnung DIN A4 bis DIN A3 abgedeckt, selbstverständlich auch amerikanische Größen und einige Sondergrößen wie z.B. Überformate. Diese Formate werden meistens mit Bezeichnungen wie Oversize oder Super Size versehen, die Angabe der bedruckbaren Flächen erfolgt in mm oder Pixel und nicht in Form von Druckzeilen oder Zeichenbreite, so daß man sich ein besseres Bild von der größten bedruckbaren Fläche machen kann.

Die Forderung nach Überformaten stammt aus einigen Anwendungsgebieten, in denen das Druckbild selbst gleich groß oder größer ist als das endgültige Papierformat. Anwender aus Bereichen der Druckvorstufe und der grafischen Industrie drucken ihre Entwürfe zu Test- und Prüfzwecken mit Computerdruckern aus, bevor die teure Produktion anläuft. Nach dem Druck werden dann die Ränder abgeschnitten, und es verbleiben Papierformate von der Größe A4 oder A3. Auf den Rändern werden die Schnittmarkierungen und häufig sogar noch Paßmarken und Testmuster und -farben mitgedruckt.

Ein besonders empfehlenswertes Papierformat ist A4 Lang, welches etwas länger ist als DIN A4. Denn wegen der unvermeidbaren oberen und unteren Papierränder ist das Druckbild in der Länge etwas eingeschränkt, was insbesondere bei Präsentationsfolien unvorteilhaft ist. Mit dem Format A4 Lang kann dagegen fast die volle Länge des A4-Formates bedruckt werden, und die überflüssigen Ränder können mittels einer Perforation einfach abgetrennt werden.

3.8 Thermotransfer-Druckverfahren

Tabelle 5: Beispiele für Papierformate, die von Thermotransferdruckern verarbeitet werden.

Papierformat	Papiergröße (mm)	Druckfläche (mm)
A	216 x 279	210 x 230
Legal (amerik.)	216 x 356	210 x 272
A4	210 x 297	203 x 247
A4 Lang	210 x 339	203 x 279
A4 Super	229 x 381	217 x 330
A3	297 x 420	290 x 369
A3 Lang	297 x 462	290 x 410
A3 Super	305 x 485	298 x 435
B	279 x 432	273 x 381
B Lang	279 x 475	273 x 422

Räumliche Auflösung und Speicherkapazität

Wir gehen einmal von einem Blatt Papier aus, das im Hochformat bedruckt werden soll. Die schmale Kante verläuft also horizontal, die breite Kante dagegen vertikal. Die horizontale Auflösung der Seitendrucker wird vom Druckkopf bestimmt, sie beträgt in der Regel 300 dpi. Der Papiervorschub sorgt für die vertikale Auflösung, die traditionell auch 300 dpi beträgt. Um die Druckauflösung zu erhöhen, hat die Firma Tektronix eine weitere Innovation verwirklicht. Sie hat den Papiervorschub feiner abgestuft und erreicht damit eine vertikale Auflösung von 600 dpi. Die Druckqualität insbesondere von gescannten Bildern erfährt dadurch eine deutlich sichtbare Verbesserung, die sich erst recht bei computergenerierten Grafiken positiv auswirkt. Jedoch führt dieser Eingriff zu einer Herabsetzung der Druckgeschwindigkeit.

Die benötigte Speichergröße wird wie folgt berechnet. Bei einer bedruckbaren Fläche von 8" x 11" (etwa 203 x 280 mm) müssen 2400 x 3300 = 7.920.000 Pixel gespeichert werden. Jedes Pixel entspricht einem Bit, so daß knapp 1 MByte Speicher gebraucht werden. Für die vertikale Auflösung von 600 dpi verdoppelt sich dieser Wert allerdings. Damit kann der Drucker eine Separation mit einer Prozeßfarbe drucken. Diese Speichergröße ist absolutes Minimum und reicht auch aus, denn während Farbfolie und Papier für die nächste Separation positioniert werden, können die Daten für diese Prozeßfarbe in den Speicher übertragen werden. Besser ist es jedoch, den Druckerspeicher für alle drei oder vier Farbseparationen auszulegen. Dann werden 3 bzw. 4 MByte benötigt, und 6 bzw. 8 MByte für die vertikale Auflösung von 600 dpi. Denn nun können die kompletten Druckdaten auf einmal übertragen werden, was eine wesentliche Entlastung des Computers darstellt.

Solche Speicherdimensionen gehen ins Geld und verteuern Farbdrucker ungemein. Den Aufwand für Speicherchips kann man jedoch mit Hilfe von Datenkomprimierungsverfahren in Grenzen halten. Normalerweise wird die ankommende Druckdatei nach der Aufbereitung und Rasterung der Daten in den Druckausgabespeicher gebracht, wo sie nun ein 1:1-Abbild der Seite darstellen. Dieses Druckbild wird dann dem Drucksystem übergeben, das es auf das Papier überträgt. Das gespeicherte Druckbild besteht aus einer Vielzahl binärer Daten, deren Muster häufig regelmäßig ist. Dieses Datenmuster kann komprimiert werden und belegt dann einen viel kleineren Speicherplatz. Die Datenkomprimierung findet also statt, bevor die Daten in den Druckausgabespeicher gelangen. Werden sie aus diesem Speicher ausgelesen, müssen sie natürlich wieder dekomprimiert werden. Diese Vorgänge verzögern den Prozeß unmerklich, wenn, wie bei intelligenten Drucksystemen heute üblich, RISC-Prozessoren zur Anwendung kommen. In ihren neueren Thermotransfer- und Thermosublimationsdruckern hat Tektronix die Datenkomprimierung nach beschriebenem Muster eingeführt und dadurch Speichergröße und Kosten gesenkt. Tektronix gibt einen Komprimierungsfaktor von 1:2 an, d.h. daß diese Drucker mit der halben Speichergröße anderer Drucker auskommen.

Bei der Zeilendruckmethode des Thermotransfer-Prinzips bestimmt der hin- und herlaufende Druckkopf die vertikale Auflösung, während seine Fortbewegungsgeschwindigkeit für die horizontale Auflösung sorgt. Maximal werden 360 x 360 dpi erreicht, eine ausgezeichnete Schriftqualität ist die Folge. Die Speichergröße ist dabei auf die Funktion als Zeilendrucker beschränkt. Die Druckbreite ist mit 80 Zeichen angegeben, dies entspricht 8" oder 2880 Pixel bei der maximalen Auflösung von 360 dpi. Da der Druckkopf mit seinen 144 Thermoelementen ebensoviele Pixel vertikal drucken kann, sind in einer Zeile maximal 2880 x 144 = 414.720 Pixel möglich. Die dafür benötigte Speichergröße beträgt rund 51,8 KByte für eine Prozeßfarbe. Dieses Arrangement und die Speicherbegrenzung sorgen für eine aufwendige Datenaufbereitung und -übertragung, was für eine Einschränkung der Verwendungsmöglichkeiten im Farbgrafikdruck sorgt. Dafür ist die Methode aber wahrscheinlich auch nicht bestimmt.

Farbauflösung und Erzeugung von Halbtönen

Thermotransferdrucker besitzen eine Farbtiefe von 1 Bit pro Pixel und Farbe. Damit lassen sich keine kontinuierlichen Graustufen darstellen. Stattdessen müssen Halbtöne durch Dithering-Methoden erzeugt werden, die bereits im Kapitel 1, Abschnitt „Graustufen, Kontrast, Halbtöne" und zu Beginn dieses Kapitels ausführlich vorgestellt wurden. Bei computergenerierten Grafiken wie z.B. Geschäfts- oder Präsentationsgrafiken, aber auch einfachen Designgrafiken werden die Farbtöne häufig vom Programm mittels des Dispersed Dithering gemischt, ein auf die Zielgruppe dieser Programme abgestimmtes Verfahren. Daraus

3.8 Thermotransfer-Druckverfahren

ziehen besonders die Drucker einen Nutzen, die nicht über eigene Intelligenz verfügen. Es werden wohl einige Low-Cost Thermotransferdrucker angeboten, die direkt mittels speziellem Druckertreiber von der Betriebssystem-Software angesteuert werden. Doch ist diese Zahl gering, die meisten dieser Drucker sind mit einem PostScript-Kontroller ausgestattet und können selbst die Farben rastern. Dann erzielen sie eine größere Wirkung, die z.B. mit dem komlizierteren Clustered Dithering verstärkt werden kann.

Um damit die von Herstellern häufig angegebene Farbenmenge von 16,7 Millionen Farben erzeugen zu können, müßte man auf eine Ditheringmatrix von 16 x 16 Pixel zurückgreifen, mit der 256 Tonwerte erzeugt werden. Dies ist gleichzeitig die Größe der Halbtonzelle. Bei der Bildung von Halbtönen sind die drei Prozeßfarben Gelb, Magenta und Cyan beteiligt, Schwarz hat keinen Einfluß. Diese Farben lassen sich innerhalb der Halbtonzelle beliebig mischen, so daß sich rechnerisch 256 x 256 x 256 = 16.777.200 Farbtöne ergeben. Allerdings wird damit die Rasterfrequenz, also die Anzahl der Halbtonzellen pro definierter Distanz, enorm vermindert. Sie beträgt in diesem Fall und bei einer geografischen Auflösung von 300 dpi nur noch 18,75 lpi, dies sind 7,4 Linien pro cm. Die Folge ist ein grobkörniges Aussehen einer Bildwiedergabe. Um dieses zu umgehen, werden in der Praxis andere Rasteralgorithmen verwendet, die kleinere Halbtonzellen generieren und die Farbenzahl einschränken wie beispielsweise beim Superzellen-Prinzip. Wie gesagt, die Zahlenwerte sind im Grunde rein theoretische Angaben, die sich mit den vereinfachten Denkmodellen veranschaulichen lassen. Die praxisbezogenen Rastermodelle unterliegen jedoch hierbei den Einschränkungen, die sich aus dem Zusammenspiel zwischen Rasterwinkeln, Ortsauflösung, Farbtiefe, Größe der Halbtonzelle und Rasterfrequenz ergeben. Doch mindern sie die Druck- und Farbqualität nicht im geringsten. Meistens werden in einem Gerät mehrere verschiedene Raster oder, amerikanisch ausgedrückt, Screen-Sets angeboten, so daß man die für die jeweilige Anwendung optimale Einstellung auswählen kann. Die Rasterung der Farbtöne mit Hilfe des Clustered Dithering kann sowohl von der Anwendersoftware (wenn es diese erlaubt) oder vom RIP des Druckers durchgeführt werden. Diese Möglichkeit ist in den meisten Fällen vorzuziehen, denn der Computer wird entlastet, die Arbeit übernimmt der RIP, der ja dafür ausgelegt ist, der Druckdurchsatz ist entsprechend groß, und die Qualität der Farbrasterung ist optimal, weil sie ja direkt auf das Druckverfahren abgestimmt ist.

Frequenzmodulierte Rasterung

Die in Mode gekommene frequenzmodulierte Rasterung ist bei den RIPs der Thermotransferdrucker in der Regel nicht zu finden. Möglicherweise ist die Verbesserung, die gegenüber der Clustered-Dither-Methode bei dieser Drucktechnologie zu erzielen ist, nicht gravierend.

Was die unsymmetrische Auflösung von 300 x 600 dpi betrifft, hält sich der Hersteller, der diese Auflösung gewählt hat, leider bedeckt. Zwar wird prinzipiell die geografische Auflösung erhöht, doch muß man sich vergegenwärtigen, daß bei horizontaler Ausrichtung des Druckbildes die Rasterung von grafischen Elementen wie Schriften, Linien oder Bildern anders vor sich geht als in vertikaler Ausrichtung. Somit erhalten sie ebenso wie die Farben ein anderes Erscheinungsbild. Zudem müßte bei doppelter Auflösung die Größe eines Pixels vermindert werden, um eine sichtbare Verbesserung zu erzielen. Dies ist aber in diesem Fall unwahrscheinlich, denn das muß sich nach der geringeren Auflösung von 300 dpi richten und ist für 600 dpi theoretisch zu groß. Trotzdem ist bei direktem Vegleich mit der herkömmlichen symmetrischen Auflösung von 300 x 300 dpi eine sichtbare Erhöhung der Druckqualität zu erkennen.

Fazit zur Druckqualität

Die Thermotransfer-Technologie ist zusammen mit der Thermosublimationstechnik wohl auch hinsichtlich der Druckqualität die fortgeschrittenste Farbdruckmethode bezogen auf die Standardauflösung von 300 dpi der heutigen Desktop-Farbdrucker. Die Faktoren, die zusammen die Farbdruckqualität beeinflussen, haben die Hersteller im Griff, so daß sie nun daran gehen, das Verfahren noch kostengünstiger zu machen, ohne Qualitätseinbußen hinnehmen zu müssen oder bei gleichen Kosten die Qualität zu verbessern.

Farbreinheit, -sättigung, -brillanz und -homogenität sind optimal. Auch größere Farbflächen von konstanter Tönung sind sehr gleichmäßig, was auf die gleichbleibende Punktgröße zurückzuführen ist, und der Farbauftrag ist satt und leuchtend. Dabei wird die hohe Qualität sowohl auf Papier als auch auf Transparentfolie erreicht. Thermotransferdrucker sind daher erste Wahl, wenn es um ausdrucksstarke und vorbildliche Präsentationen geht.

Zur Simulation von kontinuierlichen Halbtönen stehen Rasterverfahren zur Verfügung, die sogar die Verarbeitung von Bildern in guter Qualität gestatten und dabei Proofing-Aspekte berücksichtigen. Die in jüngster Zeit durchgeführte Anhebung der Ortsauflösung auf 300 x 600 dpi ist der erste Schritt zur Angleichung an den neuen 600 x 600 dpi Standard bei S/W-Laserdruckern. Er verbessert die Rasterauflösung sichtlich, was sich erst recht in der Qualität hochwertiger Präsentationen bemerkbar macht, bei denen immer mehr fotografische Abbildungen eingebaut werden. Ob es allerdings zu einer Verwirklichung dieser höheren Auflösung kommt, muß abgewartet werden.

Ferner genießen Thermotransferdrucker eine fast standardmäßige Berücksichtigung in sog. Farbmanagement-Programmen, die dazu geeignet sind, die Farbausgabequalität an Farbverhalten unterschiedlicher Ausgabesysteme anzupassen. Die Farbqualität wird so in fast jeder Computerumgebung vorhersehbar und gleichbleibend reproduzierbar.

3.8 Thermotransfer-Druckverfahren

Und das alles bei einer Kostenentwicklung, die besonders bei intensiverer Nutzung der Farben günstiger ist als bei allen anderen hier vorgestellten Verfahren.

Zusammenfassend kann man unter Berücksichtigung der angebotenen Produkte für die Thermotransfer-Technologie eine Charakterisierung durchführen, die stichpunktartig aufgeführt ist.

Positive Merkmale
- ▸ Bewährte, ausgereifte und technisch hochwertige Seitendruckertechnik
- ▸ Sehr hohe Zuverlässigkeit
- ▸ Sehr hohe Druck- und Farbqualität und -stabilität
- ▸ Optimiert auf intensive Farbnutzung
- ▸ Ausgezeichnete Qualität auch auf Transparentfolien
- ▸ Viele Papierformate, auch Übergrößen
- ▸ Flexibelstes A3-Farbdruckverfahren
- ▸ Farbdrucke sind widerstandsfähig und farbbeständig
- ▸ Hohe Druck- und Verarbeitungsgeschwindigkeit, ausgerichtet auf Grafikverarbeitung
- ▸ Verwendung in vielen Computerumgebungen (Workstations, Macintosh, PC)
- ▸ Flexibelste Computeranbindungen (Video, Raster, PostScript, Betriebssysteme)
- ▸ Geeignet für Einzelplatz- und Netzwerkumgebungen
- ▸ Günstige Verbrauchskosten ab bestimmtem Farbanteil pro Seite
- ▸ Günstige bis mittlere Anschaffungskosten

Kritische Merkmale
- ▸ Spezialpapier notwendig
- ▸ Ungünstige Verbrauchskosten bei niedrigem Farbanteil pro Seite
- ▸ Auflösungsgrenze scheint erreicht

3.9 Thermosublimations-Druckverfahren

Abb. 72: Farbpartikel diffundieren in die Beschichtung des Empfängermediums

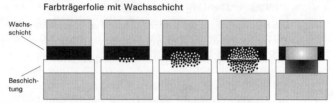

Wie oben schon angemerkt ist der Thermosublimationsprozeß eine Variante des Thermotransferdrucks. Der mechanische Ablauf ist identisch. die Drucktechnik selbst ist jedoch komplizierter. Während beim Thermotransferdruck immer die ganze Menge des Wachses für ein Pixel geschmolzen und übertragen wird und für einen konstanten Druckpunkt sorgt, kann die Wachsmenge beim Thermosublimationsdruck variiert werden. Dabei bestimmt die Temperatur des Thermoelementes die Menge des Wachses, die den Druckpunkt färbt. Das Wachs wird dadurch nicht flüssig, sondern verdampft und dringt in die Oberfläche des Empfängers ein, wo es sich mit der Beschichtung verbindet und verfestigt. Durch dieses Verfahren lassen sich Dichteänderungen der Farbpixel erzeugen, die in echten, kontinuierlichen Halbtönen resultieren. Die Pixel bleiben dabei in ihrer Größe konstant. Der gesamte Druckprozeß dauert etwa dreimal solange wie bei einem Thermotransferdrucker. Die Druckzeiten betragen etwa drei Minuten für den Dreifarbendruck einer DIN A4-Seite und je nach Hersteller zwischen drei und fünf Minuten für eine DIN A3-Seite. Durch die Anwendung des Trommeltransportes für das Druckmedium wie beim Tektronix-Thermotransferdrucker kann bei dem jüngsten Modell die Druckzeit für eine A4-Seite sogar auf ca. 2 Minuten verkürzt werden.

Aufgrund der Abläufe zwischen Thermoelement und Empfängermaterial ist der Dichteverlauf innerhalb eines Pixels jedoch unterschiedlich. Im Zentrum konzentriert sich die Farbe, während sie an den Rändern schwächer wird. Dies ergibt bei Kantenverläufen, Linien und Schriften einen unerwünschten Effekt der Unschärfe. Als erster Hersteller hat die Firma Tektronix vor Jahren eine Methode entwickelt, die diese Unschärfe wesentlich vermindert. Die Bezeichnung „PhotoFine" soll den Effekt verdeutlichen, der damit erzielt wird.

Druckkopf Der Druckkopf eines Sublimationsdruckers ist prinzipiell genauso aufgebaut wie der eines Thermotransferdruckers. Jedoch sind die Thermoelemente hinsichtlich ihres Temperaturverhaltens optimiert. Sie müssen ja eine hohe Gradation erlauben.

3.9 Thermosublimations-Druckverfahren

Farbfolie und Empfängermedium

Farbfolie und Empfängermedium bestehen aus speziellen Materialien und sind beschichtet, damit der chemische Prozeß ablaufen kann. Es gibt weltweit etwa drei Hersteller, die solches Material mit hoher Qualität fertigen können, aber nur zwei beliefern die Druckerfabrikanten, während der dritte seine Produkte auf dem Markt frei anbietet. Auf Papier ist die Farbgüte gleich hoch wie die der Thermotransferdrucker. Thermosublimationsdrucker werden heute als diejenigen Drucker angesehen, die die höchste Farbqualität erzeugen, ein Gesamtbegriff, der durch Dichteumfang, Farbtonsättigung und Farbauflösung geprägt ist. Lediglich des Bedrucken von Präsentationsfolien bereitet eine kleine Schwierigkeit, denn hier reicht der Dichteumfang der Farbfolie, die auf Papier optimale Ergebnisse liefert, nicht aus. Um die Dichte zu erhöhen, lassen einige Hersteller ihre Produkte einen zusätzlichen Druckdurchgang ausführen. Eine Präsentationsfolie wird also doppelt bedruckt, folglich wird die Farbmenge und damit die Dichte verdoppelt. Dieser Gewinn führt jedoch zur Verdoppelung des Verbrauchs, der Druckkosten und der Druckdauer.

Räumliche Auflösung und Speicherkapazität

Im Laufe der letzten Jahre hat sich für den professionellen Bereich kontinuierlich eine Auflösung von 300 dpi entwickelt, nachdem erste Geräte mit 200 dpi, 150 dpi und einigen Zwischenwerten auf den Markt kamen. Einer der Gründe ist darin zu sehen, daß diese Druckmethode vermehrt in DTP, elektronischer Bildverarbeitung und Proofing eingesetzt wird, wo auch noch die Forderung nach guter Schriftqualität besteht. Andere Auflösungen haben nur noch in Randgebieten oder im Amateurbereich eine Chance.

Zu der hohen Ortsauflösung kommt der kontinuierliche Farbverlauf hinzu, der durch die Pixeltiefe beschrieben werden kann. Diese Tiefe beträgt 8 Bit pro Pixel, womit 256 Tonwerte pro Grundfarbe erzielt werden. Der Einfluß auf die Speicherkapazität ist gewaltig, fällt doch die achtfache Datenmenge an, verglichen mit dem Thermotransferdruck. Nehmen wir die obige Berechnung als Grundlage, dann kommen wir auf 8 MByte pro DIN A4-Seite und Grundfarbe. Damit kann zwar die erste Farbseparation gedruckt werden. Aufgrund der großen Datenmengen, die übertragen werden müssen und der sich daraus ergebenden Übertragungsdauer ist aber ein Vollausbau des Speichers angeraten, wenn ein Sublimationsdrucker wirtschaftlich genutzt werden soll. Hier bietet sich erst recht die Datenkomprimierung an, denn eine Halbierung des Druckerspeichers führt bei einem großem Speichervolumen auch zu einem größeren Spareffekt.

Verwendung von interner Festplatte

Eine weitere Maßnahme kann den Spareffekt und zugleich den Nutzen noch vergrößern. Durch den Einsatz einer internen Festplatte zur Zwischenspeicherung aller anfallenden Daten kann der Halbleiterspeicher auf eine Mindestgröße beschränkt werden. Die damit verbundene Kosteneinsparung ist erheblich, wenn Sublimationsdrucker einen großen

Druckdurchsatz bewältigen müssen wie in Druckvorstufenanwendungen. Hier sind übergroße DIN A3-Druckformate gefordert, die eine hohe Speicherkapazität des Drucksystems nötig machen. Die reine Druckzeit einer solchen Seite liegt zwischen 5 und 7 Minuten, die Geschwindigkeit der Schreib- und Lesevorgänge des Speichersystems spielt also eine untergeordnete Rolle. Daher genügt es, den teuren Halbleiterspeicher nur für die Aufbereitung und Rasterung einer einzigen Seite zu dimensionieren. Alle anderen Speicherbedürfnisse wie z.B. Schriftenspeicherung und Ein- und Ausgabe-Spooling, können mit einer Festplatte bedient werden, die in der Regel bei weit größerer Kapazität viel preiswerter ist als der Halbleiterspeicher, der minimal nötig wäre.

Farbauflösung und Erzeugung von Halbtönen

Räumliche Auflösung und Pixeltiefe bewirken eine sehr hohe Farbauflösung, die sich insbesondere in der Bildverarbeitung bemerkbar macht. Dort ist ja weniger eine hohe Kantenschärfe gefragt, sondern eine hohe Rasterauflösung. Eine Rasterung im herkömmlichen Sinne fällt aber nicht mehr an, so daß die Rasterlaufweite von Sublimationsdruckern gleichgesetzt werden kann mit der geografischen Auflösung von 300 dpi. Mit der Farbtiefe von 8 Bit pro Pixel und drei Primärfarben kommen wir auch in der Praxis auf eine unvorstellbare Menge von 16.777.200 Farbtönen, die sich aus den möglichen Mischungen aller drei Farben und ihrer Farbtöne ergeben: 256 x 256 x 256 = 16.777.200. Einschränkungen, die sich bei Rastergeräten durch eine zu grob wirkende Rasterung ergeben, sind hier nicht vorhanden. Um eine solch hohe Farbauflösung mit einem 1-Bit-Verfahren zu erzeugen, ist eine Ortsauflösung von 300 dpi x 16 = 4800 dpi gefordert.

Fazit zur Druckqualität

Wer auf die Vorteile der Thermotransfer-Technik nicht verzichten will, obendrein aber eine überragende Bildqualität benötigt, greift zu einem Thermosublimationsdrucker. Dieses Druckverfahren erzeugt eine überragende fotorealistische Abbildungsqualität. Die Geräte sind mit flexibelsten Computeranbindungen ausgestattet, die von allen Computersystemen bedient werden können, welche in der Lage sind, eine solche Bildqualität überhaupt zu verarbeiten. Gerade darum eröffnet das Thermosublimationsverfahren neue Wege der Bildverarbeitung und computergestützten Bildgenerierung.

Positive Aspekte

▶ Bewährte, ausgereifte, technisch hochwertige Seitendruckertechnik
▶ sehr hohe Zuverlässigkeit
▶ erzeugt kontinuierliche Farbtöne
▶ Überragende Druck- und Farbqualität, schon fotorealistische Bildqualität

3.9 Thermosublimations-Druckverfahren

- optimiert auf Vollfarbdrucke
- Viele Papierformate, auch Übergrößen
- Ausgezeichnete Qualität auch auf Transparentfolien
- Farbdrucke sind widerstandsfähig und farbbeständig
- mittlere Druck- und Verarbeitungsgeschwindigkeit, ausgerichtet auf Bildverarbeitung
- Verwendung in vielen Computerumgebungen (Workstations, Macintosh, PC)
- Flexibelste Computeranbindungen (Video, Raster, PostScript, Betriebssysteme)
- Geeignet für Einzelplatz- und Netzwerkumgebungen
- Löst andere teurere Bildreproduktionsverfahren ab
- Erschließt neue Einsatzgebiete
- Verlangt nach leistungsfähigen Computern und Kontrollern (Color Server)
- Mittlere bis hohe Verbrauchskosten (relativ)
- Mittlere Anschaffungskosten

Kritische Merkmale

- Spezialpapier notwendig
- Aufwendiger Druck von Transparentfolien
- Ortsauflösung zu niedrig für hohe Schriftqualität
- Dichteverlauf eines Pixels wirkt sich negativ auf dünne Linien und Schriften aus
- Nischenprodukt

3.10 Farblaser-Druckverfahren

Zu den kompliziertesten digitalen Farbdruckmethoden kann das Laserdruckverfahren gezählt werden. Im Gegensatz zu den anderen hier vorgestellten Technologien ist es ein indirektes Druckverfahren: Die Farbpartikel gelangen erst nach einer Reihe unterschiedlicher Prozesse auf das Empfangsmedium. Bei Tintendruckern wird dagegen die Tinte vom Druckkopf direkt auf das Papier gebracht, und Thermotransfer- und Thermosublimationsdrucker schmelzen das Wachs ohne Umwege auf Papier oder Folie, was den Druckprozeß sehr vereinfacht. Wie bei diesen Druckverfahren muß auch bei Farblaserdruckern der eigentliche Druckprozeß mehrmals durchlaufen werden, um alle Farbkomponenten – Cyan, Magenta, Gelb und Schwarz – zu drucken.

Aufgrund der verschiedenen technischen Abläufe in einem Laserdrukker ist es sinnvoll, das Druckprinzip zunächst anhand der Monochrom-Drucktechnik zu erläutern. Kommt Farbe ins Spiel, wird der Ablauf noch einmal viel komplizierter. Das Laserdruckverfahren beruht auf der Methode der Xerographie, die man grob in vier Ablaufstufen unterteilen kann. Zunächst erfolgt die Bildbelichtung: Ein Druckbild wird mit Hilfe elektrostatischer Felder unsichtbar auf einer rotierenden Bildtrommel erzeugt. Danach findet die Entwicklung statt: Das Druckmaterial, ein Tonerpulver, wird von der Bildtrommel angezogen und macht das Druckbild sichtbar. Der dritte Schritt, die Übertragung, führt Bildtrommel und Empfangsmedium sehr nahe aneinander, wobei die Tonerpartikel auf das Empfangsmedium übertragen werden. Sie liegen nun in der Form des Druckbildes als loses Pulver auf und müssen noch fixiert werden, damit sie haften. Die Fixierung ist die vierte und letzte Stufe des Laserdruckverfahrens. Im einzelnen spielen sich aber komplizierte Vorgänge ab, um dieses Prinzip auch verwirklichen zu können. Sie betreffen vor allen Dingen die Erzeugung der elektrischen Ladungen.

Bildtrommel

Von zentraler Bedeutung ist die Bildtrommel, auf deren Mantelfläche zunächst ein homogenes elektrisches Feld aufgebaut werden muß, das später vom Laserstrahl abgetastet werden soll. Um auf diese Weise das Druckbild aufzubringen, muß die Bildtrommel lichtempfindlich sein. Die lichtempfindliche Schicht der Mantelfläche besteht zumeist aus einem organischen Fotowiderstand (OPC), vereinzelt auch aus einer amorphen Siliziumschicht (a-Si), die eine sehr hohe Lebensdauer besitzt, was aber auch mit hohen Kosten verbunden ist. OPC-Material ist dagegen preiswerter, verschleißt aber schneller. Beide Stoffe sind ungefährlich im Umgang. Die elektrostatische Ladung der Bildtrommel erfolgt heutzutage mit Hilfe sog. Koronadrähte, an die eine Hochspannung von mehreren Tausend Volt angelegt wird. Dadurch wird die nähere Umgebung der Drähte ionisiert. Die Ionen übertragen die elek-

3.10 Farblaser-Druckverfahren

trische Ladung auf die Bildtrommel, die sich dreht und unmittelbar an den Koronadrähten vorbeiläuft. Nach einer Umdrehung ist auf der Mantelfläche der Trommel ein gleichförmiges elektrostatisches Feld aufgebaut, das beispielsweise eine negative Ladung aufweist.

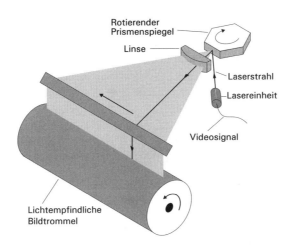

Abb. 73: Laserstrahl, rotierender Polygonspiegel und lichtempfindliche Bildtrommel sorgen für die Belichtung

Belichtung Überall dort, wo ein Lichtstrahl auf die lichtempfindliche Trommel trifft, wird die elektrostatische Ladung neutralisiert. Ein Laserstrahl ist ein solcher Lichtstrahl; er wird ähnlich wie der Kathodenstrahl einer Bildröhre horizontal und vertikal abgelenkt und dabei ein- und ausgeschaltet. Abbildung 73 verdeutlicht das Prinzip. Die Laserdiode ist fest angebracht und wirft ihren Strahl auf einen Polygonspiegel, der sich dreht und so für die horizontale Ablenkung sorgt. Der Sechskantspiegel leitet den Strahl während einer Umdrehung sechsmal über die Bildtrommel und bringt so sechs Zeilen eines Druckbildes auf die Trommel. Das Ende einer Zeile wird durch einen Sensor ertastet, der die Bildtrommel zu einer Drehbewegung veranlaßt. Dadurch erfährt der Laserstrahl eine relative vertikale Ablenkung. Nach einer Trommelumdrehung hat der Laserstrahl die Mantelfläche der Trommel also horizontal und vertikal komplett abgetastet. Dabei wird er entsprechend der digitalen Druckinformation, die im Bildspeicher abgelegt ist, getaktet, also immer ein- und ausgeschaltet. Dort, wo er auf die Bildtrommel trifft, wird die in unserem Beispiel negative elektrische Ladung neutralisiert, ansonsten wird sie beibehalten.

Die Taktrate des Laserstrahls und die Drehzahl des Polygonspiegels bestimmen die horizontale Auflösung eines Laserdruckers, und die Schrittweite der Drehbewegung der Bildtrommel legt die vertikale Auflösung fest. Eine Verkleinerung der Schrittweite führt logischerweise zu einer Erhöhung der vertikalen Auflösung, die horizontale Auflösung bleibt hingegen unverändert. Diese Maßnahme wird heutzutage häufig von Markenanbietern durchgeführt, um die Druckqualität zu verbessern. Nicht nur für die horizontale und vertikale Abtastung der Bildtrommel ist der Vergleich mit der Arbeitsweise einer Kathodenstrahlröhre geeignet. Als Steuersignal für ein Laserdruckwerk nimmt man wie bei einer Bildröhre ein Videosignal, das ja alle Steuerinformationen enthält. Die Verwendung eines Videosignals ermöglicht eine relativ einfache externe Steuerung eines Laserdruckwerkes, die gerade bei den größeren Farblaserkopieren eine Rolle spielt.

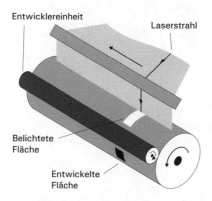

Abb. 74:
Die Entwicklung des belichteten Druckbildes

Entwicklung   Ist das Druckbild als unsichtbare elektrostatische Ladung auf der Bildtrommel aufgebracht, muß es zur Übertragung auf das Druckmedium im nächsten Schritt erst sichtbar gemacht werden. Der Bildbelichtung folgt also die Entwicklung; nun kommt das Farbmedium, das Tonerpulver, ins Spiel. Damit es von der Bildtrommel elektrostatisch angezogen werden kann, muß ein Potentialunterschied zwischen dem Toner und dem latenten Druckbild der Trommel erzeugt werden. Dies erfolgt unter Einwirkung eines magnetischen Feldes, dem das Tonerpulver ausgesetzt wird. Die genaue Übertragungsweise hängt von der Art des Toners ab. Man verwendet heute Ein- und Zweikomponenten-Toner in trockener oder flüssiger Form. Prinzipiell wird er mit kleinsten Eisenpartikeln, dem Entwickler, durchsetzt und über einen Magnetzylinder, um den sich eine Hülse dreht, zur Bildtrommel übertragen. Dort hat der Laserstrahl ja bereits ein latentes Druckbild erzeugt, das nun sichtbar wird. Die anderen nicht vom Laserstrahl abgetasteten Bereiche der Bildtrommel besitzen ein Potential, das nicht zur Aufnahme des Tonerpulvers ausreicht. Abbildungen 74 und 75 verdeutlichen diesen Schritt.

Übertragung   Die Tonerpartikel haften nur aufgrund des Potentialunterschiedes auf der Bildtrommel; sie lassen sich leicht wieder entfernen, wenn man ihnen wiederum ein anderes Potential entgegensetzt. Das Empfangsmaterial besitzt ein solches Potential, es wird ebenfalls mit Hilfe einer Koronaeinheit erzeugt. Die Bildtrommel mit dem entwickelten Bild und

3.10 Farblaser-Druckverfahren

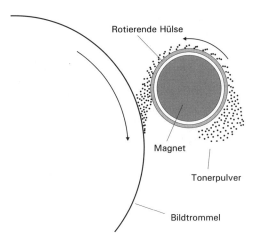

Abb. 75: Übertragung des Toners auf die belichtete Bildtrommel mittels einer Entwicklertrommel

das aufgeladene Empfangsmedium werden nun zusammengebracht, indem das Druckmaterial an der rotierenden Bildtrommel ganz knapp vorbeigeführt wird und diese nicht berührt. Dabei wird das Tonerpulver von der Trommel abgezogen und auf Papier oder Folie übertragen, wie Abbildung 76 zeigt. An dieser Stelle kann der Druckprozeß mit dem eines Thermotransferdruckers verglichen werden, der aber die anderen Schritte nicht benötigt. Während bei einem Thermotransferdrucker das Druckbild aber fest mit dem Druckmedium verbunden ist, liegt es bei einem Laserdrucker als lockeres Tonerpulver lose auf dem Blatt und muß im letzten Schritt fixiert werden.

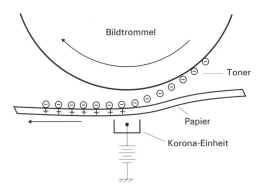

Abb. 76: Ein Potentialunterschied zwischen Papier und Bildtrommel sorgt für die Übertragung des Toners

Fixierung Abbildung 77 zeigt die Anordnung der Fixiereinheit in einem Laserdrucker. Dieser abschließende Vorgang wird im Amerikanischen mit Fusing bezeichnet. Dazu werden alle noch vorhandenen elektrostatischen Felder entfernt. Papier und Toner werden nun durch zwei Preßwalzen hindurchgeführt, die einen enormen Druck ausüben und unter Wärmezuführung das Tonerpulver in die Papieroberfläche pressen. Dabei wird es kurz flüssig. Das Druckbild ist nun fest mit dem Empfangsmaterial verbunden und kann als fertiger Ausdruck den Laserdrucker verlassen. Die Fixierung bei einem Laserdrucker ist vergleichbar mit dem gleichen Prozeß, den Tektronix bei ihrem Solid-Ink-Jet-Drucker Phaser 300i benutzt. Abbildung 78 verdeutlicht noch einmal die Wirkung.

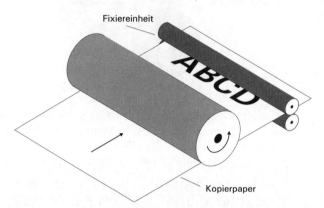

Abb. 77:
Der Toner, der nach der Übertragung lose auf dem Blatt liegt, wird mittels der Fixiereinheit dauerhaft mit dem Papier verbunden

Die obige Beschreibung ist natürlich eine sehr vereinfachte Version. In Wirklichkeit finden weitere Zwischenschritte statt, dazu sind eine Menge zusätzlicher Elemente nötig, die des leichteren Verständnisses wegen weggelassen wurden. Beispielsweise wird der Laserstrahl durch optische Linsen gebündelt, damit er beim Auftreffen auf die Bildtrommel die größte Schärfe besitzt. So werden die Bildpunkte sehr klein. Ferner sind an mehreren Stellen eines Laserdruckers Reinigungselemente vorgesehen, welche die vielen Transport- und Übertragungsrollen von überschüssigem Toner befreien. Dieser Toner würde nur Schmutzeffekte auf dem Papier verursachen. Auch auf die Abbildung der vielen Korona-Einheiten zur Erzeugung der unterschiedlichen elektrostatischen Ladungen und die Elemente zur Entladung wurde hier verzichtet. Diese vielen Details würden schlicht den Rahmen dieses Buches übersteigen. Aber es ist auch so schon zu erkennen, wie kompliziert der Laserdruckprozeß eigentlich ist. Dennoch wurden im Laufe der letzten Jahre die Druckwerke kompakter und preiswerter, vor allem aufgrund der enormen Stückzahl, die gefertigt wurde. Aber es wurden auch technische Fortschritte erzielt, die den Einsatz leichterer und preiswerter Materialen erlauben und die Fertigungskosten erheblich sinken ließen. S/W-Laserdrucker kann man heute aber nicht nur wegen der günstigen Anschaffungskosten als Standarddrucker an einem Rechnersystem ansehen. Mit einem solchen Drucker werden auch weitere äußerst positive Merkmale in Verbindung gebracht, die ihn als idealen Arbeitsplatzdrucker erscheinen lassen.

Druckqualität: Die hohe Druckqualität wird gewährleistet durch die hohe Ortsauflösung, den Schwärzungsgrad des Druckbildes und durch

3.10 Farblaser-Druckverfahren

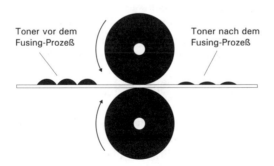

Abb. 78: Die Wirkung des Fixierens, im Amerikanischen auch mit Fusing bezeichnet

die seitenorientierte Druckmethode. Selbst bei preiswerten Einzelplatzdruckern bewegen sich Ortsauflösungen heute zwischen 300 dpi und 600 dpi, die bei professionellen Geräten neuerdings sogar bis zu 1800 dpi ansteigt. Dadurch, daß die Tonerpartikel nicht in das Papier eindringen, sondern an der Oberfläche haften und unter enormem Druck angepreßt werden, bleibt ein hoher Schwärzungsgrad erhalten, der für ein homogenes Aussehen des Druckbildes sorgt. Die präzise Arbeitsweise der Laserdruckwerke sorgt ebenfalls für eine gleichbleibende Druckqualität über eine ganze Seite, es entstehen keinerlei Streifen.

Druckgeschwindigkeit: Laserdrucker sind auf die Verarbeitung kompletter Seiten hin optimiert, was sich sehr vorteilhaft auf die Druck- und Verarbeitungsgeschwindigkeit auswirkt.

Papierqualität: Selbst preiswertes Büro- und sogar Recyclingpapier läßt sich hervorragend verarbeiten, ohne daß die Druckqualität darunter leidet.

Verbrauchskosten: Die Entwicklung der Verbrauchskosten, die hauptsächlich vom Toner bestimmt wird, verläuft ideal. Denn die Kosten sind direkt abhängig vom Schwärzungsanteil einer Seite. Bei normalen Dokumenten der Textverarbeitung kann man geringe Kosten im einstelligen Pfennigbereich annehmen.

Bedienung, Wartung und Pflege: Das Verbrauchsmaterial beschränkt sich meistens auf eine einzige Kartusche, die den Toner und die Entwicklungstrommel enthält. Sie reicht für mehrere tausend Seiten und ist einfach und sauber zu handhaben, wenn sie ausgetauscht werden muß. Die Papierzuführung erfolgt mittels Papierkassetten, auch manuelle Einzugsmöglichkeiten sind vorhanden. Und Schalter und Tasten für diverse Einstellungen sind auch schon weitgehend eingespart; einige Modelle greifen auf automatische Einstellverfahren oder simple Softwaresteuerungen zurück. Laserdrucker sind bis auf eine regelmäßige Entfernung des Papierstaubes und der üblichen Pflege absolut wartungsfrei.

Schriftenvielfalt und Grafikfähigkeit: Eine schier unglaubliche Anzahl von hochwertigen Schriften steht selbst bei preiswerten Druckern standardmäßig zur Verfügung. Schriften, Linien und Grafiken erhalten ein hochwertiges Aussehen, das mit anderen Druckverfahren nicht so leicht erreicht wird.

Diese vielen Vorzüge wünscht man sich auch für einen Farbdrucker, denn im Gegensatz zu den anderen Druckverfahren treten bei einem Laserdrucker kaum irgendwelche gravierenden Nachteile auf. So einfach es aber scheint, unter günstigen Kostenvoraussetzungen eine ausgezeichnete Druckqualität für die S/W-Vertreter zu erreichen, so kompliziert ist dieses Ansinnen im Falle der Farbvarianten. Bei den Farbdruckern kommen als beeinflussende Größe für die Druckqualität noch die Faktoren hinzu, die das Erscheinungsbild der Farbe mitbestimmen. Die Anzahl der darstellbaren Farbtöne, Sauberkeit und Brillanz der Farben, Detailgenauigkeit kleiner Elemente, Gleichmäßigkeit farbiger Flächen und stufenlose Farbverläufe sind Merkmale, die einen guten Farbdrucker auszeichnen. Wie man diese Eigenschaften bei einem Farblaserdrucker zu erreichen versucht, soll nun anhand zweier aktueller Produktbeispiele aufgezeigt werden. Denn farbige Vertreter dieser Spezies sind noch sehr selten, und anders als bei den Monochromgeräten hat sich noch kein Standardverfahren entwickelt, nach dem diese arbeiten.

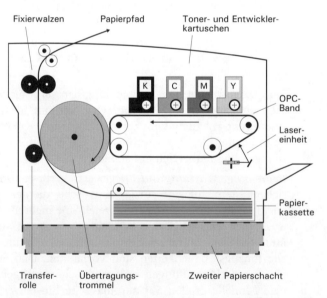

Abb. 79: Der QMS Farblaserdrucker magicolor im Schnitt

Die ersten digitalen Farblaser-Ausgabegeräte brachte die Firma Canon Anfang der neunziger Jahre heraus, und zwar ausschließlich als Vollfarbkopierer. Um diese schwergewichtigen Standgeräte als Farbdruk-

3.10 Farblaser-Druckverfahren

ker nutzen zu können, muß man noch heute externe Prozessoren verwenden, denn die Kopierer verfügen nicht über Computerschnittstellen. Anhand eines Canon-Modells soll die Funktionsweise dieser ersten Generation digitaler Farblaserkopierer erläutert werden. Den ersten sog. Desktop-Farblaserdrucker überhaupt brachte jedoch der amerikanische Druckerhersteller QMS vor etwa eineinhalb Jahren auf den Markt. Der *magicolor*, wie er heute heißt, ist umfangreich ausgestattet und bringt eine räumliche Auflösung von 300 dpi mit. Noch bevor jemand anderes mit einem Farblaserdrucker aufwarten konnte, stellte QMS bereits im Sommer 1994 die 600 dpi Version vor. Wie dieses Modell arbeitet, soll nun zuerst näher untersucht werden.

Genau wie bei den anderen Druckverfahren müssen auch hier wieder die drei bzw. vier Farbseparationen nacheinander in entsprechende Farbdrucke umgesetzt werden, die zusammen das Farbbild abgeben. Die Methode, mit welcher der jeweile Auszug als Druckbild auf einer lichtempfindlichen Bildtrommel geschrieben wird, ist bei einem Farblaserdrucker identisch mit dem Verfahren eines S/W-Laserdruckers. Im Unterschied zu diesem wird aber bei einem Farbdrucker das entwickelte Bild nicht sofort auf das Papier übertragen. Vielmehr wird ein weiterer Schritt eingefügt, der zunächst alle Farbauszüge zusammenbringt und anschließend als komplettes Farbbild auf das Papier überträgt. Dazu dient eine Bildübertragungstrommel, die so groß ist, daß sie auf ihrem Umfang einen Ausdruck von der Maximalgröße des Papiers aufnehmen kann. Abbildung 79 zeigt einen Schnitt durch den QMS-Drucker. Es ist zu sehen, daß dieser Drucker nicht über die beschriebene Bildtrommel zur Belichtung und Entwicklung eines Druckbildes verfügt. Dieser Drucker verfügt anstelle dessen über ein OPC-Band, das zwei belichtete und entwickelte Druckbilder aufnehmen kann. Die Druckbilder, beispielsweise die Separationen der Farben Gelb und Magenta, werden von der Lasereinheit nacheinander auf dieses Band geschrieben. Noch während die zweite Separation belichtet wird, befindet sich die erste bereits unterhalb der zuständigen Toner- und Entwicklerkartusche für die Farbe Gelb. Der gelbe Toner wird nun nach dem beschriebenen Verfahren vom belichteten Druckbild angezogen und macht diesen Farbauszug sichtbar. Das OPC-Band transportiert das gelbe Druckbild weiter und überträgt es auf die Übertragungstrommel. Inzwischen ist die zweite Belichtung für die Farbe Magenta an der entsprechenden Toner- und Entwicklerkartusche angekommen, wo auch sie entwickelt wird. Übertragung des Gelb-Auszuges und Entwicklung des Magenta-Auszuges laufen also gleichzeitig ab. Nach einer Umdrehung der Übertragungstrommel befindet sich der Anfang des OPC-Bandes wieder an der Lasereinheit, während der Magenta-Auszug auf diese Trommel übertragen werden kann. Nach gleichem Schema werden nun die letzten Auszüge für die Farben Cyan und

Schwarz belichtet, entwickelt und auf die Übertragungstrommel gebracht. Nachdem das OPC-Band zweimal herumgelaufen ist, hat sich die Übertragungstrommel viermal gedreht und enthält nun das komplette Druckbild als Vollfarbversion. Nun kann das Papier aus der Kassette geholt und zur Übertragungstrommel vorgeschoben werden, wo eine Transferrolle für die Übertragung des Toners auf das Papier sorgt. Die noch nicht gefestigten Tonerpartikel werden abschließend durch die Fixierwalzen kurz verflüssigt, sie vermischen sich zum gewünschten Farbton und werden unter Druckeinwirkung in die Papierfasern gepreßt.

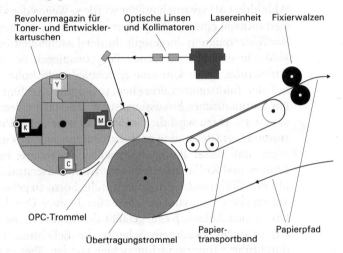

Abb. 80: Schnittzeichnung der wichtigsten Druckwerk-Einheiten des Canon-Farbkopierers CLC550

Mit dem beschriebenen Druckprozeß werden im Prinzip die vier Prozeßfarben Cyan, Magenta, Gelb und Schwarz in gleicher Intensität gedruckt. Die Ausdrucke, die zunächst auf dem OPC-Band, später auf der Übertragungstrommel und schließlich auf dem Papier erzeugt werden, sind aus runden Pixeln zusammengesetzt, welche stets den vollen Farbton der jeweiligen Prozeßfarbe besitzen. Die Intensität des Laserstrahls sowie die Potentiale der diversen elektrostatischen Felder sind konstant, was den Druckprozeß selbst wieder ein wenig einfacher macht. Farbtöne müssen als Mischungen der drei oder vier Prozeßfarben mittels Rasterverfahren generiert werden. Ganz anders verläuft der Druckprozeß bei den Canon Farbkopierern CLC350 und 550, welche wie die Sublimationsdrucker kontinuierliche Farbtöne erzeugen können. Eine Farbrasterung braucht nicht stattzufinden, was die Druckqualität zwar stark erhöht, den Aufwand dafür aber auch erheblich steigert. Dazu wird die Intensität des Laserstrahls verändert. Entsprechend der 256 Graustufen pro Prozeßfarbe kann diese in 256 Stufen kontrolliert werden. Im Unterschied zur binären Druckmethode – Laser ein oder Laser aus – der monochromen Laserdrucker und der

3.10 Farblaser-Druckverfahren

beiden QMS Farbdrucker erzeugen die Canon-Farbkopierer unterschiedliche elektrostatische Ladungen auf der OPC-Bildtrommel. Abhängig vom Potentialunterschied, der zwischen der Trommel und den Tonerpartikeln herrscht, werden unterschiedliche Mengen dieser Partikel aufgebracht. Dabei besitzen die einzelnen Bildpunkte eine konstante Größe, so daß entsprechend der Tonermenge eine unterschiedliche Farbdichte in den Bildpunkten produziert wird. Diese Methode, kontinuierliche Farbtöne zu erzeugen, ist absolut identisch mit dem Thermosublimations-Druckverfahren.

Der gesamte Druckvorgang der Canon-Farbkopierer kann anhand von Abbildung 80 veranschaulicht werden. Wegen der vielen mechanischen Bestandteile eines Vollkopierers sind nur die wichtigsten Einheiten für die Bilderzeugung dargestellt. In der Lasereinheit befindet sich die Laserdiode und der rotierende Polygonspiegel, der für die horizontale Ablenkung sorgt. Um eine gleichbleibende hohe Abbildungsqualität auf der Bildtrommel erreichen zu können, verfügt der CLC550 über ein automatisches Fokussiersystem, das nach jedem Einschalten wirksam wird. Dazu wird die Größe eines belichteten Punktes auf der Bildtrommel ertastet und je nach Erfordernis eine Fokussierlinse derart justiert, daß dieser Punkt die gewünschte Schärfe erhält. Mittels eines Linsen- und Kollimatorsystems wird der Laserstrahl zudem modelliert, um den Bildpunkten ein quadratische Form zu geben. Quadratische Pixel ergeben insgesamt gesehen eine bessere Druckqualität als runde. Über einen Ablenkspiegel gelangt der Strahl auf die OPC-Bildtrommel, wo er nach bekanntem Schema die Belichtung eines Farbauszuges durchführt. Toner und Entwickler werden über ein Revolvermagazin an die Bildtrommel geliefert. Während der Belichtung eines Farbauszuges befindet sich die entsprechende Entwicklereinheit in Position, die Bildtrommel dreht sich und bringt die belichteten Stellen an die Entwicklertrommel, die den Toner auf diese Stellen überträgt. Das entwickelte Druckbild wird sodann auf die Übertragungstrommel gebracht, die nun den Toner für den ersten Farbauszug hält. Die Bildtrommel kann jetzt erneut belichtet werden, und zwar mit dem zweiten Farbauszug. Inzwischen hat sich das Revolvermagazin weitergedreht und die nächste Entwicklereinheit in Position gebracht. Nachdem der Toner für den zweiten Auszug auf die Bildtrommel übertragen ist, kommt erneut die Übertragungstrommel ins Spiel, und auf den Toner für den ersten Farbauszug kommt der für die zweite Separation. Das Schema wiederholt sich nun für alle Farbauszüge. Insgesamt dreht sich also die Bild- und Übertragungstrommel viermal entsprechend der vier Prozeßfarben, und das Revolvermagazin legt eine Umdrehung zurück. Der letzte Schritt besteht darin, das Empfangsmedium einzuziehen und um die Übertragungstrommel zu führen, die nun das komplette Druckbild transferiert. Von dort gelangt das Papier über ein Transportband zur Fixiereinheit, wo das Druckbild unter Druck- und Wärmeeinwirkung fixiert wird.

Die Druckqualität der Canon-Laserkopierer besteht aus der hohen Ortsauflösung von 400 dpi, der Registrierung, die dafür sorgt, daß die vier Farbbilder genau übereinander gedruckt werden sowie der Pixeltiefe von 8 Bit, die bis zu 256 Graustufen pro Farbpixel ansteuern kann. Um über diesen langen und vielstufigen Weg der Druckbilderzeugung eine hohe und konstante Druckqualität zu gewährleisten, sind eine Menge Kontroll- und Korrekturmöglichkeiten vorgesehen. So werden z. B. Luftfeuchtigkeit und Temperatur im Innern der Geräte konstant gehalten, denn die elektrostatischen Ladungen lassen sich davon beeinflussen. Schon geringste Abweichungen haben negative Auswirkungen auf die Menge der Tonerpartikel, die einen Farbton bestimmen sollen. Farbverschiebungen sind die Folge.

Die vorgestellte Arbeitsweise von Farblaserdruckern benötigt einen Zwischenschritt, nämlich die Übertragungstrommel, um alle Farbauszüge zusammenzubringen. Die OPC-Belichtungseinheit überträgt nacheinander den Toner aller Separationen auf die Übertragungstrommel, wo sie addiert werden. Erst wenn dort das komplette Druckbild sichtbar aufgebaut ist, wird das Druckmedium zugeführt und der Toner übertragen. Neuere Methoden verwenden keine Übertragungstrommel mehr. Hier werden vielmehr alle Farbseparationen zusammen auf der Belichtungseinheit erzeugt. Nachdem das erste Bild latent aufgebaut ist, wird der zuständige Toner aufgebracht. Danach erfolgt die nächste Belichtung und die Übertragung des zugehörigen Toners, usw., bis sich das komplette Druckbild in Pulverform auf der Belichtungseinheit befindet. Der Toner muß für diese Prozesse lichtdurchlässig sein, denn der Laserstrahl muß unter Umständen durch eine bereits aufgetragene Tonerschicht hindurchgehen. Schließlich wird das Empfangsmaterial vorbeigeführt und der vollständige Ausdruck übertragen. Der letzte Schritt, die Fixierung, läuft wie gewohnt ab. Ein solches Verfahren bringt natürlich Vorteile in Geschwindigkeit, Baugröße und Druckqualität, denn durch das Einsparen einer Übertragungseinheit wird eine mögliche Fehlerquelle ausgeschlossen. Auf der anderen Seite ist aber ein erhöhter Aufwand bei der Erzeugung der elektrostatischen Felder notwendig. Denn es wird mit mehreren unterschiedlichen Potentialen gearbeitet, um nicht bereits aufgebrachtes Tonerpulver wieder abzuziehen.

Im Gegensatz zu den anderen Farbdruckmethoden ist die Laserdrucktechnik ein noch junges Farbausgabeverfahren. Sie befindet sich immer noch im Entwicklungsstadium, wie man auch an der Einsparung der Übertragungstrommel bei ganz aktuellen Druckwerken sehen kann. Mit weiteren Verbesserungen ist in den nächsten Jahren zu rechnen,

3.10 Farblaser-Druckverfahren

das Druckprinzip selbst wird sich aber nicht ändern. Für das grundsätzliche Verständnis der Laserdrucktechnologie sind die Erläuterungen im Rahmen dieses Buches auf jeden Fall ausreichend.

Verbrauchsmaterial Während es bei den anderen Drucktechniken klare Aussagen zu den Verbrauchsmaterialien gibt, die einen objektiven Vergleich untereinander zulassen, ist dieses Thema bei Laserdruckern etwas umfangreicher. Die Farbe selbst wird zwar durch das Tonerpulver erzeugt. Dieses gibt es aber in fester oder flüssiger Form, und um es zu transportieren, ist ein getrennter Entwickler notwendig. Hinzu kommen weitere Elemente, die entweder den Verbrauchskosten oder aber den Wartungskosten zugeschrieben werden können. So ist eine Einrichtung vorhanden, die den Toner entsorgt, der während der verschiedenen Reinigungsprozesse abgestreift wird. Oder es wird ein Fixieröl benötigt, damit das Tonerpulver während des Fixiervorganges nicht an den Walzen haften bleibt. Schließlich ist nach längerem Gebrauch die OPC-Belichtungseinheit auszutauschen, sonst geht die Druckqualität verloren. Im allgemeinen werden lediglich die auf dem Ausdruck verbleibenden Teile den tatsächlichen Verbrauchskosten zugerechnet. Dies ist nur das Tonerpulver, das variable Kosten verursacht. Diese hängen vom aufgebrachten Farbfüllgrad ab. Die anderen Materialien sind als fix anzusehen, da sie sich nicht mit dem Füllgrad verändern. Sie werden als Wartungsaufwand angesehen. Für die Berechnung der Druckkosten bedruckter Seiten werden sie aber manchmal hinzugezogen.

Der Verlauf der Verbrauchskosten ist wie auch schon bei den Drop-on-Demand-Tintendruckern als nahezu ideal anzusehen. Es wird nur soviel Toner verbraucht, wie Druckdaten vorhanden sind. So entstehen geringe Druckkosten bei geringem Farbgehalt. Werden jedoch Mischfarben aufgetragen, vervielfacht sich die Tonermenge. Denn auf einer definierten Fläche werden zwei oder drei Farbschichten übereinander gedruckt, damit die Farbmischung erzeugt werden kann. Häufig kommt es vor, daß auf einer Seite mehr als 100% Farbfüllgrad erreicht wird. Die daraus resultierenden Verbrauchskosten steigen dann sehr stark an. Eine hohe Wirtschaftlichkeit liegt also dann vor, wenn der Farbgehalt geringer ist als 100%. Bei Thermotransferdruckern ist es genau umgekehrt, wie bereits erörtert wurde.

Empfangsmedium Das kostenmäßig günstigste Verhalten entwickeln Laserdrucker bei der Wahl des Empfängermaterials. Bereits sehr gute Druck- und Farbqualität wird mit preiswertem Kopierpapier erzielt, und Präsentationsfolien müssen auch nicht von spezieller Natur sein, die nur beim Druckerhersteller bezogen werden können. Dadurch bleiben diese Kosten sehr niedrig, was sich besonders bei Massendrucksachen im Bürobereich bemerkbar macht.

Druckformate Von den beiden Gerätekategorien, die momentan zur Auswahl stehen, werden zwei Formate verarbeitet. Farbkopierer sind stets auf das A3-

Papierformat ausgelegt. Dabei spielen Übergrößen keine Rolle, denn die Anbieter haben ihre Produkte in der Bürowelt angesiedelt. Farbdrucker hingegen verarbeiten momentan lediglich A4-Papiergrößen. Dies wird sich wohl auch in Zukunft ändern, denn Farblaserdrucker besitzen das Potential für eine Verwendung in professionelleren Grafikumgebungen.

Räumliche Auflösung und Speicherkapazität

Die räumliche Auflösung der ersten Laserdruckwerke liegt zwischen 300 und 600 dpi, die Farbtiefe beträgt dabei 1 Bit pro Pixel und Prozeßfarbe. Für eine CMYK-Farbseite muß daher eine Speichergröße von bis zu 16 MByte bei 600 x 600 dpi reserviert werden, wenn keine interne Datenkomprimierung angewendet wird. Farblaserkopierer stoßen mit ihrer kontinuierlichen Farberzeugung wohl an die Grenze von 400 x 400 dpi. Denn je kleiner die Pixel werden, um so schwieriger ist die Halbtonabstufung zu bewerkstelligen. Berücksichtigt man das Papierformat A3, die hohe räumliche Auflösung sowie die Farbtiefe von 8 Bit pro Farbe, dann kommen enorme Speicherkapazitäten ins Spiel. Für eine CMYK-Seite müssen bis zu 120 MByte bereitgestellt werden. Um die Speicherkosten in Grenzen zu halten, werden sogar Festplatten anstelle der Halbleiterspeicher verwendet. Die Anforderungen an die Verarbeitung der Grafikdaten sind also sehr hoch, höher als bei Thermosublimationsdruckern. Sie resultieren zum einen aus der höheren Ortsauflösung, der teilweise kontinuierlichen Farbtonerzeugung sowie aus der höheren Druckleistung der Geräte. Bei den Farbkopierern kommt eine weitere Investition hinzu, damit sie als Drucker genutzt werden können. Denn sie verfügen von Hause aus nicht über eine Computerschnittstelle, sondern bieten eine Videoschnittstelle zur externen Anbindung an. Das ist zwar ausreichend, der externe Raster Image Processor muß jedoch neben den normalen Aufgaben eines RIPs zusätzlich die komplette Steuerung des Laserdruckwerks übernehmen. Soll dann noch die ausgezeichnete Farbqualität, das maximale Druckformat und der hohe Druckdurchsatz berücksichtigt werden, ist ein solcher externer Steuerrechner mit einer gewaltigen Leistung zu versehen. Die Preise für solche RIPs stellen eine eigene Kategorie dar und liegen weit über den Anschaffungskosten eines Desktop-Farblaserdruckers, der über einen ebenfalls leistungsstarken eingebauten RIP verfügt.

Farbauflösung und Erzeugung von Halbtönen

Farblaserdrucker erzeugen die Farben stets im RIP, egal ob dieser eingebaut oder extern angeschlossen ist. Die RIPs benutzen dazu ausschließlich die Seitenbeschreibungssprache PostScript. Andere Anbindungen der Befehlsstrukturen sind derzeit nicht denkbar. Um Farben zu erzeugen, werden die bekannten Methoden angewandt. Sie müssen daher nicht mehr wiederholt werden. Weil jedoch die räumlichen Auflösungen höher sind als bei den anderen Technologien, sind die Farbraster von hoher Güte. Der beschriebene QMS-Laserdrucker magicolor erreicht mit dem Superzellen-Prinzip und einer Auflösung von 600 x 600 dpi eine Rasterfrequenz von 106 lpi, und zwar horizontal und vertikal. Leider hat die frequenzmodulierte Rasterung noch nicht Einzug gehalten. Es wäre aber sicher interessant, Halbtonbilder mit FM-Raster und einer solch hohen Ortsauflösung zu sehen. Farbkopierer setzen größtenteils die kontinuierliche Halbtonerzeugung ein. Bis auf die höhere Ortsauflösung unterscheidet sie sich nicht von der Methode der Thermosublimationsdrucker. Dies führt natürlich zu einer sehr hohen Druckqualität, die im Prinzip höher sein müßte als die der Sublimationsdrucker. Inhomogenitäten des Druckprozesses, Toners und Papiers lassen aber Laserausdrucke etwas grobkörnig erscheinen. Und für die kontinuierliche Halbtondarstellung spielt der Unterschied zwischen 300 und 400 dpi keine große Rolle.

Eine interessante Rastervariante hat Agfa in ihrem RIP CR-A berücksichtigt. Dieser RIP steuert die Agfa-Farbkopierer, die auch den kontinuierlichen Halbtonmodus verwenden. Agfa reduziert die Pixeltiefe auf 4 Bit, so daß nur noch 16 Graustufen übrigbleiben. Die fehlenden Graustufen werden mittels Rastermatrix erzeugt, die dafür allerdings viel kleiner ausfällt und daher eine hohe Rasterfrequenz besitzt. Das Verfahren ist dem ähnlich, das die Firma Iris für ihre kontinuierlichen Tintendrucker nutzt. Die Reduzierung auf 16 Graustufen pro Pixel führt sogar zu einer homogeneren Struktur dieser wenigen Halbtöne. Denn 256 Graustufen sind bei der hohen Auflösung nicht so leicht zu kontrollieren. Agfas Rasterung vermindert die Druckqualität für die meisten Anwendungen unmerklich, erhöht die Verarbeitungsgeschwindigkeit, weil nur die halbe Datenmenge verarbeitet wird, spart viel Speicherplatz und senkt so die Kosten für das Drucksystem.

Fazit zur Druckqualität Kennt man von den vielen S/W-Laserdruckern eine gute bis ausgezeichnete Druckqualität im Rahmen der Büroanwendungen, so müssen bei Farblaserdruckern noch strengere Maßstäbe zur Beurteilung angelegt werden. Denn bei diesen Vertretern kommen viel häufiger flächendeckende Grafikelemente oder Farbverläufe vor. Graustufendarstellungen über eine größere Fläche sind bei manchem S/W-Laserdruckern immer noch ein Problemkind, was die Gleichmäßigkeit betrifft. Mit dieser Schwierigkeit hat das Laserdruckverfahren generell zu kämpfen. Es liegt einerseits in der Homogenität des elektrostatischen Feldes begründet, das mit einem feinen Laserstrahl Zeile für Zeile auf der lichtempfindlichen OPC-Schicht generiert wird. Andererseits ist das Tonermaterial daran beteiligt, das in Form, Größe und Struktur sehr ungleichförmig ist und mit leicht unterschiedlicher Dichte aufgetragen wird. Auch die Oberflächenbeschaffenheit des Papiers spielt eine gewisse Rolle, wenngleich sie gegenüber den beiden anderen Aspekten nicht allzu groß ist. Zusammen reicht das aber aus, um eine homogene Fläche etwas uneinheitlich erscheinen zu lassen. Thermotransfer- und

Thermosublimationsdrucker haben nicht diese leichte Einschränkung zu bieten. Dafür sind alle anderen Punkte optimal gelöst.

Bei den heute anfallenden Datenströmen stellt die Auflösung von 600 x 600 dpi einen guten Kompromiß dar zwischen der erforderlichen Druckqualität von Farbdruckern und dem technischen und kostenmäßigen Aufwand. Die Ortsauflösung ist derzeit die höchste aller Farbdruckertechnologien, sie führt zu scharfkantigen und stufenlosen Schriften und Linienverläufen. Dies ist ein sehr wichtiger Punkt, denn Farblaserdrucker finden einen idealen Einsatz in einer Druckumgebung, in der sowohl schwarze Textelemente als auch Farbgrafiken gedruckt werden. Farbsättigung und Farbbrillanz sind vergleichbar mit der von Thermotransfer- und Festtintendruckern. Halbtöne, die ebenso leuchtend wirken, können mit sehr hoher Rasterfrequenz oder sogar kontinuierlich erzeugt werden, eine Voraussetzung für den Einsatz in Bildverarbeitungsumgebungen. Farblaserdrucker erreichen bei Verwendung von Standardpapier und -transparentfolie die höchste Druckqualität aller Farbdruckertechnologien. Dadurch wird der professionelle Einsatz auch noch preiswert.

Positive Merkmale
- ▶ Hohe Druck- und Farbqualität
- ▶ Sehr hohe Druck- und Verarbeitungsgeschwindigkeit
- ▶ Verwendung von Standardpapier und -folie
- ▶ Farbdrucke sind widerstandsfähig
- ▶ Geeignet für Einzelplatz- und Netzwerkumgebungen
- ▶ Leistungsfähige RIPs
- ▶ Optimiert auf Farbe-bei-Bedarf
- ▶ Günstige Verbrauchskosten
- ▶ Hohe Wirtschaftlichkeit
- ▶ Verwendung in vielen Computerumgebungen
- ▶ Ausgezeichnete Zukunftsperspektive

Kritische Merkmale
- ▶ Hohe Anschaffungskosten
- ▶ Sensibles, noch nicht ausgereiftes Verfahren
- ▶ Wartung erforderlich

4 Druckerintelligenz und Computeranbindung

Zu Beginn dieses Kapitels stehen einige Fragen, die sich Anwender stets stellen, wenn sie vor der Anschaffung von neuen Computerprodukten und speziell eines Farbdruckers stehen. Da geht es natürlich um die Technologie, die in den vorangegangenen Abschnitten ausführlich behandelt wurde, aber auch um die sonstige Ausstattung, welche für eine optimale Ausnutzung der gewählten Technologie notwendig ist. Die wichtigste Frage lautet wohl, für welchen Zweck ein Farbdrucker eingesetzt werden soll. Was wird alles in Farbe gedruckt werden, geht es nur um gelegentliches Einfügen farbiger Elemente oder um die Anfertigung imposanter Farbdokumente, soll häufig Präsentationsmaterial erstellt oder der Drucker in einer Farbgrafikumgebung eingesetzt werden? Danach richtet sich u. a. die Prozessorleistung eines Farbdruckers, die auf die Eigenschaften der Drucktechnologie abgestimmt sein sollte, um die vorgesehenen Aufgaben bestmöglich erfüllen zu können. Und schließlich ist die Computerumgebung ein Kriterium ebenso wie die Auslastung eines Druckers.

Die hier vorgestellten Druckertechnologien sind mit vielen Ausstattungsmerkmalen in allen denkbaren Computerumgebungen zu finden. Je nach Marktpositionierung sind sie in unterschiedlicher Weise an einen Rechner angebunden. In der Praxis sind dabei häufig Druckermodelle anzutreffen, die scheinbar nur nach preislichen Gesichtspunkten zusammengesetzt worden sind und ohne jegliche Intelligenz auskommen müssen. Häufig erkennt man zu spät, daß das erworbene Gerät zwar Farbe druckt – das tun ja schließlich alle Farbdrucker -, aber die Einsatzbedingungen werden nur unzureichend erfüllt. Gerade bei Farbdruckern ist es wichtig, sich eine gute Übersicht über die angebotenen Produkte zu veschaffen und nicht nur Preise, sondern auch Leistungen miteinander zu vergleichen. Hinzu kommt, daß der Fachhandel heute oft überfordert ist, wenn es darum geht, eine umfassende und objektive Fachberatung zu bieten. Da hilft nur eines: Sich selbst mit dem Thema befassen, einige Testdateien mitnehmen, die in etwa die Einsatzkriterien widerspiegeln, und einige Geräte selbst einem umfangreichen Test unterziehen. Der kann freilich lange dauern. Denn häufig wird die vom Hersteller angegebene Druckdauer um ein Vielfaches überschritten, und aus drei Minuten pro Seite werden schnell 10 Minuten oder gar länger. Wenn dann noch mehrere Testseiten auf mehreren Druckern ausgegeben werden sollen, ist die Geduld des Verkäufers bald erschöpft.

In diesem Kapitel wird der Einfluß der Druckerintelligenz auf die Druckleistung eines Farbdruckers untersucht und gezeigt, daß ein vordergründig preiswerter Drucker unter Umständen sehr teuer werden kann.

In diesem Kapitel werden außerdem unterschiedliche Verfahrensweisen besprochen, mit denen heutzutage Farbdrucker mit Daten versorgt werden. Wurden in der Vergangenheit noch häufiger RGB-Daten vom Monitor abgezweigt und in eine spezielle Videoschnittstelle eingespeist, so haben sich inzwischen auch in professionellen Farbgrafikumgebungen digitale Schnittstellen durchgesetzt. Die Druckdaten kommen dort entweder fertig aufbereitet an oder müssen erst noch einen komplizierten Rasterprozeß durchlaufen. Im ersten Fall muß der angeschlossene Rechner die Farbdaten in ein Grafikformat umsetzen, das der Drucker versteht und ohne weitere Umwandlung drucken kann. Diese Form der Druckersteuerung ist bei preiswerten Arbeitsplatzdruckern zu finden, wo der angeschlossene PC oder Macintosh neben seiner Funktion als Applikationsrechner zusätzlich die Datenaufbereitung übernimmt. Solche Rechner können aber auch ausschließlich für die externe Steuerung eingesetzt werden. Sie nehmen dann die Funktion eines Servers wahr, um vor allem komplexe Farbausgaberoutinen ausführen zu können. Im zweiten Fall befindet sich der Rasterbildprozessor im Drucker, der sodann unabhängig von der Rechnerumgebung eingesetzt werden kann. Diese verbreiteten Methoden der Ansteuerung sollen nun ausführlicher behandelt werden.

4.1 Funktionseinheiten eines Druckerkontrollmoduls

Damit sich ein Drucker überhaupt ansteuern läßt, müssen verschiedene Einheiten eingebaut sein. An den Spezifikationen, die der Hersteller in seinem Datenblatt aufgeführt hat, ist als erstes zu erkennen, über welche Leistungsmerkmale das Gerät verfügt und welche Bestandteile integriert sind, damit diese Merkmale genutzt werden können. Gerade bei Farbdruckern sollte ein besonderes Augenmerk auf die Einhaltung der Leistungsmerkmale gelegt und untersucht werden, ob sie sich überhaupt für den vorgesehenen Einsatz nutzen lassen. Daher sollen kurz die Funktionseinheiten angesprochen werden.

Schnittstelle   Zu den Standardanschlüssen gehören die serielle Kommunikationsschnittstelle RS-232C, die Centronics- Parallelschnittstelle und bei Apple-Computern noch die SCSI- und LocalTalk-Schnittstelle. Letztere benutzt aber auch eine serielle Datenübertragung nach dem Standard RS-422. Aufgrund ihrer Geschwindigkeitsbegrenzungen eignen sich

4.1 Funktionseinheiten eines Druckerkontrollmoduls

diese Anschlüsse für monochrome und farbige Druckdaten, wenn diese keinen allzu großen Umfang besitzen. Große Farbdateien lähmen jedoch die Datenübertragung, für die sich andere Schnittstellen besser eignen. Dazu zählen Netzwerkanschlüsse wie Ethernet oder EtherTalk bei Apple und die lokale SCSI-Schnittstelle der Apple-Rechner. Für den Netzbetrieb vorgesehene Anschlüsse haben zudem den Vorteil, daß sie Statusmeldungen zurückübertragen können. Dies ist besonders wichtig, wenn sich mehrere Benutzer einen Drucker teilen, der dann weiter entfernt vom Arbeitsplatz installiert ist. Eine Centronics-Parallelschnittstelle eines Druckers, der z.B. an einem PC-Server angeschlossen ist, kann solche Meldungen nicht zurückgeben und daher seine Aufgabe nur unzureichend erfüllen. Zum Engpaß wird die Schnittstelle auch bei den einfachen und preiswerten Farbtintenstrahldruckern, die alle für das Dokument benötigten Seitenelemente als Bitmap-Grafik drucken müssen, weil sie beispielsweise zu wenig interne Schriften besitzen oder Grafiken und Farben nicht rastern können. Bei farbintensiven Anwendungen sollte man daher erst recht von vornherein darauf achten, ob sich der gewählte Drucker mit einem schnellen Interface nachrüsten läßt.

Abb. 81: Abwicklung der Druckprozesse hintereinander führt zu unnötigen Zeitverlusten

Prozessormodul

Die Steuerung aller für den Druckauftrag benötigten Funktionen wird vom Prozessormodul wahrgenommen. Der Prozessor ist als Zentralrechner zu verstehen, der auf ein Betriebssystem zurückgreift, das sich im internen RAM (Random Access Memory) befindet. Häufig ist diese Speicherbelegung in den Herstellerangaben zur Speicherkapazität enthalten, so daß der effektiv nutzbare Speicher kleiner (manchmal viel kleiner) ist. Das Betriebssystem wickelt Datenempfang, Datenkonvertierung entsprechend der Befehlsstruktur, Rastern von Schriften, Grafiken und Farben, Erstellung des Bitmap-Druckbildes im Druckausgabespeicher und Steuerung und Kontrolle des eigentlichen Druckvorganges ab. Dies ist eine Menge Arbeit, und wenn der Prozessor in seinen Leistungen eingeschränkt wird, kann er diese Arbeit nur langsam erledigen. Einfache und preiswerte Prozessorsysteme sind in vielen Einzelplatzdruckern wie z. B. S/W-Laserdruckern oder Farbtintenstrahldruckern zu finden, die daher nie die volle Druckwerkleistung ausnutzen können. Abbildung 81 vermittelt einen Eindruck vom Ablauf eines Druckjobs, der aus mehreren Seiten besteht. Es ist zu erkennen, daß das Druckwerk eine lange Zeit mit Warten verbringt, weil die vielen

Prozesse nacheinander ablaufen müssen. Die Folge ist, daß der Rechner lange Zeit nur mit Druckaufgaben beschäftigt ist und der letzte Ausdruck erst spät vorliegt. Viel besser kommt ein RISC-Prozessorsystem (*Reduced Instruction Set Computing*) mit komplexen Druckaufgaben zurecht. Es handelt sich dabei um Prozessoren mit einem reduzierten, aber speziell zugeschnittenen Befehlsumfang. Sie sind Multi-Tasking-fähig, können also mehrere Aufgaben gleichzeitig erfüllen. Vor allem Farbseitendrucker wie z.B. Thermotransfer- und Laserdrucker, aber auch einige wenige Tintenstrahldrucker setzen diese Prozessortechnologie ein und erreichen natürlich eine viel höhere Druckgeschwindigkeit. Abbildung 82 zeigt einen entsprechenden Ablauf des Druckauftrages aus der vorigen Abbildung. Während Seite 1 gedruckt wird, können die Daten für Seite 2 aufbereitet werden. Gleichzeitig kann der Drucker die Daten für Seite 3 empfangen. Der Rechner wird viel früher frei und steht dem Anwender wieder zur Verfügung, und auch die Ausdrucke liegen viel früher vor.

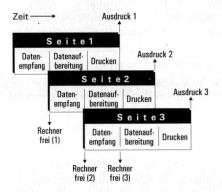

Abb. 82:
Ein RISC-Prozessorsystem kann mehrere Aufgaben eines Druckjobs gleichzeitig abwickeln

Speicherausstattung

Die rasante Entwicklung der Arbeitsweise am Computer und der damit verbundenen Druckerfunktionen bleibt auch nicht ohne Auswirkung auf den Speicherumfang aller beteiligten Komponenten. Früher arbeitete man mit wenigen Schriften und fester Schriftgröße, die im Drucker eingebaut waren, Grafiken wurden in der Büroumgebung fast nicht gebraucht, sie ließen sich auch nicht in Dokumente einbinden, und Bild- und Farbverarbeitung war so etwas wie eine Vision. Die Aufgaben des Speichers waren beschränkt auf das Puffern der nicht umfangreichen Druckdatei und Ablegen der Bitmap-Druckdaten. Das alles hat sich gewaltig geändert. Bereits mit dem Erwerb von Windows erhält man eine große Zahl von skalierbaren TrueType-Schriften, die sich dann aber nicht im Drucker befinden. Um sie zu nutzen, werden sie entweder als Download-Font in den Drucker geladen, wenn dieser es zuläßt, oder als Bitmap-Grafik übertragen. In beiden Fällen benötigt man Zusatzspeicher. Selbst einfache Textverarbeitungsprogramme können Grafiken in Form von Clip Arts oder mit Hilfe der OLE-Funktionen (*Object Linking and Embedding* = Objekt verknüpfen und einbinden) einbeziehen. Grafiken vergrößern aber das Dokument und belegen mehr Speicher. Wenn dieser aber zu klein gewählt ist, kann eine Druckdatei nicht mehr in einem Zuge abgearbeitet werden, sondern wird portionsweise übertragen und gedruckt (siehe auch Abb. 83 auf Seite 137). Große Einschränkungen sind die Folge. Manche Drucker, besonders die preiswerten, lassen den Speicherausbau aber überhaupt nicht zu. Man ist gezwungen, mit dem eingebauten Puffer auszukommen, und wenn man mit der Entwicklung Schritt halten will, die zumindest in der Vergangenheit immer einen größeren Bedarf an Speicher mitbrachte, kann der Engpaß nur noch durch den Verkauf des alten und Neukauf eines neuen Druckers beseitigt werden.

Mit einem einfachen Verfahren kann man sich ein gutes Bild von der Datenkommunikation zwischen Rechner und Drucker machen, wenn mehrere Seiten mit einem umfangreichen Datenaufkommen gedruckt werden sollen. Dazu wird die serielle Schnittstelle verwendet, die eine Kommunikation in beide Richtungen erlaubt, sowie ein entsprechendes Verbindungskabel. Die Druckdatei wird nun mit Hilfe eines Terminalprogrammes, also nicht aus der laufenden Anwendung, zum Drucker übertragen. Dieser meldet verschiedene Zustände zurück, beispielsweise, wenn der Druckpuffer voll ist und die Übertragung deshalb anhalten muß. Die Übertragung wird erst nach dem Drucken der Daten fortgesetzt, denn dann ist wieder genügend Speicher frei. Wenn der Druckerpuffer viel kleiner ist als die Druckdatei, kann man dieses Kommunikationsspielchen über einen längeren Zeitraum am Bildschirm mitverfolgen.

Ähnlich wie bei S/W-Laserdruckern ist von vornherein ein Speicher angeraten, der eine komplette Grafikseite aufnehmen kann. Bei einer Auflösung von 300 dpi rechnet man mit 1 MByte pro A4-Seite und Prozeßfarbe. Farbseitendrucker kommen theoretisch schon damit aus, denn sie übertragen jeweils eine farbseparierte Seite nach der anderen und können bereits den ersten Farbauszug drucken, wenn sich die anderen Auszüge noch im Computer befinden. Besser ist aber die Aufrüstung auf mindestens drei oder vier Megabyte, denn dann können alle drei bzw. vier Farbseparationen gleichzeitig im Drucker aufgebaut werden.

Eine gute Möglichkeit, Ausbau und Kosten des Halbleiterspeichers gering zu halten, ist die Ausstattung mit einer internen Festplatte. Sie empfiehlt sich besonders dort, wo regelmäßig und intensiv umfangreiche Farbdateien verarbeitet werden. Dies ist bei Farbseitendruckern in professionellen Farbverarbeitungsumgebungen der Fall. Die Festplatte kann zum Puffern der Eingabedateien und druckfertigen Ausgabedaten dienen und auch noch zusätzliche Schriften speichern.

Tabelle 6:
Übersicht über Funktionen zur Seitenaufbereitung

	ESC/P HPPCL3	PostScript HPPCL5C
Schriftoperationen	Bitmap	intern
Mehrere Schriften laden	nein	ja
Schriften skalieren	nein	ja
Schriften beliebig positionieren	nein	ja
Grafikoperationen	Bitmap	intern
Grafikobjekte erzeugen	nein	ja
Grafikobjekte beliebig positionieren	nein	ja
Farben und Halbtöne	Bitmap	intern
Graustufen erzeugen		
(Halbtöne rastern)	nein	ja
Verläufe erzeugen	nein	ja
Farbtöne erzeugen		
(Farben rastern)	nein	ja

Befehlsumfang

Ein heikles Thema bei Farbdruckern ist die Kompatibilität, ausgedrückt durch den Befehlsumfang oder die Kommandosprache. Sie gibt von vornherein Aufschluß über die Leistungsfähigkeit und die möglichen Einsatzgebiete eines Farbdruckers. Dieser sollte die Aufbereitung der Druckdaten und den Aufbau der Druckseite alleine bewältigen können, um nicht den Computer über Gebühr zu strapazieren. Neben dem Prozessor- und Speichersystem ist dazu aber ein entsprechender Befehlsumfang notwendig. Kommandosprachen, die aus der Welt der Bürokommunikation stammen, verfügen aber nicht über solche Befehle. Farbdrucker, welche mit Matrixdrucker-Befehlssätzen ausgestattet sind, können keine Schriften speichern, skalieren oder gar drehen und keine Grafikobjekte wie Linien und Formen generieren oder Graustufen und Farben rastern. Diese Aufbereitung muß bereits im Computer erfolgen, und die Druckdaten beispielsweise eines Textdokumentes sind dann als Bitmap-Grafik ausgeführt. Befehlssätze, die darunter fallen, sind z. B. ESC/P von Epson oder HPPCL3 von Hewlett Packard. Sie repräsentieren eine Befehlsstruktur, die auf die serielle Datenverarbeitung in Matrixdruckern ausgelegt ist und dort ohne viel Rechenleistung auskommen kann. Bei der Verarbeitung größerer Datenmengen kommt es aber zu Zeitverlusten, die sich nur mit Hilfe komplexerer Befehlsumfänge vermeiden lassen.

Für die Grafik- und Farbverarbeitung sind die Seitenbeschreibungssprachen HPPCL5C und PostScript von Adobe ausgelegt. Sie unterscheiden sich von den vorher genannten Bürodrucker-Befehlssätzen in allen Aspekten des Seitenaufbaus. Dieser fängt bei den Schriften an und hört bei der Farbgenerierung auf. Sie können all die Aufgaben wahrnehmen, die die anderen Drucker noch vom Computer erledigen lassen müssen. Allerdings muß der Druckerprozessor entsprechend ausgeführt sein, denn das komplette Aufbereiten einer Dokumentenseite erfordert eine große Rechenleistung. Einige Unterschiede der beiden Kommandostrukturen hinsichtlich des Datenaufbereitungsprozesses für eine Dokumentenseite sind in der tabellarischen Übersicht auf der Seite 134 kurz gegenübergestellt.

Schriften Text- und Dokumentenverarbeitung haben in den letzten Jahren eine enorme Veränderung erfahren. War die Bezeichnung Typographie noch dem Druckereiwesen vorbehalten, so geht heute schon ein jeder Windows-Anwender mit einer Vielfalt von Schriften um, die er in Form von TrueType-Fonts kostenlos mitgeliefert bekommt. Der Umgang mit Schriften im PC-Umfeld steht kaum mehr der professionellen Typographie nach. Drucker für die Dokumentenverarbeitung setzen dort an, sie haben ebenfalls mit vielen Schrifttypen umzugehen. Schriften, die sich im Drucker befinden, können schnell und flexibel und unabhängig von der Betriebssystemumgebung eingesetzt werden. Verfügt ein Drucker aber nicht über eine gewünschte Schriftart, dann ist diese in irgendeiner Form in den Drucker zu übertragen. Diese Übertragung in Form eines Download-Fonts oder einer Bitmap-Grafik benötigt zusätzliche Zeit, vergrößert die Druckdatei und belegt Speicherplatz, der meistens knapp bemessen ist. Ein Download- oder Softfont ist eine Schriftdatei, die einmal in den Drucker hineingeladen wird und dort verbleibt, bis er abgeschaltet wird. Der Font verhält sich aber genauso wie ein interner Font und muß nicht für jedes Schriftstück neu geladen werden. Ein Beispiel soll hier angeführt werden. Soll auf einem HPPCL5-Drucker eine Windows-TrueType-Schrift gedruckt werden, so erkennt Windows anhand des eingerichteten Druckertreibers, daß der Drucker diese Schrift als Softfont laden kann. Sodann konvertiert Windows die Schrift in das HPPCL-Fontformat und überträgt sie zum Drucker, wo sie nun wie ein interner Font behandelt wird. Läßt der Befehlsumfang des Druckers aber nicht den Umgang mit Softfonts zu, wird die gewünschte Schrift wie eine Bitmap-Grafik behandelt und in das Dokument eingefügt. Ein Dokument besteht dann nur noch aus Pixeldaten, die Druckdatei ist entsprechend groß. Der Unterschied zu Softfonts ist gewaltig: Pixeldaten bleiben nicht im Druckerspeicher, und jeder Buchstabe ist erneut als Bitmap zu übertragen. Ein langsamer Ablauf des gesamten Druckprozesses ist die Folge.

Die kurze Besprechung der wichtigsten Kriterien läßt die Auswirkungen bereits erkennen, die eine Vernachlässigung dieser Punkte heraufbeschwören kann. Wie aber in der Praxis die Ausstattung von Farbdruckern durchgeführt wird, ist manchmal schon überraschend. Der nächste Abschnitt erläutert daher einige Mittel und Wege der Druckeransteuerung mit oder ohne Zuhilfenahme intelligenter Kontroller und beleuchtet dazu einige kritische Aspekte.

4.2 Möglichkeiten der Ansteuerung

Zusätzlich zu den Aufgaben der monochromen Druckausgabe kommen beim Farbdrucken weitere Aufgaben hinzu. Denn Farbdrucker müssen in viel größerem Maße grafikfähig sein und zudem Farben produzieren. Dann reichen die Leistungen eines Druckprozessors, der für die S/W-Verarbeitung sehr gut geeignet ist, häufig nicht aus. Das Druckwerk wartet auf Daten, die sich irgendwo zwischen Computer und Druckerprozessor befinden und mit einfachsten Mitteln aufbereitet werden müssen. Wenn die Befehlssprache nicht stimmt, der Speicher zu klein und der Prozessor zu langsam ist, steht nicht nur der Drucker still. Auch der Rechner wird aufgehalten, weil er sich mit den eigentlichen Druckeraufgaben beschäftigen muß. Um so mehr überrascht es, daß selbst die einfachsten monochromen Laserdrucker die seitenorientierte Befehlssprache HPPCL4 oder 5 integriert haben, während die populären Farbtintenstrahldrucker Befehlscodes einsetzen, die den Matrixdruckern entstammen. Eine derartige simple Form der Ansteuerung ist zwar für monochrome Zeilendrucker geeignet, jedoch bei Farbdruckern völlig fehl am Platz. Wegen des höheren Daten- und Rechenaufwandes müßten sie eigentlich in diesem Punkt leistungsfähiger sein als die S/W-Laserdrucker, die im übrigen sogar oft preiswerter sind. Diese Gruppe der Farbdrucker, zu denen auch die in Mode gekommenen Windows- und Apple QuickDraw-Drucker zählen, worunter sich sogar Thermotransferdrucker befinden, sollen zunächst auf ihre Rechenleistung abgeklopft werden.

4.2.1 Drucker ohne Rasterbildprozessor

Schauen wir uns einmal einige praxisbezogene Fälle aus der Welt der preiswerten Tintenstrahldrucker an. Dabei handelt es sich bekanntlich um simple Zeilendruckertechnologien, die mit dem gerade Nötigsten ausgerüstet sind, damit das Preisniveau erhalten bleibt. Einfache Befehlssprachen stammen aus der Welt der monochromen Textverarbeitung, und die Speicherdimensionierung reicht gerade für die Daten einer Druckzeile. Dieser Sachverhalt wurde bereits im Kapitel „Tintenstrahltechnologie" und im vorigen Abschnitt ausführlich behandelt. Dagegen ist normalerweise nichts einzuwenden, wenn diese Modelle nicht auch in die Grafikdesign- und DTP-Marktsegmente positioniert würden. Dort kommt es aufgrund der Farbgrafik- und Bildverarbeitung zu einem intensiven Datenaufkommen. Aber auch in der Büroumgebung hat die Farbverarbeitung Einzug gehalten, und in Geschäftsgrafiken und Präsentationen kommt ebenfalls ein hoher Farbgehalt zur Wirkung.

4.2 Möglichkeiten der Ansteuerung

Tabelle 7:
Prozentualer Anteil der Seitendaten, die ein Zeilenpuffer aufnehmen kann

Auflösung	Datenmenge pro A4-Seite			Zeilen puffer	Aufnahmekapazität		
	S/W	CMY	CMYK		S/W	CMY	CMYK
300 dpi	1 MB	3 MB	4 MB	90 KB	9%	3%	2,25%
360 dpi	1,4 MB	4,3 MB	5,7 MB	64 KB	4,6%	1,5%	1,1%
720 dpi	5,7 MB	17,1 MB	22,8 MB	64 KB	1,1%	0,4%	0,3%

Anhand eines einfachen Rechenbeispiels läßt sich die Unterdimensionierung eines Tintendruckers mit einer Farbtiefe von 1 Bit/Farbe für solche Anwendungen ermitteln. Tabelle 7 enthält das maximale Druckdatenvolumen für eine DIN-A4-Seite mit der Druckfläche 8" x 11" (203 mm x 280 mm) bei Ausnutzung der vollen Auflösung. Eine solche Seite könnte zum Beispiel eine Geschäftsgrafik oder Farbpräsentation enthalten. Hinzugefügt wurde der prozentuale Anteil von diesem Datenvolumen, den der Zeilenspeicher theoretisch aufnehmen kann. Dieser Anteil ist praktisch aber noch kleiner, weil ein Teil des Speichers mit dem Steuerprogramm für den Drucker belegt ist. Eine Farbdatei dieser Größenordnung kann nur Stück für Stück zum Drucker übertragen werden, und zwar mit dem jeweiligen prozentualen Anteil. Den Rest muß der Rechner zwischenspeichern, der dann mit dieser Aufgabe voll belegt ist. Abbildung 83 verdeutlicht diese Arbeitsweise. Man sollte sich einmal vor Augen führen, daß je nach gewählter Auflösung solche Dateien bis zu 20 MB groß sind, nur 0,3% davon kann der Druckerspeicher maximal aufnehmen. Der Rechner muß also bis zu 330 Datenbänder (100%/0,3%) erzeugen, zwischenspeichern und separat versenden, bis das letzte Byte gedruckt ist. Dieser Prozeß nimmt mehrere Minuten in Anspruch, die der Anwender unnütz verbringen muß. Eine solche Druckzeit wird natürlich nicht im Datenblatt erwähnt; hier wird sogar die Druckgeschwindigkeit in Zeichen pro Sekunde angegeben. Dieser Extremfall mag zwar nicht jeden Tag vorkommen; er zeigt aber doch, daß auch bei geringerem Datenvolumen Grafikdaten nur zögerlich vom Drucker verarbeitet werden.

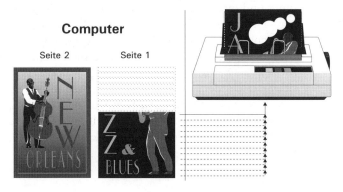

Abb. 83:
Zeilenweise Übertragung der Druckseiten führt zur Minderung der Druckgeschwindigkeit und Belegung des Computers

Die Überlegungen zur Speichergröße verdeutlichen, wie die kostentreibenden Bestandteile eines Farbdruckers zurück zum Rechner verlagert werden. Dieser muß nun die Mehrbelastung tragen, er ist aber eigentlich gar nicht dafür dimensioniert und erweist sich nun als zu langsam. Da man aber nicht auf die gewohnte Rechenleistung verzichten kann, wird er um- und aufgerüstet, Speicher und Festplatte müssen vergrößert werden, was merklich die Kosten steigen läßt, die aber im Prinzip dem Drucker anzulasten sind. Genau hier setzt der Sachverhalt an, der bereits zu Beginn dieses Kapitels erörtert wurde. Sehr häufig resultieren daraus Wartezeiten und Gesamtdruckzeiten, die in etwa drei- bis viermal höher sind als die reine Druckzeit. Abhilfe könnte ein zweiter Rechner schaffen, der als Druckerserver dient. Aber wer investiert schon angesichts des niedrigen Preisgefüges der Drucker in einen mehr als doppelt so teuren Druckerserver?

Nicht nur Tintenstrahldrucker sind dem Kostendruck ausgesetzt. In Mode kommen auch preiswerte Thermotransferdrucker, die direkt von der Betriebssystemumgebung des Macintosh oder von Windows aus angesteuert werden, ohne daß sie dafür eine eigene Intelligenz besitzen müssen. In professionellen Farbgrafikumgebungen sind solche Anbindungen durchaus üblich. Dort besitzen die grafischen Workstations Rechenleistungen, die weit über denen der Druckerprozessoren durchschnittlicher Seitendrucker liegen und daher ohne weiteres die Druckdatenaufbereitung übernehmen können. In PC-Umgebungen ist es meistens umgekehrt. Auch in speziell konfigurierten Systemen der Farbbildbearbeitung in der Apple-Umgebung gehört die direkte Ansteuerung hochwertiger Farbdrucker zur Standardeinrichtung. Programme wie Photoshop gestatten die Anbindung mittels sog. Plug-in-Module, die z. B. die schnelle Druckausgabe auf Thermosublimationsdruckern ermöglicht. Zudem befinden sich die Farbdaten bereits in einem Grafikformat, das sich relativ leicht für einen Rasterdrucker aufbereiten läßt. Der Preis des Druckers wird dadurch niedrig gehalten, aber bei langsamen Rechnern ist ein Aufpreis fällig, der sich mit längerer Wartezeit und steigender Rechnerausstattung erst später bemerkbar macht. Auch die Abhängigkeit von der Betriebssystemumgebung ist ein Unsicherheitsfaktor: Wer garantiert, daß ein solcher Drucker auch in anderen oder zukünftigen Applikationen und Betriebssystemen berücksichtigt wird? Schlimmstenfalls bleibt der Drucker bei einem Rechner- oder Betriebssystemwechsel nutzlos im Regal stehen, und die Investition ist verloren. Anwender in den Anfängen von OS/2 wissen ein Lied davon zu singen. Die reine Druckgeschwindigkeit und vor allem die Druckqualität kann sich sehen lassen, aber angesichts der Nachteile in der Datenaufbereitung und der Zukunftsunsicherheit sind solche Investitionen gut zu überlegen.

Drucker, die in der beschriebenen Weise aufgebaut und an den Rechner angebunden sind, eignen sich für einen wirtschaftlichen Einsatz nur in professionellen Farbverarbeitungsumgebungen. Für PC-Systeme sind sie lediglich dann zu wählen, wenn die monochrome Textverarbeitung im Vordergrund steht und in seltenen Fällen farbige Objekte beigemischt werden sollen. Dann kann man aber noch nicht von einer Farbverarbeitungsumgebung sprechen. Sicherlich sind einige Exemplare mit einer erstaunlich guten Farbqualität ausgestattet, die aber angesichts der schwachen Rechenleistung nicht genutzt werden kann. Der Vergleich mit einer Luxuslimousine, die total untermotorisiert ist, sei hier gestattet. Ein Einsatz im Privatbereich ist denkbar, dort fällt die zusätzliche Belastung eines Heimcomputers nicht weiter ins Gewicht.

4.2.2 Drucker mit eingebautem Rasterbildprozessor

Werden Farbdrucker intensiver für die Farbausgabe genutzt und vielleicht obendrein in einem Netzwerk betrieben, sollten sie mit einem eingebauten RIP ausgestattet sein. Diese sind so aufgebaut, daß sie zwei grundsätzliche Ziele verfolgen können: Zum einen enthalten sie mit einer leistungsfähigen Seitenbeschreibungssprache einen Druckbefehlsinterpreter, der alle Elemente eines Dokumentes in optimaler Form verarbeiten und umsetzen kann. Im Falle PostScript ist diese Befehlsstruktur bereits in Anwendungsprogrammen integriert, so daß damit erstellte Dokumente nicht erst umständlich konvertiert werden müssen. Diesen Nutzeffekt können alle Drucker für sich verbuchen, die einen Rasterbildprozessor eingebaut haben. Das zweite Ziel betrifft die Rechenleistung, die zur Datenaufbereitung notwendig ist, damit die Drucker auch schnell die Aufgaben erledigen können. Ein RIP muß also in der Lage sein, ein schnelles Druckwerk auch schnell mit Druckdaten zu versorgen. Während solche von RISC-Prozessoren unterstützten RIPs optimal auf die seitenorientierten Drucktechnologien abgestimmt sind, spielen Zeilendrucker wie z. B. Tintenstrahldrucker hier – anders als oben – häufig die schlechtere Rolle. Sie können die angelieferten Daten nicht mit der Geschwindigkeit drucken, wie es nötig wäre, um einen Datenstau zu vermeiden. Dieser ergibt sich beinahe von selbst, wenn zusätzlich Netzwerkanschlüsse vorhanden sind. Im schlimmsten Falle wird wegen des hohen Datenvolumens, wie bei einem Modell beschrieben, sogar die Druckgeschwindigkeit herabgesetzt, was nicht unbedingt für eine intensive Nutzung spricht.

Am häufigsten wird die Seitenbeschreibungssprache PostScript von Adobe in einem RIP verwendet. Sie ist mit umfangreichen Funktionen zur Rasterung von Schriften, Grafikelementen und Farben versehen. Auch Hewlett Packard hat mit der Erweiterung der Druckerbefehlssprache PCL umfangreiche Rasterbefehle in die Version PCL5C integriert. Allerdings sind nur die HP-Tintendrucker der höheren Preiskategorie damit ausgestattet. In Produkten der Mitbewerber ist HPPCL5C nur ganz vereinzelt zu finden, denn die Bedeutung und Verbreitung von PostScript ist viel größer. Beide Interpreter benötigen aber ein leistungsfähiges Prozessormodul, das im Drucker für die Aufbereitung der Druckdaten sorgt. Heutzutage werden ausschließlich RISC-Prozessoren dafür verwendet, welche die vielfältigen Aufgaben vom Datenempfang über die Datenaufbereitung bis zur Steuerung des Druckwerkes übernehmen können. Dieser Funktionsumfang zahlt sich aus: Die Druckdatei wird praktisch in ihrer Rohform zum Drucker übertragen, wo der Rasterbildprozessor die Schriften aufbereitet, die Grafikelemente erstellt und die Farben erzeugt. Dafür muß neben dem schnellen Prozessor auch ein großer Speicher zur Verfügung stehen, der das Druckbild für alle Farbauszüge aufnehmen kann.

Thermotransferdrucker, Thermosublimationsdrucker und Farblaserdrucker, die einen PostScript-RIP besitzen, können daraus sicherlich den größten Nutzen ziehen, weil die beiden Ziele, die der RIP verfolgt, optimal erreicht werden. Aber auch wenn nur einer der beiden Vorteile genutzt werden kann, lohnt sich der Einsatz eines PostScript-RIP. Denn der Rechner wird in jedem Falle früher frei, es entstehen keine Wartezeiten, und die Aufbereitung der Seite ist von hoher Qualität. PostScript-Drucker sind für die Farbbehandlung in Dokumentenverarbeitung und Desktop Publishing die richtigen Geräte.

Ein kurzer Blick auf die Mehrkosten, die durch einen intelligenteren Druckprozessor bzw. PostScript-RIP entstehen, zeigt, daß sie sich erstens sehr gut begründen lassen und zweitens dabei auch noch im Rahmen bewegen. Muß man beispielsweise für einen einfachen Farbtintenstrahldrucker ohne RIP weniger als 1000 DM veranschlagen, kostet ein Gerät mit RISC-Prozessor und HPPCL5C-Kommandosprache etwa 3000 DM. Dafür erhält man mit einem schnellen Prozessorsystem, mehreren Megabyte Seitenspeicher, einigen integrierten Schriften und einer leistungsfähigen Rastergrafiksprache einen deutlichen Mehrwert, der sich in einer viel schnelleren und unter Umständen sogar qualitativ besseren Seitenaufbereitung bemerkbar macht. Die Nutzeffekte, die damit verbunden sind, wurden bereits eingehend beleuchtet. Hinzu kommt ein verbessertes und schnelleres Druckwerk. Rechnet man die einzelnen Elemente zusammen, die man benötigt, um mit dem einfachen Basismodell eine ähnliche Produktivität zu erzielen, liegt man kostenmäßig weit darüber. Auch eine weitere Erkenntnis kann man daraus gewinnen. Nämlich die, daß ein gutes Prozessorsystem eines Farbtintenstrahldruckers etwa 2/3 des Preises ausmacht, während die diffizile Drucktechnik gerade mit ca. 1/3 zu Buche schlägt.

Ein ähnliches Verhältnis ist auch bei den einigermaßen weit verbreiteten Thermotransferdruckern zu finden. Ein einfaches, wie weiter oben beschriebenes Druckwerk ohne Intelligenz aber mit Windows-Steuerung kostet weniger als 2000 DM. Das gleiche Druckwerk allerdings mit eingebautem RIP könnte für weniger als 4000 DM angeboten werden, wobei für die geringe Preisdifferenz eine gute Rechenleistung, Mehrausstattung, Kompatibilität und Zukunftssicherheit beinhaltet wäre. Diesen Drucker gibt es aber leider nicht. Ein ähnlicher Thermotransferdrucker, der allerdings schneller ist und einen leistungsfähigen PostScript Level 2-RIP beinhaltet, ist derzeit für etwa 6000 DM erhältlich. Wobei wir wieder bei unserem Verhältnis angelangt wären: 1/3 für den Drucker, 2/3 für den RIP.

4.2.3 Externer Druckerserver

Bei besonders leistungsfähigen und hochpreisigen Farbdruckern ist eine weitere Variante der Anbindung zu finden. Sie verfügen im allgemeinen nicht über eingebaute RIPs, sondern werden über externe Prozessoren mit dem Computersystem verbunden. Diese Verfahrensweise hat viele Gründe. Zum einen müssen solche Druckwerke für alle möglichen Anbindungen offen gehalten werden, um eine größtmögliche Flexibilität gewährleisten zu können. Bei entsprechendem Bedarf kann dann ein zugeschneiderter Druckerkontroller angeschlossen werden. Das war in der Vergangenheit so bei Thermosublimationsdruckern und ist noch heute so bei Farblaserkopierern und kontinuierlichen Tintenstrahldruckern zu finden. Ein anderer Grund dafür ist zunächst nicht so offensichtlich und hat mit dem Datentransfer, also der Schnittstelle, zu tun. Bei sehr großen und schnellen Drucksystemen, aber auch bei denen, die kontinuierliche Farbtöne verarbeiten können, fallen ungeheure Datenmengen an, die nicht effizient mit den Standard-Computer- und Druckerschnittstellen transportiert werden können. Die Druckwerke selbst sind dann mit speziellen Datenanschlüssen versehen, die in der Lage sind, komplexe Druckdaten von Servern zu übernehmen. Ein solcher Anschluß ist beispielsweise die SCSI-Schnittstelle, die bei Apple-Computern und -Peripherieprodukten eine Standardeinrichtung geworden ist. Sie gewährleistet schnellen Datentransfer zwischen Ein- und Ausgabegeräten wie z.B. Scannern und externen Festplatten, kann aber auch zur Ansteuerung von lokalen Druckern genutzt werden. Bei DOS-Rechnern sind SCSI-Schnittstellen immer noch eine Ausnahme, sie müssen als Option nachgerüstet werden. Schließlich kann man noch als Grund anführen, einen Drucker nicht mit einem RIP auszustatten, daß Rasterbildprozessoren noch nicht zu Massenartikeln geworden sind, die man irgendwo beziehen oder gar nachbauen kann. Mit einem RIP ist stets der Adobe-Interpreter PostScript verbunden, und den bekommt man eben nur bei Adobe. Es gibt zwar einige Nachbauten, sog. Clones, aber diese erreichen im großen und ganzen bis auf wenige Ausnahmen nicht die Klasse und Güte des Originals. Der Interpreter ist sehr eng mit der RIP-Architektur verbunden, und diese ist sehr eng mit dem Druckwerk verknüpft, so daß eine enge Kooperation zwischen Druckerproduzenten und Lieferanten des Interpreters nötig ist. Da ist es manchmal einfacher, einen externen Druckerserver anzuschließen und mittels Treiber auf den Drucker abzustimmen.

Diese wenigen Erklärungen, die gewiß nicht vollständig sind, vermitteln gleichzeitig, wie sinnvoll ein externer Server sein kann. In ähnlicher Weise funktioniert ja auch die Anbindung der preiswerten Drucker an einen PC oder Macintosh. Mit dem Unterschied, daß reine Server nur eine einzige Aufgabe erfüllen: Sie sollen die Verbindung zwischen Computer und Druckwerk herstellen und die dazu nötigen Vorgänge abwickeln. Dazu sind sie optimiert und reichhaltig ausgestattet, aber auch nicht ganz billig. Als Gegenwert erhält man aber häufig eine reichhaltige Ausstattung, die alle Anforderungen an ein Drucksystem erfüllt. Dies sind u.a.

- Netzwerkanbindungen
- Hochgeschwindigkeits-Schnittstellen
- Überwachung der Druckjobs (Monitoring)
- Große Datenpuffer
- Software-RIP
- Kalibrationshilfen
- Farbmanagement-Werkzeuge

Für die Datenaufnahme und die Teilnahme am Netzwerk-Betrieb sind Server stets mit Hochgeschwindigkeits-Anbindungen versehen. Damit ist auch eine bidirektionale Kommunikation gewährleistet. Für die Überwachung der Arbeit des Servers ist eine Monitor-Funktion bzw. Druckjobverwaltung hilfreich, jedoch nicht immer obligatorisch. Server können große Datenspeicher in Form von Fest- oder Wechselplattenlaufwerken aufnehmen, um z. B. Schriften zu laden oder die vielen Druckaufträge und die Druckdaten zwischenzuspeichern. Die Druckdateien selbst müssen irgendwie in die Rastersprache des Druckers umgesetzt werden. Dafür ist ein Software-RIP zuständig. PostScript Level 2 ist für solche Zwecke auch als Software-Interpreter CPSI (*Configurable PostScript Interpreter*) verfügbar. Da der RIP auch die Farben generiert, sollte er Kalibrationshilfen anbieten (siehe entsprechendes Kapitel). Wenn bestimmte Farbcharakteristiken anderer Ausgabegeräte wie z. B. Druckmaschinen vom angeschlossenen Drucker simuliert werden sollen, müssen ferner Farbmanagement-Werkzeuge wie z.B. ladbare Farbtransformationstabellen oder Color Rendering Dictionaries (CRD) vorhanden sein. Schließlich sind die umfangreichen Druckdaten mittels schneller Schnittstellen rasch zum Druckwerk zu übertragen.

Bauweise von Servern

Die einfachste Form eines externen Farbdruckerservers verwendet Standardkomponenten mit spezieller Software. Damit kann man einer-

4.2 Möglichkeiten der Ansteuerung

seits zwar die Kosten im Rahmen halten. Andererseits ist man aber an die Komponenten gebunden, die manchmal eine Überschreitung bestimmter Leistungsmerkmale und Ausstattungskomponenten nicht zulassen. Die Idee, einen PC als Server einzusetzen, gab es bereits vor einigen Jahren. Sie wurde auch mit Hilfe einer Software wie Freedom of Press oder Go-Script verwirklicht, die einen PostScript-Interpreter auf Software-Basis emulierten. Diese Programme nahmen Daten im PostScript-Format aus einer Applikation auf, interpretierten sie und übersetzten sie in die Druckerkommandosprache. Dabei wurden ausschließlich Grafikbefehle verwendet. Das bedeutete intensive Datenaufbereitung und -behandlung, und die Voraussetzung für ein Gelingen waren große Speicherkapazitäten im Rechner-RAM und auf der Festplatte. Der Arbeitsplatzcomputer hatte also zwei Aufgaben zu bewältigen: Er war Applikationsrechner und Druckerserver zugleich. Zumindest in der Farbgrafikverarbeitung ist man sich heutzutage bewußt, daß man diese beiden Aufgaben trennen muß.

PC und Macintosh als Server

Der Apple Macintosh wird weitaus häufiger als Server eingesetzt als ein PC. Es mag daran liegen, daß Farb-DTP traditionell in der Apple-Welt zu Hause ist, daß die schnelle SCSI-Schnittstelle integriert ist oder daß Adobe's PostScript-Interpreter als Software CPSI zuerst auf dem Macintosh lief. Als bekanntes Beispiel für den Einsatz eines Macintosh-Computers als Druckerserver kann das Thermosublimations-Drucksystem Rainbow der amerikanischen Firma 3M angeführt werden. Hier wurde ein Standard-Sublimationsdrucker ohne eigene Intelligenz, aber mit eigener Rastersprache und schnellem SCSI-Interface gewählt und an einen Macintosh angebunden. Die für einen Farbdruckerserver notwendigen Funktionen sind entweder als Hardware-Ausstattung (wie z. B. SCSI-Schnittstelle oder Speichermedien) Bestandteil des Macintosh. Oder sie werden in Form von speziell abgestimmter Software geladen, welche die Netzwerkverbindung, Jobüberwachung, PostScript-Interpretation oder Farbtransformation vornimmt, um nur einige Aufgaben zu nennen. Im Einzelplatzbetrieb kann der Macintosh sowohl als Applikationsrechner als auch als Druckerserver verwendet werden. Laufen Bildbearbeitungs- oder Layout-Anwendungen, ruht die Server-Funktion. Sie läßt sich auf einen späteren Zeitpunkt terminieren, wenn der Rechner nicht belegt ist. Diese Arbeitsweise bringt aber viele Einschränkungen mit, und erfahrungsgemäß müssen in einer Farb-Publishing-Umgebung mehrere Anwender auf einen Sublimationsdrucker zugreifen. Dann fungiert der Rechner komplett als Server. Man sieht, eine solche Zusammenstellung erlaubt einen hohen Grad an Flexibilität. Inzwischen wird von diesem Systemintegrator ein Farbdruckerserver auch auf Basis des PowerPC angeboten, mit ähnlichen Leistungsmerkmalen. PCs als Server sind durchaus geeignet, aber doch selten zu finden. Auf der letzten CeBIT wurden einige Modelle vorgestellt, und es ist zu erwarten, daß ihre Zahl mit der Vermarktung des neueren PowerPC zunimmt. Auf die nächste CeBIT darf man also gespannt sein.

Die oben genannten Serverlösungen werden hauptsächlich zur Ansteuerung von langsamen Thermosublimationsdruckern verwendet. Dort kommt es weniger auf den hohen Druckdurchsatz an. Kommt dieser aber hinzu, empfehlen sich Farbdruckerserver, die speziell auf Anforderungen zugeschnitten sind, die sich aus der Verarbeitung umfangreicher Farbdaten und der Druckgeschwindigkeit des Ausgabegerätes ergeben. A3-Farbkopierer mit einer Datentiefe von 24 Bit und einer Auflösung von 400 dpi beispielsweise haben bis zu 90 MByte pro Ausdruck zu verarbeiten. Dies ist etwa 7 mal soviel wie bei einem Laserdrucker, der bereits einen schnellen RIP eingebaut hat. Hinzu kommt die hohe Produktionsgeschwindigkeit der Kopierer, die heute bis zu 7 Seiten A4 pro Minute beträgt. Als Maßstab für eine RIP-Leistung, die solche Aufgaben bewältigen kann, dienten bisher Server der amerikanischen Firma Electronics for Imaging, kurz EfI, die vor einigen Jahren als erste den Trend erkannte und spezielle Server für Farbkopierer entwickelt hat. Die grundsätzlichen Funktionseinheiten eines Fiery-Servers sollen einmal kurz angesprochen werden.

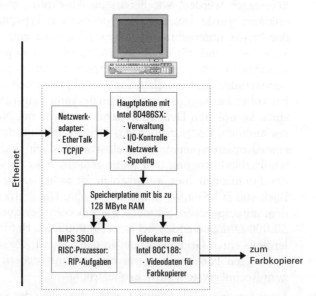

Abb. 84: Datenfluß im Fiery-Server

EfI-Fiery Die Server von EfI aus der Fiery-Reihe sind, anders als die gerade genannten, nicht auf Standardrechner aufgebaut. Sie wurden speziell für die Bedienung von Farblaserkopierern entwickelt und verfügen über die wohl umfangreichsten Funktionen für eine solche Aufgabe. Diese beginnt beim Scannen. Denn Farblaserkopierer müssen die Vorlagen

4.2 Möglichkeiten der Ansteuerung

irgendwie abtasten, wenn diese kopiert werden sollen. Daher verfügen sie über integrierte Scanner, welche die für die hochauflösende Druckausgabe benötigte Qualität anliefern können. Diese beträgt bis zu 400 dpi mit 24 Bit Farbtiefe pro Pixel. Solche Scan-Daten können mit einem Fiery-Server und der entsprechenden Scanner-Software zum Macintosh oder PC geliefert werden, wobei sogar Scanflächen bis zum A3-Format denkbar sind. Die Datenmenge, die dabei anfallen kann, beträgt ebenso wie beim Drucken solcher Formate bis zu 90 MByte. Das Prozessorsystem ist für solche Größen ausgelegt, denn es bedient den Druckerteil des Kopierers mit ähnlich großen Dateien. Fiery-Server sind mit gleich drei Prozessoren ausgerüstet, damit sich die vielen unterschiedlichen Aufgaben mit der geforderten Geschwindigkeit bewältigen lassen. Der Datenfluß für die Druckausgabe ist in Abbildung 84 gezeigt. Ein Intel-Prozessor des Typs 80486SX sorgt für die Verwaltung des Servers mit Datenein- und ausgabe, Netzwerkoperationen sowie Spooling. Die PostScript-Interpretation und Datenrasterung selbst führt ein MIPS-RISC-Prozessor des Typs R3500 durch, der auch in Silicon Graphics Workstations zu finden ist. Farbdaten werden mit einer Datentiefe von 24 Bit und einer Auflösung von 400 dpi kontinuierlich gerastert. Die Rastergrafikdaten müssen als Videosignal zum Kopierer übertragen werden, wie bereits im Abschnitt „Laserdruckverfahren" erläutert wurde. Dazu ist ein Prozessor des Typs 80C188 auf dem Video-Board untergebracht. Dieses Modul ist eine komplette externe Steuerelektronik für die Laserdruckwerke der Kopierer. Alle drei Prozessoren besitzen ein eigenes Betriebssystem und laufen unabhängig voneinander, die Grundlage für die hohe Verarbeitungsgeschwindigkeit bei voller Farbauflösung. Im Prinzip kann man einen Fiery-Server als einen kompletten Druckersteuerungsrechner mit Netzwerkeigenschaften ansehen, der nur noch das Druckwerk und die Scannermechanik eines Kopierers verwendet. Selbstverständlich sind dabei Funktionen wie Farbkalibrierung und -management. Aber die Vielzahl der weiteren Funktionen hier aufzuzählen ist sicher nicht notwendig, dieses Buch soll ja keine Werbebroschüre sein. Die Preiskategorie darf trotzdem angesprochen werden: Fiery-Server beginnen heute bei etwa 50.000 DM und enden bei etwa 70.000 DM. Dafür bekommt man allerdings einen Gegenwert, der in der Lage ist, die schnellen und großformatigen Farblaserkopierer optimal anzusteuern und Scannerdaten zum Rechnersystem zurückzuliefern.

Workstation als Server

Fiery-Server sind dedizierte Geräte, die neben der Serverfunktion keine andere Anwendung erlauben. Die geforderte Rechenleistung kann aber auch von Workstations bereitgestellt werden, die über eine im Gegensatz zu Fiery-Servern offene Systemarchitektur verfügen. Die belgische Firma Barco Graphics, die im professionellen Farbgrafikmarkt zu Hause ist, hat z. B. einen Alpha-Rechner von Digital Equipment als

Server für ihre großformatigen Belichter ausgewählt und läßt darauf eine eigene PostScript-Emulation laufen. Als ein weiteres Beispiel kann die amerikanische Firma ColorBus genannt werden, die mit ihrem Farbserver Cyclone PS ebenfalls auf die Farblaserkopierer einiger japanischer Produzenten zielt. Dazu verwendet sie eine Indy-Workstation von Silicon Graphics. Das Rastern der Druckdaten mit Hilfe des PostScript-Interpreters CPSI steht dabei nicht einmal mehr im Vordergrund. Es läuft quasi als eine mögliche Applikation nebenher mit. Denn die Rechenleistung der Indy reicht aus, parallel dazu auch noch die Bildbearbeitung oder andere Anwendungen ablaufen zu lassen. Dies ist aufgrund der Systemoffenheit möglich. Standardanwendungen aus der Silicon-Graphics-Umgebung können nach Belieben installiert und eingesetzt werden. So wird der Cyclone PS zu einer offenen „Print Station", die höchst flexibel und multifunktionell eingesetzt werden kann, ohne die Aufgaben eines Farbdruckerservers zu vernachlässigen. Allerdings hat auch diese Leistung ihren Preis: Dort, wo die Fiery-Server im Moment preislich oben angelangt sind, beginnen die Cyclone-Server.

Untersucht man die heute erhältlichen populären zeilen- und seitenorientierten Farbausgabegeräte, so sind sie einer der drei besprochenen Anbindungsmöglichkeiten zuzuordnen. Eine kurze Übersicht:

Drucker ohne Rasterbildprozessor:

Für Basisanforderungen in Einzelplatzumgebungen im PC- bzw. Apple-Umfeld:
- Bubble-Jet- bzw. Thermische Tintenstrahldrucker
- Piezo-Tintenstrahldrucker
- Low-Cost Thermotransferdrucker

Für Profi-Anwendungen im Workstation- bzw. Apple-Umfeld:
- Thermosublimationsdrucker

Drucker mit eingebautem Rasterbildprozessor:

Für alle Anforderungen in Einzelplatz- und Netzwerkumgebungen in allen Rechnerwelten:
- Bubble-Jet- bzw. Thermische Tintenstrahldrucker
- Festtintendrucker (Solid Ink Jet, Phase Change Technology)
- Thermotransferdrucker
- Thermosublimationsdrucker
- Laserdrucker

Drucker mit externem Druckerserver:

Für extreme Datenvolumen und/oder hohe Ausgabegeschwindigkeiten in vernetzten Umgebungen:
- Kontinuierliche Tintenstrahldrucker
- Thermosublimationsdrucker
- Farblaserkopierer

5 Optimierung der Farbwiedergabe

Die im Kapitel 3 vorgestellten Farbdrucktechnologien sind allesamt in der Lage, eine gute bis ausgezeichnete Farbqualität zu gewährleisten, wenn die Herstellerempfehlungen eingehalten werden. Aber auch an die nähere Umgebung werden Anforderungen gestellt, die einen mindestens ebenso großen Einfluß haben. Computer und Anwendungssoftware sind z. B. mehr oder weniger geeignet, die Leistungsmerkmale eines Farbdruckers voll zu nutzen. Und Anwender haben unterschiedliche Anforderungen an ihre Farbverarbeitung hinsichtlich Qualität, Zweckbestimmung und Weiterverarbeitung. Zudem spielen persönlicher Geschmack und finanzielle Mittel eine Rolle. Auch eine teuere Hifi-Anlage besitzt das Potential, einen guten Klang zu liefern, wenn man die richtigen Einstellungen findet und einige Umgebungsbedingungen berücksichtigt. Unterläßt man aber diese Sorgfalt, klingt eine noch so teuere Anlage wie eine Kirmesmusik.

In diesem Kapitel sollen einige Themen zur Sprache kommen, die eine Erhöhung der Farbdruckqualität bzw. gleichbleibende und jederzeit reproduzierbare Farbwiedergabe bewirken können. Es geht dabei weniger um aktuelle Hinweise, wie in der einen oder anderen Anwendung verfahren werden sollte. Vielmehr soll ein grundsätzliches Verständnis herbeigeführt werden, damit dauerhaft und für jedes Einsatzgebiet ein Nutzeffekt erzielt werden kann.

Im Abschnitt „Kalibration" wird eine Maßnahme aufgezeigt, die unabhängig von anderen Einflüssen die Farbqualität verbessern und gleichbleibend stabil halten kann. Leider lassen sich aber nur wenige Geräte kalibrieren.

Eine Möglichkeit, bei einfachen Druckverfahren ohne großen Aufwand die Farbqualität anzuheben, besteht darin, die Farben schon im Druckertreiber auf die Gerätecharakteristik abzustimmen. ColorSmart von Hewlett Packard ist eine solche Software, sie wird in einem separaten Abschnitt vorgestellt.

Will man die Farbwiedergabe allerdings etwas verbindlicher und unabhängiger an externen Belangen orientieren, müssen die Gerätefarben auf eine Referenz bezogen werden. Im Abschnitt „Pantone Matching System" wird ein einfaches Color-Matching-System beschrieben, das eine Auswahl von Schmuckfarbtönen als Referenz verwendet und gezielt in gerätespezifische Prozeßfarben umsetzt.

Eine totale Unabhängigkeit der Farbwiedergabe von der Gerätecharakteristik ist nach Ansicht der Farbspezialisten nur zu erreichen, wenn die von der CIE genormten Referenz-Farbmodelle (Kapitel 2) den Farbbezug bilden. Dann kann die Farbqualität der Drucker metrisch ermittelt und mit den Farbmodellen verglichen werden. Die Menge der darstellbaren Farben wird mit Farbenumfang oder Color Gamut bezeichnet. Um dieses Thema dreht sich der Abschnitt „Farbenumfang".

Der Abschnitt „Farbmanagement" erläutert die Zusammenhänge, die zwischen den CIE-Farbmodellen, den Farbenumfängen und den Color-Matching-Methoden bestehen.

Schließlich werden drei Beispiele solcher Color-Matching-Verfahren näher beschrieben. Im Abschnitt „Agfa FotoTune" wird die Arbeitsweise eines alleinstehenden Programmes beschrieben. Wie sich das Color Matching auf Betriebssystemebene realisieren läßt, davon handelt der Abschnitt „Apple ColorSync". Die Seitenbeschreibungssprache PostScript Level 2 von Adobe verfügt über umfangreiche Funktionen für die geräteneutrale Farbbehandlung. Diese werden im letzten Abschnitt dieses Kapitels behandelt.

5.1 Kalibration

Gleich zu Beginn sei auf eine unterschiedliche Auslegung des Begriffes Kalibration in der amerikanischen Terminologie hingewiesen. Dort versteht man unter „Calibration" das Charakterisierungsverfahren eines Ein- oder Ausgabegerätes mit dem Ziel, ein Geräteprofil zu erhalten, das für ein Farbmanagementverfahren verwendet wird. Methoden des Farbmanagements werden später in diesem Kapitel beschrieben und sollten nicht mit der Kalibration verwechselt werden.

Prozesse zur Abstimmung von Farben und Farbeindrücken können einen hohen Aufwand verursachen, vor allem dann, wenn mehrere Einheiten eines Farbverarbeitungssystems am Farbverhalten der Druckausgabe beteiligt sind. Der Drucker ist dabei das letzte Glied in der Kette komplizierter Komponenten, die miteinander und aufeinander abgestimmt sein sollen. Dabei spielt einerseits die Anwendersoftware eine Schlüsselrolle, andererseits ist der Bildschirm die visuelle Kontroll- und Prüfinstanz für die Farbenauswahl. Dort wird der Farbeindruck erstmalig sichtbar, und dieser Eindruck bestimmt die Wahl und Einstellungen der Farben. Diese Einstellungen der Farben eines Bildes oder einer Grafik sollten aber ausschließlich in der Anwendersoftware vorgenommen werden. Denn je nachdem, welchem Zweck die Farbverarbeitung dient, ist eine Farbseite zu Test- oder Produktionszwecken auf mehreren unterschiedlichen Geräten auszugeben, und

5.1 Kalibration

zwar unter Beibehaltung des Farbeindruckes, den man am Bildschirm erzeugt hat. Dort hat man genügend Hilfsmittel, um die nötigen und zumeist umfangreichen Korrekturen und farblichen Anpassungen vorzunehmen. Um diese korrekt durchführen zu können, muß der Bildschirm kalibriert sein. Denn nur ein kalibriertes Bildbearbeitungssystem liefert zuverlässige und jederzeit und überall reproduzierbare Abbildungen. Bereits in der Fabrik wird die Farbtemperatur festgelegt und eingestellt. Dazu werden die Intensitäten der drei Farben Rot, Grün und Blau so eingestellt, daß sie zusammen ein weißes Licht mit einer Farbtemperatur liefern, die meistens bei 6500 K liegt. Jeder Farbgrafikanwender weiß das.

Eine Kalibrierung nach ähnlichen Gesichtspunkten ist auch für die hochwertige Druckausgabe nötig. Der Drucker ist nach dem Bildschirm das zweite und vorläufig letzte Glied, das einen visuellen Eindruck von der Arbeit liefert, die zuvor am Bildschirm erledigt wurde. Es wird erwartet, daß das Druckergebnis nicht von der Monitorabbildung abweicht. Eigentlich müßte das andere Farbmischverfahren – CMY im Gegensatz zu RGB – die einzige Ursache für Farbunterschiede sein. Aber im Grunde genommen spielen mehrere Elemente eine Rolle, und dies auch noch im Zusammenspiel. Da ist erstens die Methode anzuführen, mit welcher Farbtönungen erzeugt werden. Diese Tönungen werden oft durch Simulation mittels Dithering-Verfahren und selten kontinuierlich erzeugt. Zweitens haben die zum Drucken benötigten primären Grundfarben einen großen Einfluß ebenso wie das Empfängermaterial. Bei einem Grafikbildschirm wird zwar ein Weißabgleich durchgeführt. Aber wer bemüht sich schon, sein Druckpapier nach der spektralen Zusammensetzung auszusuchen, damit ein vergleichbares Weiß vorhanden ist. Schließlich kann die Farbe Weiß nicht gedruckt werden, hat aber großen Anteil am subtraktiven Farbmischverhalten. Und drittens ist das Farbwiedergabeverhalten des Druckers selbst zu nennen, das, ähnlich wie bei einem Bildschirm, mittels Kalibration nach bestimmten Gesichtspunkten eingestellt werden kann und sollte. Nur wenn diese drei Elemente unter Kontrolle sind, d.h. definiert und grundlegend festgelegt sind, kann der Gesamteindruck der Farbwiedergabe als Resultat einer langen Verarbeitungskette an die Erwartungen angepaßt werden. All die Möglichkeiten, die sich also zur Optimierung der Farbwiedergabe bieten, sollen nun der Reihe nach behandelt und anhand einiger Beispiele praxisnah erläutert werden. Beginnen wollen wir dabei mit der Kalibration zwecks Linearisierung der Farbtransfercharakteristik eines Farbdruckers.

Gradation Obwohl gerade die professionellen Farbdruckverfahren über umfangreiche Einstellmöglichkeiten verfügen, das Ausgabeverhalten linear zu gestalten, blieben diese Möglichkeiten in der Vergangenheit häufig un-

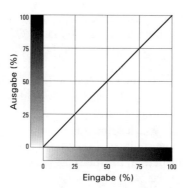

Abb. 85:
Eine gerade Kennlinie sorgt für lineare Übertragung der Eingabewerte

genutzt. Ein lineares Verhalten liegt dann vor, wenn man einem Drucker bestimmte Eingabewerte vorgibt, die er dann auch ohne Verfälschungen reproduziert. Wie jedes Ein-/Ausgabesystem besitzt auch ein Drucker eine Kennlinie, über die das Druckverhalten beeinflußt wird. Ist diese Kennlinie eine Gerade, spricht man von einem linearen Verhalten. Denn Eingabedaten mit einem bestimmten Kontrastverhältnis erzeugen Ausgabedaten mit demselben Verhältnis. Abbildung 85 zeigt eine lineare Kennlinie. Übertragen auf einen S/W-Drucker bedeutet dies, daß er nach einer Anweisung zum Druck eines 50%-Grautons auch wirklich einen solchen Tonwert erzeugt und nicht etwa 45 oder 55% Grau. Ist die Kennlinie aber gebogen, dann haben wir es mit einem nichtlinearen Verhalten zu tun. Je nach Art der Biegung kann der S/W-Drucker in unserem Beispiel einen dunkleren oder helleren Grauton erzeugen, siehe Abbildung 86. Entsprechende helle oder dunkle Bereiche eines Bildes würden damit gestaucht oder gestreckt. Der Verlauf der Kennlinie wird mit Gradation bezeichnet, ein Ausdruck, der bereits von Bildbearbeitungsprogrammen bekannt sein dürfte. Nun hat man es bei einem Farbdrucker aber mit drei solcher Kennlinien zu tun, die, jede für sich genommen, eine ähnliche Funktion haben wie die des S/W-Druckers. Nur arbeitet man leider beim Farbdrucken in den wenigsten Fällen mit reinen Primärfarben, meistens werden Mischfarben verarbeitet, die aus Anteilen aller primären Druckfarben zusammengesetzt sind. Um so wichtiger ist die exakte Einstellung aller drei Kennlinien.

Linearisierung der Transferfunktion

Ein linearer Abgleich verhilft dem Druckwerk zu einem unverfälschten Drucken der Farbdaten. Kontrast, Helligkeit und Gradationen werden bereits bei der Bildbearbeitung verändert, und wenn dann nichtlineare Druckerkennlinien vorliegen, können die Veränderungen entweder verstärkt oder gar rückgängig gemacht werden. In jedem Falle aber werden sie verfälscht, und der Ausdruck entspricht nicht den Erwartungen. Die Folge sind langwierige und kostspielige Versuche, die Farben im Applikationsprogramm so lange zu verändern und mittels Testdruck zu überprüfen, bis sie stimmen. Eine Möglichkeit der

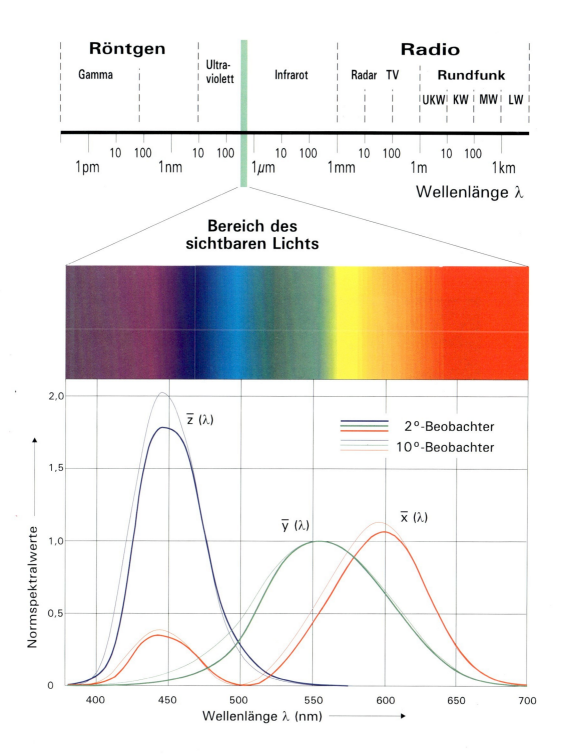

Frequenzspektrum elektromagnetischer Wellen, siehe Seite 33

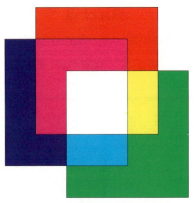

Additive Farbmischung der drei
Spektralfarben, siehe Seite 35

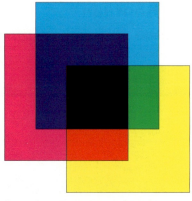

Subtraktive Farbmischung der drei
Komplementärfarben, siehe Seite 35

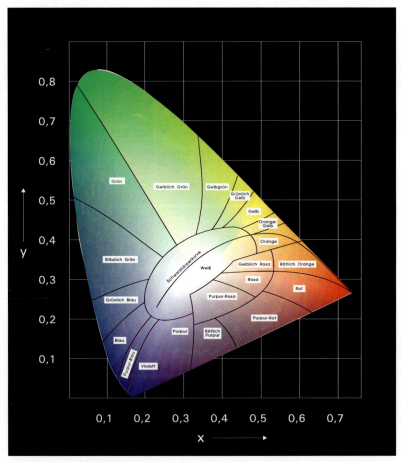

CIE 1931 (x, y), siehe Seite 45
(Mit freundlicher Genehmigung der UGRA/EMPA, St. Gallen)

Simultankontrast, siehe Seite 37

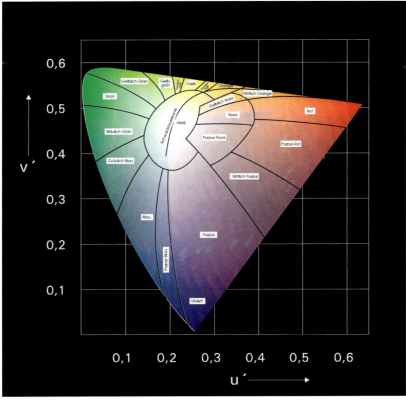

CIE 1976 UCS (u', v'), siehe Seite 47
(Mit freundlicher Genehmigung der UGRA/EMPA, St. Gallen)

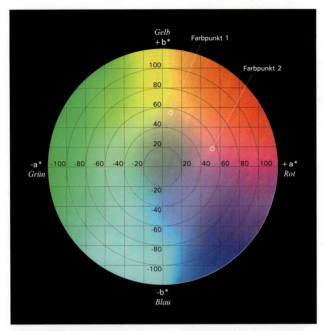

CIE L*a*b*, siehe Seite 48
(Mit freundlicher Genehmigung der UGRA/EMPA, St. Gallen)

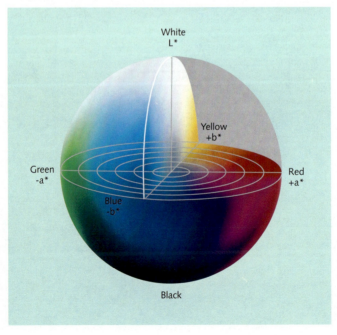

CIE L*a*b*, siehe Seite 48
(Mit freundlicher Genehmigung der Agfa-Gevaert AG, Köln)

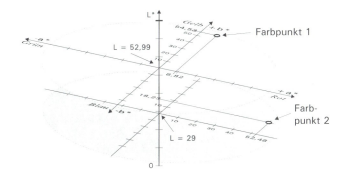

Farbpunkt 1: L* = 52,99
a* = 8,82
b* = 54,53

Farbpunkt 2: L* = 29,00
a* = 52,48
b* = 18,23

Farbpunkt 3: L* = 64,09
a* = 2,72
b* = 49,28

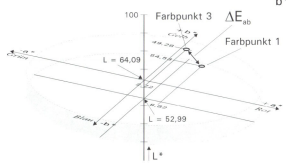

Beispiel für die Bestimmung des Farbortes und des Farbenabstandes, siehe Seite 50

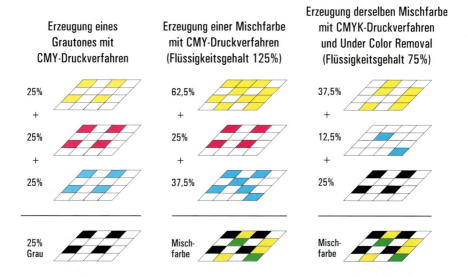

Farbiges Beispiel zur Erzeugung von Farbtönen mit Dispersed Dithering, siehe Seite 22

Punktstruktur, wie sie im Druckbild erscheint

Dreidimensionales Modell zur Veranschaulichung der Pixeltiefe

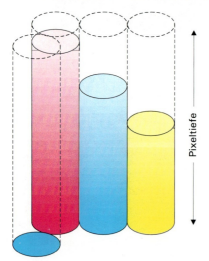

Punktgröße konstant, Farbdichte variabel

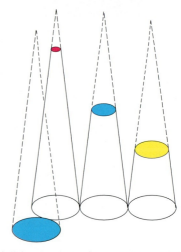

Farbdichte konstant, Punktgröße variabel

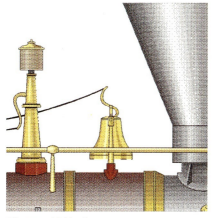
Dispersed Dithering

Clustered Dithering

Dispersed Dot Diffusion Dithering (FM)

PostScript-Screening

Kontinuierliches Tintenstrahlverfahren

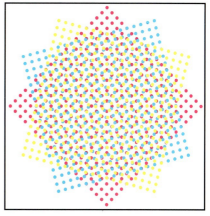
Rosettenbildung durch Drehung der Punktraster

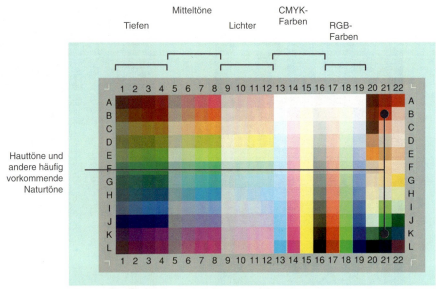

ANSI IT8.7/2-Referenzvorlage zur Charakterisierung
von Farbeingabegeräten wie Scanner, siehe Seite 182

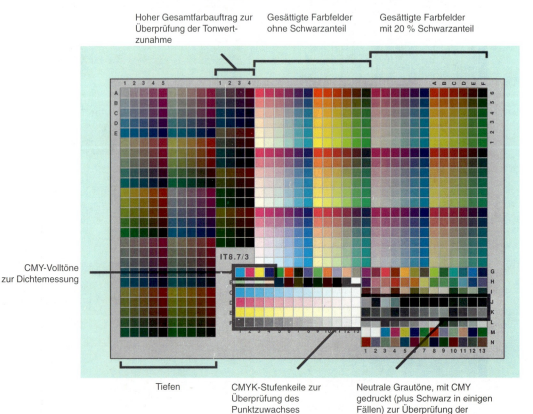

ANSI IT8.7/2-Referenzvorlage zur Charakterisierung von Farbausgabegeräten wie
Farbdrucker und Druckmaschinen, siehe Seite 182
(Mit freundlicher Genehmigung der Agfa-Gevaert AG, Köln)

5.1 Kalibration

Abb. 86: Kontrastbereiche können gestaucht oder gestreckt werden, wenn die Kennlinie gebogen ist

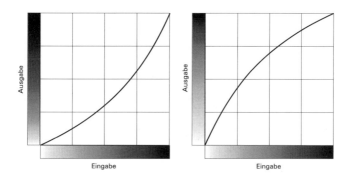

Kalibration bietet die Graubalance. Dabei wird der Drucker so justiert, daß die drei primären Prozeßfarben Cyan, Magenta und Gelb einen 50% Grauton erzeugen. Man sollte annehmen, daß nach der Formel 0,5 Grau = 0,5 Cyan + 0,5 Magenta + 0,5 Gelb die jeweiligen Anteile ebenfalls 50% betragen. Daß dies in der Praxis aber nicht so ist, liegt an den verwendeten Druckfarben, am Empfängermaterial und am Druckwerk selbst mit seiner Übertragungscharakteristik oder Transferfunktion. Spätestens jetzt sollte eine Unterscheidung getroffen werden zwischen eigentlichem Drucker mit seiner Steuerelektronik, häufig auch als Kontroller bezeichnet, und dem Prozessormodul, das die Datenkommunikation und -aufbereitung übernimmt und die fertigen Druckdaten der Steuerelektronik übergibt. Diese Einheiten sind als Blöcke in Abbildung 87 dargestellt. Im Prinzip kann man das Prozessormodul als ausgelagerte EDV verstehen, welche umfangreiche Datenaufbereitungsfunktionen wahrnehmen, aber nicht die Druckcharakteristik verändern soll. Dafür nämlich ist die Steuerelektronik des Druckwerkes zuständig. Sie bereitet die digitalen Druckdaten so auf, daß die Drucktechnologie optimale Ergebnisse liefern kann. Hier muß die Kalibration durchgeführt werden, wenn es das Gerät erlaubt. Denn die Druckdaten erwarten normalerweise ein lineares Verhalten des Druckers. Doch leider gestatten gerade die neueren populären Geräte diese Möglichkeit nicht.

Abb. 87: Funktionsblöcke eines Farbdruckers

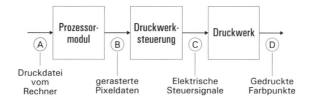

Graubalance

Für eine Einstellung der Graubalance werden die Anteile der einzelnen Primärfarben eingestellt, die im Zusammenwirken einen 50% Grauwert erzeugen. Dabei erhält man häufig unterschiedliche Eingabewerte für die einzelnen Farben, was aber nicht weiter hinderlich ist; interes-

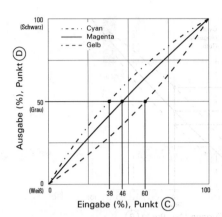

Abb. 88:
Nichtlineare Transferkurven erzeugen unterschiedliche Anteile Cyan, Magenta und Gelb, um einen Grauton darzustellen

sant ist nur das Druckergebnis. Vereinfacht kann man sich eine Graubalance anhand der Abbildungen 88 und 89 vorstellen, die sich auf Abbildung 87 beziehen. Wichtig ist, daß bei der Druckausgabe an Punkt D ein konstanter Grauton von 50% vorliegt. Die CMY-Daten dafür werden an Punkt C angeliefert. Aufgrund der nichtlinearen Transferfunktion sind unterschiedliche Anteile notwendig, z. B. 38% Cyan, 46% Magenta und 60% Gelb (Abb. 88). Diese Anteile müssen von der Druckwerksteuerung an Punkt C erzeugt werden. Die Druckwerksteuerung muß also die Nichtlinearität kompensieren. Dies geht nur, wenn die einzelnen Farbkennlinien zwischen Punkt B und C separat einzustellen sind (Abb. 89). Die Farbkennlinien werden auch als Gamma-Kurven bezeichnet, und eine Angleichung an die gewünschte Transferfunktion bezeichnet man mit Gamma-Korrektur. Fälschlicherweise werden häufig auch schnelle Änderungen der Gamma-Kurven durchgeführt, wenn der Gesamteindruck des Druckbildes nicht stimmt. In vielen Versuchen sollen dann Einstellungen gefunden werden, die das rechte Druckergebnis liefern. Im schlimmsten Falle muß für jedes neue Druckbild der Drucker neu justiert werden. Dies ist der falsche Weg. Die Gamma-Korrektur sollte der Kalibration vorbehalten sein, Änderungen des Farbeindruckes müssen ausschließlich in der Bildverarbeitung herbeigeführt werden.

In den meisten Fällen reicht die Graubalance für eine gute Linearität aus, denn neben dem Mittelwert Grau liegen ja auch der Minimal- und Maximalwert fest. Zwischen diesen drei Werten kann der endgültige Kurvenverlauf interpoliert werden.

Einige Druckertechnologien verlangen nach häufiger Kalibrierung. Farblaserkopierer beispielsweise driften sehr schnell in ihrer Farbcharakteristik, einige Modelle sollten mindestens täglich linearisiert werden. Dies liegt an den Eigenheiten der Technologie selbst. Andere wiederum sind sehr stabil und müssen kaum nachkalibriert werden. Zu dieser Kategorie zählen Thermotransfer- und Thermosublimations-

5.1 Kalibration

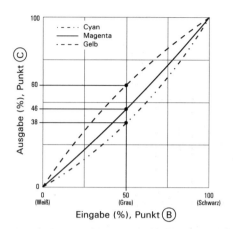

Abb. 89: Kompensation der Nicht-linearität durch entgegengesetzt gebogene Kennlinien

drucker. Und wieder andere lassen eine Kalibrierung überhaupt nicht zu, das Farbverhalten ist gänzlich unbekannt. Dies trifft für die meisten Flüssigtintendrucker zu, wobei diese Tatsache aber nicht von besonderem Interesse ist. Denn für die Ausrichtung dieser Drucker genügt das unbekannte Farbverhalten durchaus.

Kalibration als Mittel zur Optimierung der Farbwiedergabe wird in der Praxis unterschiedlich gehandhabt. Dies liegt einerseits an sehr zielgerichteten Verwendungszwecken einiger Farbdrucker, die direkt auf ein bestimmtes Wiedergabeverhalten mittels Kalibration eingerichtet werden. Es hat aber auch mit den vielen Methoden zu tun, Farbdaten aufzubereiten und für den Druck zu rastern. Auch hierfür sollen wieder einige Beispiele aufgeführt werden.

Die heute erhältlichen preiswerteren Tinten- und Thermotransferdrukker sind im allgemeinen für eine Verwendung ausschließlich in PC- und Macintosh-Anwendungsumgebungen vorgesehen. Eine Kalibration durch den Anwender ist prinzipiell nicht beabsichtigt. Sie ist auch nicht nötig, denn angesichts der wenigen verfügbaren Farbrastermethoden und der Preis/Leistungs-Relation kommt eine Gamma-Korrektur kaum in Betracht, obwohl sie manchmal sinnvoll wäre. Vielmehr sind in den Druckertreibern die verschiedenen Charakteristiken von vornherein berücksichtigt. Meistens besteht jedoch darüber Unklarheit, und individuelle Anpassungen an veränderte Gegebenheiten wie z. B. Papier oder Tintenfüllungen anderer Hersteller sind dann nicht möglich.

Farbdrucksysteme mit eingebautem RIP erzeugen die Farben mit unterschiedlichen Rastermethoden (Screenings). Einige davon wurden bereits im Kapitel 1 erläutert. Diese Methoden berücksichtigen normalerweise die verschiedenen Aspekte der Farbgrafikanwendungen in vielfältiger Weise, bedienen sich aber Halbtonzellen zur Farbgenerierung. Diese haben aber auch einen Einfluß auf die Linearität bzw. das

Farbtransferverhalten. Theoretisch müßte mit jeder Änderung des Screenings das Gerät neu kalibriert werden. Ein PostScript-RIP verfügt über Kalibrationsmöglichkeiten, die in der Praxis mit Hilfe von Farbtransfertabellen oder Gammakorrekturen genutzt werden können. Ein Beispiel hierzu: Bei einem 600 dpi-Farblaserdrucker können die Halbton-Rastermethoden 71 lpi x 45° und 106 lpi x 45° gewählt werden. Sie werden empfohlen für die Grafik- und Bildverarbeitung bzw. für Geschäfts- und Präsentationsgrafiken. Diesen Methoden sind die Farbtransfertabellen Gamma71 bzw. Gamma106 zugeordnet, die das Gerät für die gewählten Halbton-Rastermethoden nachkalibrieren. Die Selektion vorgefertigter Gammakorrekturen ist ein gängiges Verfahren bei PostScript-Geräten. Einige erlauben sogar noch die manuelle Manipulation, damit auch nachträgliche Veränderungen möglich sind.

Eine ganz andere Richtung wird bei einigen Druckern verfolgt, die von einem externen Server versorgt werden. Solche Drucker sind häufig in ganz speziellen Anwendungen der Bildbearbeitung und des Proof-Drucks zu finden, stellen in gewisser Weise also eine geschlossene Druckanwendung dar. Mit Hilfe der Kalibration wird das Farbwiedergabeverhalten auf die Charakteristik bestimmter Produktionsverfahren beispielsweise einer Druckmaschine abgestimmt. Man kann in solchen Fällen nicht mehr von einer Linearisierung sprechen, denn der Drucker erhält keine lineare Transferfunktion, sondern die eines zu simulierenden Ausgabeverfahrens. Mögliche Nichtlinearitäten des Druckers sind dabei aber stets berücksichtigt. Ein Beispiel für eine solche zielgerichtete Kalibrierung wird im Abschnitt „Ermittlung des Farbenumfanges" gegeben.

Ist ein Farbausgabegerät einmal kalibriert, kann man im Rahmen seiner eigenen Möglichkeiten von optimalen Voraussetzungen für einen Farbdruck sprechen. Das Kalibrieren eines Farbausgabegerätes findet unabhängig von anderen Komponenten eines Computersystems im Ausgabegerät selbst statt. Soll aber darüber hinaus das Farbverhalten auf weitere Einheiten eines Farbsystems abgestimmt werden mit dem Ziel, vergleichbare und vorhersehbare Farben und Farbeindrücke zu erzeugen, müssen andere Verfahren angewandt werden, die in den folgenden Abschnitten ausführlich behandelt werden.

5.2 Farboptimierungen mittels Software-Unterstützung

Lange Zeit führten die Hersteller von Farbdruckern und die von Computern und Betriebssystemen ein getrenntes Leben. Es schien fast so, als unterhielten sie sich nicht einmal miteinander. Auch die Anbieter von Applikationssoftware kümmerten sich wenig um eine Abstimmung der Farbdaten; warum sollten sie auch. Schließlich gab es ja auch keinen hinreichend begründeten Bedarf, denn die Mehrzahl der Computerbenutzer ist mit der monochromen Druckausgabe zur Genüge bedient. Im Vergleich zur Farbbehandlung ist die S/W-Verarbeitung geradezu trivial: Schwarz ist die grundsätzliche Druckfarbe, die daher keiner besonderen Kennzeichnung bedarf. Und Softwarehersteller brauchten sich lange nicht mit einem zusätzlichen Attribut zu beschäftigen, das auch noch kompliziert zu handhaben ist. Als dann Mitte der achtziger Jahre tatsächlich einige Grafikprogramme im PC-Umfeld erschienen, die in der Lage waren, Farbgrafikdaten zu verarbeiten, wunderte man sich häufig, warum denn die Farben der Bildschirmgrafik total gegensätzlich auf einem Farbdrucker wiedergegeben wurden. Des Rätsels Lösung ist recht simpel: Der Bildschirm benötigte RGB-Daten, die er vom Grafikprogramm auch bekam. Diese Daten brachte man aber ohne Umrechnung zum Drucker, der sie als CMY-Farben auslegte und somit Komplementärfarben druckte.

Inzwischen ist die Farbdatenausgabe am Arbeitsplatzrechner so populär geworden, daß sich auch die Anbieter von Betriebssystemen intensiv damit beschäftigen. Dabei gilt es aber eine Menge Hürden zu überwinden, denn daß das Thema Farbe kompliziert ist, wurde bereits in den vorangegangenen Kapiteln behandelt. Schon die Berücksichtigung einer Datentiefe von 8 Bit pro Primärfarbe bedeutet gegenüber der monochromen Datenverarbeitung einen Faktor 24 (bei den drei Primärfarben RGB bzw. CMY), der immer wieder auftaucht. Der Computer muß die 24fache Datenmenge verarbeiten, er ist 24mal langsamer oder muß 24mal schneller sein, um die gleiche Verarbeitungsgeschwindigkeit zu erlauben, Dateien werden um diesen Faktor größer, was nicht ohne Einfluß auf die Speicherkapazitäten und Gesamtkosten bleibt. Doch dieses sind nur die physikalischen Aspekte, die zweifelsohne mit mehr oder weniger Aufwand in den Griff zu bekommen sind. Komplizierter wird es, wenn der Anspruch besteht, daß farbige Druckerzeugnisse mit einer gewissen Farbverbindlichkeit behaftet sein sollen, die sich auch noch einfach und schnell erreichen läßt. Der Vergleich mit der typographischen Behandlung von Schriften liegt nahe. Hier wird gefordert, daß eine Schrift wie z.B. die Garamond überall auf der Welt identisch aussieht, ganz gleich mit welchem Drucker oder Druckverfahren sie gedruckt wird. Abweichungen werden vom Schriftsetzer nicht geduldet. Genauso ist es mit der Farbreproduktion. Man stelle sich vor, jemand solle irgendwo auf der Welt einen Vortrag halten, begleitet von einer farbigen Präsentation mit Hilfe von Overhead-Folien. Unterwegs stellt er fest, daß er in Zeitnot vergessen hat, ein oder zwei wichtige Folien für seinen Vortrag anzufertigen. Die nun möchte er, weit weg vom eigenen Büro, nachträglich erstellen, und zwar bei einem befreundeten Unternehmen, das einen ähnlichen Farbdrucker eines anderen Herstellers besitzt wie er selber. Er druckt die Folien aus, und zu seiner Überraschung stimmt der Farbeindruck überhaupt nicht überein mit der Farbgestaltung der gesamten Präsentation, obwohl ein identisches Computersystem, das gleiche Programm, derselbe Druckertreiber und dasselbe auf den Farben CMY beruhende Druckverfahren benutzt wurde. Warum aber nun dieser Unterschied?

Dafür gibt es gleich mehrere Gründe. Offensichtlich stimmt das Farbwiedergabeverhalten des fremden Farbdruckers nicht mit dem des eigenen Gerätes überein, denn alle anderen Parameter sind ja gleichgeblieben. Farbdrucker haben jedoch mehrere variable Größen in sich vereinigt, die jede für sich die Farbwiedergabe beeinflussen können. Diese Größen können zwar innerhalb einer Produktserie einigermaßen konstant gehalten werden. Wechselt man aber den Hersteller eines Produktes gleicher Technologie oder gar die Technologie selbst, kann oft nur mit Hilfe der Software im Zusammenspiel mit der Hardware eine gewisse Farbkonstanz erzielt werden.

Im Folgenden werden einige Begriffe erläutert und Verfahren behandelt, die dazu geeignet sind, Farbreproduktionen konstant und vergleichbar zu machen. Dabei spielt das Druckverfahren nur eine untergeordnete Rolle. Denn die Mittel haben alle zum Ziel, die Farbqualität im Rahmen der jeweiligen Technologie zu optimieren bzw. gezielt auf bestimmte Anwendungskriterien abzustimmen. Bisher war die primäre Aufgabe einer Farbdruckertechnologie, Farbpunkte auf das Empfängermaterial zu bringen, ohne die genaue Aufgabenstellung oder Erwartungshaltung zu berücksichtigen. Inzwischen sind Computer und Software aber in der Lage, Farbinformationen präzise und unter Berücksichtigung der Originaltreue zu verarbeiten. Zwischen diesen Einheiten, Computer und Software auf der einen und Farbdrucker auf der anderen Seite, klaffte lange eine Lücke, die sich jetzt zu schließen beginnt. Nun kümmern sich auch Hersteller von Betriebssystem- und Anwendungssoftware um Methoden, die dazu geeignet sind, Farbinformationen unabhängig vom Ausgabegerät zu verarbeiten und, abgestimmt auf das jeweilige Ausgabegerät, optimiert zu drucken. Aber auch die Druckerhersteller wittern seit einiger Zeit die Chance, mittels zusätzlicher Ausstattung der Steuersoftware die farbenspezifische Behandlung ihrer Produkte zu vereinfachen und somit zusätzliches Terrain zu erobern. Denn eines ist ziemlich sicher und obendrein unter-

5.2 Farboptimierungen mittels Software-Unterstützung

mauert von Studien: Die Akzeptanz und damit die Verwendung von Farbdruckern steigt mit der Einfachheit ihrer Bedienung. Nachdem lange Zeit der Anschaffungspreis und die Druckqualität die große Hürde waren, ist es nun die Forderung nach einfachem und mit S/W-Laserdruckern vergleichbarem täglichen Umgang, der die Druckerhersteller dazu bringt, die Farbausgabe beinahe zu automatisieren und zudem eine Qualitätsverbesserung herbeizuführen.

Die Optimierung der Farbausgabequalität kann eine mühsame Angelegenheit sein, je nachdem, welche Qualitätsanforderung besteht. Und diese hängt von einigen Faktoren ab, die teilweise gegenseitige Ausschlußkriterien darstellen. Diese Kriterien betreffen besonders die Art der Farbgrafikanwendung, die erwartete Reproduktionsqualität, sowie die verwendete Druckertechnologie, die, weil mit einem Kosten/Nutzen-Verhältnis versehen, stets an eine Grenze des Erreichbaren stößt. Eine simple Fragestellung könnte lauten: Lohnt sich der finanzielle und zeitliche Aufwand, eine preisgünstige Drucktechnologie in ein kompliziertes und hochwertiges Farbmanagementsystem einzubinden, wenn im Vergleich zu anderen Druckverfahren die Farbdruckqualität dieser Druckertechnologie nicht besonders hoch und konstant ist und der Druckdurchsatz für eine Verwendung in Farbreproduktionsumgebungen sehr zu wünschen übrig läßt? Grundsätzlich gilt: Je mehr Qualitätsreserven in einem Drucker enthalten sind, die er innerhalb hochwertiger Farbgrafikanwendungen allein nicht ausnutzen kann, um so sinnvoller ist seine Eingliederung in Softwareverfahren zur Farboptimierung. Dies muß aber nicht heißen, daß die Farbdruckqualität preiswerter Druckverfahren nicht auch optimiert werden kann, ohne gleich den Aufwand dafür zu sprengen. So sind die preiswerten Flüssigtintendrucker von ihren Herstellern im allgemeinen mit Treibern ausgestattet, die den Umgang mit Farbe sehr komfortabel gestalten und für optimale Druckergebnisse ihrer Produkte sorgen. Ein Beispiel für eine solche Optimierungsmethode ist die Software ColorSmart, die Hewlett Packard in seine Treiber integriert hat. Sie soll hier vorgestellt werden, weil sie einen sehr simpel zu bedienenden automatischen Funktionsablauf für die Steigerung der Druckqualität aller vorkommenden Farbgrafikelemente (Text, Grafik, Bild) bietet und die Drucktechnik ihrer thermischen Tintenstrahldrucker sinnvoll ausnutzt. Es sei aber nochmals darauf hingewiesen, daß auch die anderen Hersteller Farbsteuerung in ihren Treibern vorgesehen haben.

5.3 Hewlett Packard ColorSmart

ColorSmart ist im Prinzip eine Erweiterung des bisherigen Farbgrafiktreibers für die Tintenstrahlprodukte. Diese Erweiterung sieht eine Farbautomatik vor, die für die meisten Farbdokumente optimale Farben ohne manuellen Eingriff gewährleisten soll. Wahlweise können trotzdem vielfältige manuelle Einstellmöglichkeiten genutzt werden, sie werden in insgesamt zwei Auswahlmenüs angeboten.

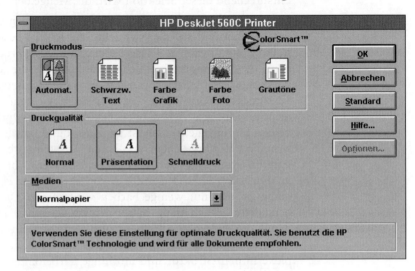

Abb. 90: Menü zur Druckereinrichtung des ColorSmart-Treibers

Abbildung 90 zeigt das erste Menü, das gleich bei der Druckereinrichtung erscheint. Wählt man den Druckmodus „Automatisch" an, wird Color-Smart aktiviert, und es verbleiben lediglich noch die Wahlmöglichkeiten für die Druckqualität und die Druckmedien. Diese Menüselektionen, die von Erläuterungen begleitet werden, die bei der jeweiligen Anwahl eine willkommene Hilfestellung geben, sind auch bei den manuellen Einstellungen aktiv und haben folgende Bedeutungen:

Druckqualität Normal: Beste Textqualität für Dokumente plus gute Grafikqualität

Druckqualität Präsentation: Optimale Druckqualität, druckt langsamer

Druckqualität Schnelldruck: Geringste Druckqualität, kann mit dem tintensparenden Economode verwendet werden.

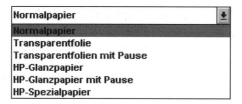

Medien: Das Druckmedium, Papier oder Folie, ist hier vorzuwählen. Entsprechend dieser Selektion wird die Menge der Tinte variiert.

ColorSmart hat die Aufgabe, die Druckdaten nach Grafikobjekten zu untersuchen und für diese Objekte die jeweils beste Farbzusammenstellung auszuwählen. Diese Farben sind als Farbenpaletten aufgebaut, die für unterschiedliche Grafikobjekte die jeweils beste Farbkombination bieten sollen. ColorSmart unterscheidet zwischen Textobjekten, Grafikobjekten wie sie in Geschäftsgrafiken vorkommen, und fotografischen Bildobjekten. Bei der Optimierung hat man keinen Einfluß mehr, man ist ganz auf die Auswahlkriterien angewiesen, die HP vorgesehen hat. Diese Auswahlkriterien gehen bei der Identifizierung eines einzufärbenden Objektes recht simpel vor. So geht man bei einer Geschäftsgrafik davon aus, daß die Datenstruktur regelmäßig ist und nur wenige Farben vorkommen. Die zugewiesene Farbenpalette enthält dann hauptsächlich satte und leuchtende Farben, damit die gedruckte Geschäftsgrafik ein brillantes Aussehen erhält. Ganz anders ist es bei einer fotografischen Abbildung, die eine komplexe Bitmap-Struktur und unzählige Farben aufweist. Sie würde den gesamten Farbenumfang des Druckers beanspruchen, der mit dem Farbenumfang des Bildes in Übereinstimmung gebracht werden muß. Dabei geht es nicht um höchste Sättigung einzelner Farben, sondern in erster Linie um das Verhältnis aller Farben zueinander. Eine Farbenpalette, die dieses berücksichtigt, wird sodann ausgewählt und dem Bildobjekt zugewiesen. ColorSmart versieht sogar verschiedene Objekte auf einer Seite mit verschiedenen Farbenpaletten, damit die Seite insgesamt farblich abgestimmt gedruckt wird. Praktisch sind aber die Ergebnisse nicht immer optimal, wie in einigen Versuchen festgestellt werden mußte. Aber für den großen Durchschnitt der Anwender bietet ColorSmart ausgewogene Farbdrucke bei einfachstem Bedienungskomfort, vor allem dann, wenn nur einzelne Grafikobjekte auf einer Seite vorkommen.

Die vielen manuellen Einstellmöglichkeiten runden das insgesamt positive Bild des HP-Treibers ab. Sie werden verfügbar, wenn man im ersten Menü einen anderen Druckmodus anwählt als „Automatisch". Für den Farbdruck sind zwei Druckmodi interessant, die wie folgt erläutert werden:

Druckmodus Farbe Grafik: Für Dokumente mit Text und Vollfarbgrafiken wie z.B Geschäftsgrafiken.

Druckmodus Farbe Foto: Für Dokumente mit komplexen Farbbildern wie z. B. gescannte Fotos.

Abb. 91:
Menü zum optionalen Selektieren verschiedener Farbrasterungen

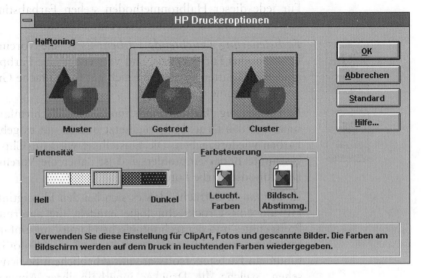

Dann erhält man Zugriff auf die Optionen-Taste, und ein weiteres Menü öffnet sich. Es ist in Abbildung 91 gezeigt. In diesem Menü können drei verschiedene Halbton-Rastermethoden und zwei Farbsteuerungen zur Farbabstimmung gewählt werden, wiederum unterlegt mit erklärenden Hilfetexten, siehe die folgenden Abbildungen.

Halftonig Muster: Voreinstellung für den Druckmodus Farbe Grafik, sollte für einfache Grafiken verwendet werden. Es ist identisch mit dem einfachen Dispersed-Dithering-Verfahren, das im Kapitel 2 unter „Graustufen, Kontrast und Halbtöne" erläutert wurde.

Halftonig Gestreut: Voreinstellung für den Druckmodus Farbe Foto, sollte für komplexe Grafiken mit vielen Farben oder Grautönen verwendet werden. Diese Rastermethode ist identisch mit dem Dispersed Dot Diffusion Dithering, das ebenfalls im vorgenannten Kapitel erläutert wurde. Das gestreute Halbtonverfahren liefert die besten Farbrasterdrucke für Flüssigtintendrucker.

5.3 Hewlett Packard ColorSmart

Halftoning Cluster: Dieses Halbtonverfahren entspricht einem einfachen Clustered Dithering, das auch im vorgenannten Kapitel behandelt wurde. Es sollte nur in Ausnahmefällen angewendet werden, wenn Farbdrucke fotokopiert werden sollen oder als Grautongrafiken erstellt werden, wie der Hinweis verrät. Warum sich das Clustered Dithering nicht gut für Tintenstrahldrucker eignet, wurde bereits bei der detaillierten Beschreibung der Halbton-Rasterverfahren erörtert.

Für jede dieser Halbtonmethoden stehen Farbabstimmungsoptionen zur Verfügung, die folgende Bedeutung haben:

Farbsteuerung Leuchtende Farben: Es ist die Voreinstellung für den Druckmodus Farbe Grafik und verwendet eine Farbpalette mit leuchtenden und satten Farben, die sich gut für einfache Grafiken, Tabellen und Diagramme eignen.

Farbsteuerung Bildschirmabstimmung: Bildschirmfarben werden optimal auf das Druckbild umgesetzt und so gut es geht in leuchtenden Farben wiedergegeben. Die Einstellung wird für Clip Arts, Fotos und gescannte Bilder empfohlen und ist daher die Voreinstellung für den Druckmodus Farbe Foto.

Zieht man in Betracht, daß es sich bei den Flüssigtintendruckern von HP um eine Drucktechnologie handelt, die aufgrund des niedrigen Preisgefüges und der technologischen Limits auf umfangreiche Farboptimierungsmöglichkeiten verzichtet, muß man ColorSmart als ein Optimum an Farbsteuersoftware mit erheblichem Bedienungskomfort ansehen, welche die Drucker innerhalb ihres Anwendungssegmentes spürbar aufwerten. Allerdings soll nicht unerwähnt bleiben, daß alle Farboptimierungsvorgänge wie die Einrichtung des Druckmodus und der Druckqualität, sowie Farbrasterung und Farbsteuerung innerhalb des Treibers stattfinden, also nicht Bestandteil der Druckerintelligenz sind. Dadurch ergeben sich häufig sehr lange Wartezeiten, denn die umfangreichen Prozesse greifen auf den PC oder Macintosh zu und halten andere Programmabläufe zurück. Zudem müssen die seitenweise vorliegenden Farbdaten in Druckzeilen oder Bänder aufgeteilt und nacheinander in den Druckerpuffer übertragen werden. Dieser ist so klein bemessen, daß er selten mehrere Datenbänder speichern kann. Der Rechner dient also als kompletter Druckprozessor, der Datenaufbereitung, Farbrasterung und Datenpufferung und -spooling vornimmt und so seine eigentlichen Aufgaben vernachlässigt. Auch sollten die Druckzeiten stets kritisch gesehen werden, denn sie beziehen sich auf die reine Druckzeit des Gerätes, nicht aber auf die Zeit für das Rastern und Bereitstellen der Daten. Lediglich der HP DeskJet 1200C verfügt über mehr Intelligenz und Speicher und eine erweiterte Befehlssprache HPPCL5C, damit kann er Farbrasteraufgaben und Datenspeicherung übernehmen. Diese Intelligenz sorgt aber dafür, daß der Preis dieses Druckers etwa dreimal höher ist. Daraus kann man ableiten, daß die

Druckertechnik mit nur einem Drittel am Kaufpreis beteiligt ist, während der Druckprozessor zwei Drittel ausmacht.

Vergleicht man ColorSmart oder eine ähnliche Bedienungssoftware mit den Zielsetzungen echter Farbabstimmungsprozesse (Color Matching), so ist zu erkennen, daß ein Bezug auf eine Referenz nicht vorhanden ist. ColorSmart agiert quasi ausschließlich im Farbenraum der HP-Tintenstrahldrucker und läßt jedes andere Farbmodell außer acht. Als ein Beispiel eines Color-Matching-Prozesses, das auch nur Gerätefarbräume berücksichtigt, sich dabei allerdings auf eine Referenz bezieht, kann das Pantone Matching System angeführt werden.

5.4 Pantone Matching System

Ein an verschiedene Reproduktionsverfahren anknüpfendes Farbenidentifikations- und -abstimmungssystem ist das Pantone Matching System des amerikanischen Farbenproduzenten Pantone. Schon vor mehr als 30 Jahren wurde dort die Idee geboren, die Farbwiedergabe unterschiedlicher Systeme aufeinander abzustimmen. Das Interesse von Pantone als Farbenhersteller war es, die vielen Töne seiner Schmuckfarben anhand der drei oder vier Prozeßfarben Cyan, Magenta und Gelb und Schwarz zu simulieren. Dadurch sollte es Designern und Grafikern möglich werden, ihre Entwürfe auf die Druckprozesse farbgetreu übertragen zu können.

Heute findet man in den Datenblättern vieler Farbdruckerproduzenten immer wieder den Hinweis nach der Pantone-Zertifizierung. Das Pantone Matching System hat im Laufe der Jahre Einzug gehalten in die Farbgrafikverarbeitung. Dort wird es vor allem von Computergrafikern geschätzt, die nun Entwürfe nicht mehr nachträglich mit Schmuckfarben ausfüllen müssen. Für mehr als 1000 dieser Farben hat Pantone die genauen Anteile der Prozeßfarben ermittelt, die einen identischen Farbeindruck simulieren. Somit können Pantone-Farben in einem Computersystem verarbeitet werden. Weil aber jedes Farbgerät seine eigene Wiedergabecharakteristik hat, sind die Mischanteile der drei Primärfarben von Produkt zu Produkt unterschiedlich. Das bedeutet, daß beispielsweise für einen Drucker in aufwendigen Versuchen die Mischanteile von Cyan, Magenta und Gelb für die jeweilige Pantone-Farbe herausgefunden werden müssen. Die Kombinationen werden in eine Farbumsetzungsdatei, eine sog. Color Look-up Table, geschrieben, die für die Transformation der Pantone-Farben in die Prozeßfarben des Ausgabegerätes sorgt. Werden nun in einer Grafikapplikation Pantone-Farben ausgewählt, werden beim Drucken die zugehörigen CMY-Anteile ausgegeben. Aber auch als Probedruck für einen späteren Farbdruck kann diese Methode verwendet werden, wenn nämlich

5.4 Pantone Matching System

digitaler Farbdrucker und Druckmaschine zertifiziert sind. Pantone selbst führt die Prüfung der Farbdrucker dafür durch, ermittelt die Anteile der Prozeßfarben und vergibt die Zertifizierung. Ferner sind eine Reihe namhafter Software-Hersteller lizensiert, das Pantone Matching System in ihre Grafikapplikationen zu integrieren.

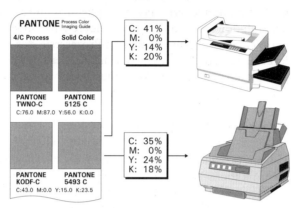

Abb. 92: Der eine Drucker simuliert reine Farbtöne mit anderen Prozeßfarbenanteilen als ein anderer Drucker

Wenn man das Pantone Matching System mit den heutigen Farbmanagement-Verfahren vergleicht, sind viele Gemeinsamkeiten erkennbar. Das Ziel, das damit erreicht werden soll, ist zunächst dasselbe. Aber auch das Verfahren, an dieses Ziel zu kommen, ist vergleichbar. Eine feste Anzahl von Farbtönen soll mit Hilfe von Farbrasterverfahren simuliert werden. Dazu bedient man sich sog. Color-Look-up-Tables, die man deswegen wählen kann, weil die Zahl der Farben nicht allzu groß ist. Bei den Farbmanagement-Verfahren geht es auch um die Simulation von Farbtönen. Jedoch ist ihre Anzahl nicht festgelegt, denn es kann sich theoretisch um jede im Lichtspektrum vorkommende Farbzusammenstellung handeln. Dafür kann man nicht ausschließlich aufwendige Color Look-up Tables nehmen, sondern muß bei Bedarf eine bestimmte Farbe bestmöglich mit anderen Mitteln nachempfinden. Die zentrale Rolle spielt dabei der Umfang aller Farben, die meßtechnische Beschreibung aller Farben, die von einem Ein- oder Ausgabegerät beherrschbar sind. Denn der Farbenraum trifft eine objektive Aussage über Farben, die überhaupt wiedergegeben werden können, und Farben, die vielleicht im System vorhanden sind, aber aufgrund fehlender Eigenschaften nicht zu reproduzieren sind.

5.5 Farbenumfang (Color Gamut)

Der Farbenumfang, auch als Color Gamut bezeichnet, ist eine Aussage über den gerätespezifischen Farbenraum. Er enthält alle Farben, die das Gerät beherrscht. Computerbildschirme arbeiten in ihrem eigenen RGB-Farbenraum, der von Gerätetyp zu Gerätetyp unterschiedlich ist. Bei Farbdruckern spricht man dagegen vom CMYK-Farbenraum, der auch wieder von Technologie zu Technologie verschieden ist. Standardisierte CIE-Farbenräume hingegen enthalten alle Farben, die insgesamt im Lichtspektrum vorkommen, sind also geräteneutral oder geräteunabhängig. Das Ziel der CIE-Bemühungen war es ja, diese Farben metrisch zu erfassen und zu beschreiben. Dies kann man auch mit dem geräteabhängigen Farbenraum tun, und im Prinzip werden die geräteabhängigen Farben mittels geräteunabhängiger Farbmaßzahlen ausgedrückt. Es läßt sich so aufzeigen, in welcher Weise der Farbenraum des Gerätes im Vergleich zum standardisierten Farbenraum nach CIE zu bewerten ist. Welche Farbdarstellungsmethode gewählt wird, ist zunächst unerheblich. Das chromatische Diagramm CIE (x, y) 1931 kann ebenso gut verwendet werden wie die Farbtafel CIE 1976 UCS (u', v') oder das CIELAB- oder CIELCH-Farbmodell. Diese Modelle wurden ausführlich in Kapitel 2 „Farbe" erläutert. Aber das ist nur der grundlegende Vorzug, den dieses Beschreibungsprinzip bietet. Ein weiterer Vorteil besteht darin, daß die CIE-Farbmaßzahlen das additive und subtraktive Farbmischsystem gleichermaßen berücksichtigen und somit Farbenumfänge von Ein- und Ausgabegeräten verschiedenster Kategorien miteinander verglichen werden können.

5.5.1 Farbraumbestimmung

Eine gebräuchliche Methode, den Farbenumfang eines Druckers zu ermitteln, soll nun hier vorgestellt werden. Dabei geht man davon aus, daß die reinsten und gesättigsten Farben die primären Druckfarben Cyan, Magenta und Gelb sind. Von ihnen und vom Empfängermedium hängt der Umfang aller anderen Farben ab, die durch Mischungen dieser drei Prozeßfarben erzeugt werden. Farbmetrische Werte der drei Prozeßfarben liefern bereits die Einträge für die Koordinaten a* und b* des LAB-Diagramms. Je weiter diese Koordinaten vom Nullpunkt entfernt liegen, um so größer ist der Farbenumfang. Weitere drei Koordinatenpunkte erhält man mit den Meßwerten der sekundären Druckfarben Rot, Grün und Blau, die durch Mischungen zweier Primärfarben mit jeweils gleichem Anteil produziert werden. Mit der Sättigung und dem Tonwert der Farben liegt auch deren Helligkeitswert fest, der lediglich noch durch die Farbe des Empfängermaterials beeinflußt werden kann. Alle anderen Farbtöne werden durch andere und unterschiedliche Mischungsverhältnisse der Primär- oder Sekundärfarben

5.5 Farbenumfang (Color Gamut)

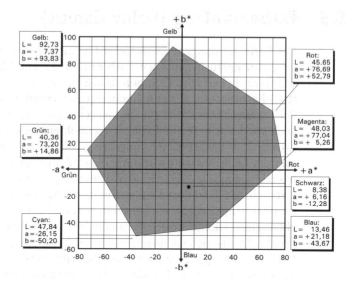

Abb. 93:
Beispiel für ein CIE LAB-Color-Gamut-Diagramm

erreicht und kommen daher nicht mehr an die Sättigung der Primär- und Sekundärfarben heran. Grob gesehen liegen sie innerhalb einer Fläche, die man erhält, wenn man die sechs Farborte der Primär- und Sekundärfarben nacheinander verbindet. Diese Fläche ist gleichzusetzen mit dem erwünschten Farbenumfang. Unberücksichtigt bleibt dabei die Helligkeit L*, die je nach Farbe sehr stark zwischen hell und dunkel schwankt. Abbildung 93 zeigt ein LAB-Farbraumdiagramm, das von einem Thermotransferdrucker stammt und nach der beschriebenen Methode ermittelt wurde. Das Diagramm ist als senkrechte Projektion des Farbraumes auf eine ebene Fläche zu verstehen. Man sieht deutlich die unterschiedlichen Helligkeitswerte L* der Farben. Während Rot, Grün, Cyan und Magenta in einem mittleren Helligkeitsbereich angesiedelt sind, liegen Gelb und Blau fast an den Grenzen der Helligkeitsskala. Schwarz wurde hier mit den drei Farben Cyan, Magenta und Gelb erzeugt und erscheint daher nicht auf dem optimalen Koordinatenpunkt L=0, a=0 und b=0. Vielmehr ist Schwarz hier etwas in Richtung Blau verschoben und die Ursache für ein etwas schmutziges Aussehen. Das Deifarbenschwarz spielt allerdings immer weniger eine Rolle, denn die meisten Farbdrucker, sogar die preiswerten Tintendrucker, mischen inzwischen ein separates Schwarz hinzu. Darum wurde in den anschließenden Diagrammen der Schwarzpunkt nicht aufgeführt. Optional kann man noch die Farbe des weißen Untergrundes des Empfängermediums berücksichtigen, der ja das subtraktive Farbmischverhalten und somit den Farbenumfang mit beeinflußt.

Das beschriebene Verfahren ist eine gute Annäherung an den wirklichen Farbenumfang, es ist zudem einfach und schnell durchzuführen. Um den Farbenumfang ganz exakt auszumessen, sind viel mehr Meßpunkte notwendig. So erkennt man sehr schnell, daß der reelle CIE LAB-Farbenraum keine Kugel ist, wenn die einzelnen Primär- und Sekundärfarben in Kontraststufen von beispielsweise 10% gemessen werden. Es überrascht dabei zudem, daß bei einigen Farbsubstanzen und Farbtönen der größte Farbenumfang nicht mit dem 100%-Farbton, sondern mit einem 70%- oder 80%-Ton erreicht werden kann; dies ist aber nicht die Regel. Auch müßte man beispielsweise mehr Mischungsverhältnisse zwischen den Primärfarben berücksichtigen. Die wirkliche Grenze des Farbenraumes würde dann vielleicht nicht mehr eine gerade Verbindungslinie sein. Um einen wirklichen dreidimensionalen Farbenraum zu erhalten, müßte man die Wege zurückgehen, die von der CIE gewählt wurden mit dem Ziel der einfacheren Darstellungsform. Im Kapitel 2 „Farbe" wurde aber bereits erläutert, warum die dritte Größe, die Helligkeit, die für die Definition eines Raumes nötig ist, für ein metrisches Farbenmodell unwichtig ist. Es genügt auch vollkommen, die Farbtöne mit ihrem höchsten Sättigungsgrad abzubilden, um einen Eindruck vom Farbenumfang zu erhalten. Es sei aber hier bereits darauf hingewiesen, daß Color-Matching-Programme tatsächlich mit dreidimensionalen Farbraumwerten arbeiten.

Meßtechnische Erfassung des Color Gamut

Bei der meßtechnischen Erfassung der Druckfarben sollte einiges beachtet werden, das bereits im Kapitel 2 „Farbe" angeführt wurde. Es betrifft die Voraussetzungen, die zu den CIE-Farbmodellen geführt haben, welche aber auch in die Farbenmeßgeräte eingebaut sind. Mit solch einem Meßgerät können Druckproben der primären und sekundären Druckfarben gemessen werden. Je nach technischem Aufwand, der sich in der Meßgenauigkeit und in der Preisklasse bemerkbar macht, unterscheidet man zwischen Spektralphotometern und Colorimetern, der preisgünstigeren Alternative. Diese Meßgeräte senden einen Lichtstrahl auf eine Fläche und messen das reflektierte Licht in einer Weise, wie dies auch der standardisierte CIE-Normalbeobachter tun würde. Die Meßwerte entsprechen daher den trichromatischen Normfarbwerten X, Y und Z, aus denen sich alle anderen Maßzahlen ableiten lassen. Das ausgestrahlte Licht ist ebenfalls genormt und läßt sich je nach Art der Meßvorlage einstellen. Für Aufsichtsvorlagen, das sind mittels CMY-Druckprozessen erstellte Vorlagen, wird ein Licht mit einer Farbtemperatur von 5000 K empfohlen. Da der Standardbeobachter zwei Blickwinkel besitzt, nämlich 2° und 10°, ist auch dieser Wert vorzuwählen. Hier ist meistens ein Beobachtungswinkel von 2° einzustellen. Die Messung selbst ist völlig unproblematisch, wenn man sich an die Bedienungsanleitungen und Empfehlungen der Meßgerätehersteller hält. Wie schon gesagt, messen die Geräte die Spektralmeßwerte X, Y und Z, treffen also eine auf das Lichtspektrum bezogene Aussage über die untersuchten Farben z. B. eines Ausgabegerätes. Durch Umrechnungen, auf die bereits im Kapitel „Farbe" näher einge-

5.5 Farbenumfang (Color Gamut)

gangen wurde, können die Meßgeräte ebenfalls x- und y-Werte (und zudem die Helligkeit Y) für das chromatische Farbdiagramm CIE 1931 (x, y), u'- und v'-Werte für das Diagramm CIE 1976 UCS (u', v') sowie L*a*b*-Werte für das CIELAB-Modell liefern. Am häufigsten wird für die Darstellung das CIELAB-Diagramm benutzt, das auch hier für einige Beispiele verwendet wurde. Aufgrund seiner annähernd gleichabständigen Abbildungsform der Farben gestattet es einen guten Vergleich von Farbenräumen verschiedener Ein- oder Ausgabegeräte und damit auch eine Beurteilung der Farbqualität dieser Geräte. Denn je größer der Farbenraum ist, umso mehr Farben können reproduziert werden. Und da die Farbenräume der meisten Drucker mit ihrem CMY-Druckverfahren von vornherein kleiner sind als die von RGB-Geräten, sind Drucker mit einem großen Farbenraum besonders zu schätzen.

Die CIELAB-Beispieldiagramme, die hier wiedergegeben sind, wurden ausschließlich in Abstimmung mit den jeweiligen Herstellern oder deren Vertretern ermittelt. Dabei wurde stets auf die Farben sowie die Papierempfehlung des Herstellers zurückgegriffen. Zunächst wurden mit den Druckern Farbfelder von ca. 2 x 2 cm Größe gedruckt, und zwar aus einer Applikation heraus, wie beispielsweise CorelDraw. Denn es ist von Interesse, welcher Farbenraum des Produktes praktisch und nicht theoretisch genutzt werden kann. Für die bloße Theorie würde es genügen, z. B. die Tinte eines Bubble-Jet-Druckers auf das Papier zu gießen und die Farbfläche farbmetrisch zu erfassen. Die gedruckten Farbmuster wurden bei der amerikanischen Firma X-Rite in Köln, einem renommierten Hersteller von Farbmeßgeräten, mit ihrem Spektrophotometer 938 unter Berücksichtigung einer Lichttemperatur von 5000 K und einem Beobachtungswinkel von 2° ausgemessen. Die so erhaltenen Meßwerte wurden anschließend in das CIELAB-Farbdiagramm eingetragen. Zum besseren Vergleich sind alle Diagramme gleich groß und im Maßstab identisch.

Drop-on-Demand-Tintendrucker

Die drei Farbraumdiagramme in Abbildung 94 stammen von Flüssigtintendruckern, die nach dem Bubble-Jet- bzw. Thermischen Tintendruckprinzip arbeiten. Drucker 1 ist ein preiswertes Gerät der 1000 DM-Preisklasse. Mit diesem Drucker wurde auf Kopierpapier und auf dem teuren Glanzpapier (Glossy Paper) gedruckt, das vom Hersteller empfohlen wird. Entsprechend unterschiedlich fallen die Farbenumfänge aus. Das Kopierpapier saugt förmlich die Tinte auf, und die Folge ist ein Verblassen der Farben, die alles andere als leuchtend wirken. Der zugehörige Farbenumfang ist der kleinste aller ausgemessenen Drucker. Dagegen erscheinen die Farben bei Verwendung des Glanzpapiers sehr brilliant und satt. Farbmetrisch wird dies belegt durch den für die Preiskategorie enormen Farbenumfang, der von der Fläche her fast identisch ist mit dem von Drucker 2. Dieser ist von der

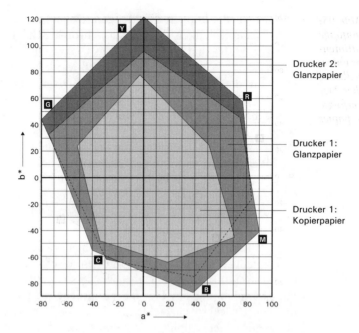

Abb. 94:
Farbenumfänge zweier Flüssigtintendrucker unterschiedlicher Preisklasse

Drucker 2: Glanzpapier

Drucker 1: Glanzpapier

Drucker 1: Kopierpapier

Anschaffung her etwa drei bis viermal teurer. Auch hier wurde auf dem Glanzpapier gedruckt, das sich dafür mit leuchtenden Farben bedankt, wie vom Hersteller versprochen. Aufgrund der unterschiedlichen Tinten ist der Farbenumfang etwas nach oben in Richtung Gelb verschoben.

Festtintendrucker In Abbildung 95 sind die Farbenumfänge zweier Festtintendrucker, sog. Solid-Inkjet oder Phase-Change-Drucker zu sehen. Die Farbenumfänge liegen zwischen denen der Flüssigtintendrucker, die auf Glanzpapier und Kopierpapier erreicht werden. Hervorzuheben ist daher, daß die prinzipiell großen Gamuts auf preiswertem Kopierpapier oder ähnlichen Materialien entstehen. Das eine Modell überzeugt zudem durch seine extremen Magenta- und Blau-Koordinaten.

Kontinuierlicher Tintendrucker Über einen überragenden Farbenumfang verfügt auch der Kontinuierliche Tintendrucker SmartJet der Firma Iris, der in Abbildung 96 wiedergegeben ist. Um möglichst vielfältige Anwendungen zu bedienen, bietet diese Firma mehrere Drucktinten mit unterschiedlicher Farbcharakteristik an. In Abbildung 96 sind zwar die maximalen Farbwerte der Primär- und Sekundärfarben eingetragen. Praktisch werden solche reinen Farbmischungen in Iris-Druckern aber gar nicht verwendet. Die Farbwiedergabe ist stets abgestimmt auf ein Verhalten, das die Simulation eines industriellen Druckprozesses zum Ziel hat. Um dieses zu erreichen, werden die Druckdaten mit Hilfe von Farbtransformationstabellen, sog. Color Lookup Tables, übersetzt und an die gewünschte Charakteristik angepaßt. Dabei wird sogar durch Hinzufügen von

5.5 Farbenumfang (Color Gamut)

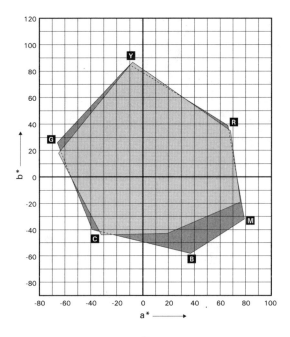

Abb. 95: Farbenumfänge zweier Festtintendrucker unterschiedlicher Hersteller. Der Druck erfolgte auf Kopierpapier

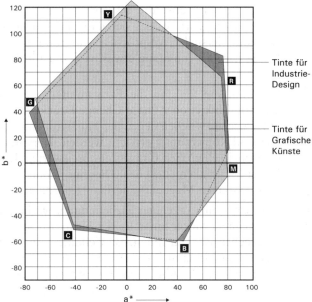

Abb. 96: Farbenumfang des kontinuierlichen Tintendruckers Iris SmartJet

Tinte für Industrie-Design

Tinte für Grafische Künste

Schwarzanteilen die Farbsättigung herabgesetzt und so künstlich der Farbenumfang verkleinert. Ein solches Beispiel ist in Abbildung 97 zu sehen. Dort wurde der Farbenumfang einer Farbwertetabelle eingetragen, die von einem Druckfarbenhersteller stammt. Die Tabelle wurde

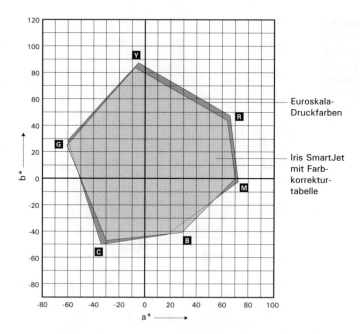

Abb. 97: Farbenumfang einer Offset-Druckmaschine mit Euroskala-Drucktinten im Vergleich zum Farbgamut des Iris SmartJet bei Verwendung einer speziell darauf abgestimmten Farbübersetzungstabelle

unter Verwendung von Drucktinten nach dem Euroskala-Standard auf einer Offset-Druckmaschine gedruckt und zeigt somit den Farbenumfang auf, der mit einem solchen Druckprozeß erreicht werden kann. Die Euroskala ist eine in Europa empfohlene und häufig angewendete Farbenskala für den Druck. Ebenfalls eingetragen ist der Farbenumfang des Iris-SmartJet, der zum Drucken eine Transformationstabelle zur Simulation einer Druckmaschine verwendete. Die Simulation kann als gelungen bezeichnet werden!

Thermotransferdrucker

Die Farbenumfänge der Thermotransferdrucker zweier amerikanischer Druckerhersteller, die ihre Druckwerke von unterschiedlichen japanischen Originalfabrikanten beziehen, ist in Abbildung 98 gezeigt. Auch diese Farbgamuts sind grundsätzlich zur Simulation des Farbverhaltens einer Druckmaschine geeignet. Obwohl Farbfolien und Papiersorten des jeweiligen Herstellers verwendet wurden, sind die beiden Farbenumfänge fast deckungsgleich. Es ist zu vermuten, daß der japanische Produzent der Verbrauchsmaterialien beide Druckerhersteller damit beliefert, daher die identischen Farben.

Thermosublimationsdrucker

Der Farbenumfang eines Thermosublimationsdruckers ist in Abbildung 99 zu sehen. Die Koordinaten der Eckfarben liegen sehr weit vom Nullpunkt entfernt, was für leuchtende und intensive Farben spricht. Zusammen mit der hohen Farbauflösung von 24 bzw. 32 Bit pro Pixel ist dies eine Erklärung für die fotorealistische Farbdruckqualität.

5.5 Farbenumfang (Color Gamut)

Abb. 98: Farbenumfang zweier Thermotransferdrucker bei Verwendung von Spezialpapier

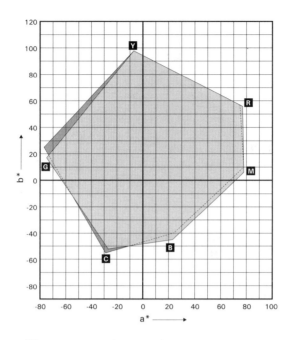

Abb. 99: Farbenumfang eines Thermosublimationsdruckers bei Verwendung von Spezialpapier

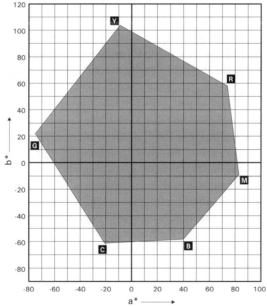

Farblaserdrucker   Aber auch Farblaserdrucker besitzen einen erstaunlichen Farbenumfang, wie anhand Abbildung 100 zu erkennen ist. Dies ist um so bemerkenswerter, als dieser Farbenreichtum auf preiswertem Kopiererpapier erzielt wird. Dem Farbenumfang eines Desktop-Farblaserdruckers wurde hier der etwas kleinere Farbenumfang eines Farblaserko-

Abb. 100:
Farbenumfang eines Laserdruckers, der auf Kopierpapier druckt

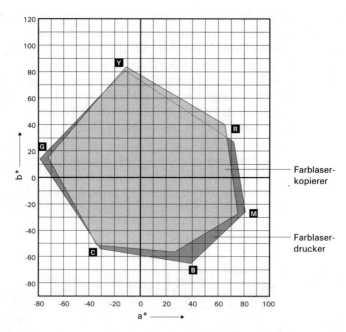

pierers jüngster Generation gegenübergestellt, der von einem Fiery-Server mit Daten versorgt wurde. Laserkopierer sind mit ihrer kontinuierlichen Farbtonerzeugung in der Lage, damit eine ähnlich gute, wenngleich geringere fotorealistische Druckqualität zu erreichen wie die Thermosublimationsdrucker.

Abb. 101:
Farbenumfang eines Computergrafikbildschirms

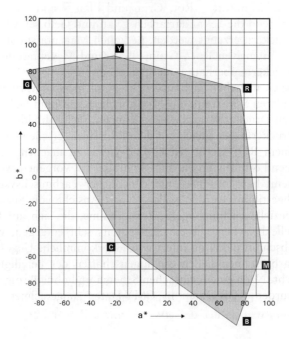

5.5 Farbenumfang (Color Gamut)

Vergleicht man die dargestellten Farbenumfänge miteinander, so fallen doch einige Unterschiede auf. Manche Geräte können Farben, die ein anderes Gerät beherrscht, überhaupt nicht drucken. Andere wiederum besitzen einen so großen Gamut, daß sie ohne weiteres die Farbcharakteristik anderer Drucker nachempfinden können. Des besseren Verständnisses wegen und zum Vergleich mit Farbenumfängen von Druckern ist in Abbildung 101 auch der Farbenumfang eines Monitors der belgischen Firma Barco Graphics als CIE LAB-Projektionsfläche wiedergegeben. Diese Firma weist allerdings zu Recht darauf hin, daß eine solche Darstellung einen unvollständigen Eindruck über den Farbenraum eines Ausgabegerätes vermittelt, was aber auch schon zu Beginn dieses Abschnittes angemerkt wurde. Will man den CIE-Empfehlungen folgen, bleibt die Dimension der Helligkeit unberücksichtigt. Für einen globalen Eindruck und einen Vergleich von Farbenumfängen reicht diese Ansicht aber aus.

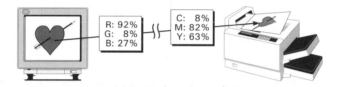

Abb. 102: Rechnerische Umsetzung der RGB-Farben in CMY-Werte ohne Referenz

Es ist zwar allgemein bekannt, daß Bildschirme eine sehr große Farbmenge darstellen können. Aber welche Unterschiede die meßtechnische Analyse hervorbringt, ist schon überraschend. Die Primärfarben eines Monitors – Rot, Grün und Blau – sind sehr stark ausgeprägt, während die Sekundärfarben Cyan und Gelb schwächer als bei vielen Druckern erzeugt werden. Lediglich Magenta sticht noch hervor. Solche intensiven Rot-, Grün,- Blau- und Magentatöne können von den Druckern überhaupt nicht nachempfunden werden. Der blasse Eindruck mancher Farbausdrucke ist nicht mehr verwunderlich. Auf der anderen Seite kann ein Monitor die Cyan- und Gelbtöne, die die meisten Drucker reproduzieren können, nicht abbilden. Der Wunsch, die Druckerfarben gleich auf dem Bildschirm erscheinen zu lassen und aus einem RGB-Gerät ein CMYK-Gerät zu machen, kann nur unzureichend erfüllt werden. Eine komplizierte Vorgehensweise ist also nötig, wenn Farbenräume unterschiedlicher Farbmischsysteme aufeinander abgestimmt werden sollen. Nach Ansicht von Spezialisten kommen spezielle Farbmanagementprogramme, die sich auf CIE-Referenzmodelle beziehen, diesem Ziel bereits sehr entgegen, wie im folgenden Abschnitt näher erläutert wird. Herkömmliche Umsetzungen zwischen Farbsystemen ließen die Eigenschaften der beteiligten Geräte außer acht. Nach einem einfachen Schema und ohne Bezug auf eine Referenz wurden RGB-Daten in CMY-Daten umgerechnet (siehe Abbildung

102). Theoretisch funktioniert das, praktisch entstehen aber aufgrund der individuellen Farbenräume der einzelnen Geräte Unterschiede, wie soeben eingehend erörtert wurde. Will man beispielsweise alle Farben, die ein Farbscanner oder -monitor beherrscht (RGB), auf einen Drukker übertragen (CMY), so sind einige Farben nicht darstellbar. Es sind die Farben, die außerhalb des Drucker-Farbraumes, aber innerhalb des Scanner- oder Bildschirm-Farbraumes liegen. Was macht man dann mit diesen Farben? Diese Problematik zu lösen und zur Zufriedenheit der Anwender zu klären, das ist die Aufgabe von sog. Color Matching Systemen. Dabei ist es grundsätzlich falsch und unvollständig, Farbmanagement nur im Zusammenhang mit der Farbausgabe zu sehen. Denn es beginnt bereits bei der Bildabtastung mittels Scanner oder digitaler Kamera, setzt sich fort bei der Datenverarbeitung im Computersystem und endet mit der Abbildung am Monitor oder mit dem Ausdruck. Daher werden diese anderen Systemeinheiten, wenn erforderlich, in die Überlegungen und Erläuterungen mit einbezogen.

5.6 Farbmanagement-Prinzip

Zielsetzungen

Es gibt mehrere Zielsetzungen für den Einsatz eines Farbmanagement-Systems. Einmal ist es der Wunsch, die Farbtöne und -verläufe, die man am Bildschirm für eine Geschäfts- oder Präsentationsgrafik gewählt hat, in gleicher Weise auf das Papier oder die Overheadfolie zu übertragen. Andere möchten die Farbcharakteristik eines anderen Ausgabegerätes auf einem Farbdrucker simulieren. Und schließlich besteht die Forderung, den Gesamteindruck eines Farbbildes unabhängig von den beteiligten Komponenten innerhalb einer Farbverarbeitungskette konstant zu halten. All diese Dinge sind ohne einen softwaremäßigen Eingriff in die Farbenparameter nicht durchzuführen. Ein Farbmanagement-System ist also die zentrale Funktionseinheit für das Anpassen, Adaptieren und Übertragen von Farbenräumen, die von unterschiedlichsten Systemen stammen, mit dem Ziel, jederzeit wiederholbare und vorhersehbare Farbreproduktionen zu erzeugen. Es gilt, die geräteabhängigen Farben unterschiedlicher Eingabe- oder Bildschirmsysteme in die geräteabhängigen Farbenräume von Ausgabesystemen zu überführen und abzubilden, ohne daß der Farbeindruck verändert wird. Wenn diese Geräte über manchmal sehr unterschiedliche Farbenräume verfügen, scheint die Aufgabe unlösbar zu sein. Denn wie will man eine Farbe darstellen, die das Produkt überhaupt nicht kennt? Wenngleich diese Aufgabe gut bis zufriedenstellend gelöst werden kann, ist sie besser lösbar, je größer der Farbumfang ist.

Prinzipieller Ablauf

Der prinzipielle Ablauf eines Farbmanagementverfahrens ist einfach zu erklären. Alle beteiligten Farbverarbeitungskomponenten besitzen, wie

5.6 Farbmanagement-Prinzip

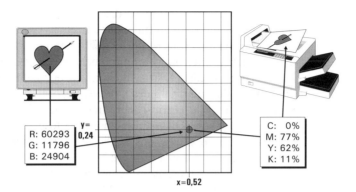

Abb. 103:
Umsetzung der RGB-Farben mittels Farbraumtransformation in CMY-Werte mit CIE-Referenzmodell

bereits eingehend behandelt, eine Farbwiedergabecharakteristik sowie einen Farbenumfang, der gerätespezifisch (geräteabhängig = *device dependent*) ist. Die gerätespezifischen Farben werden nun mit den Farbmaßzahlen eines der genormten geräteunabhängigen (device independent) CIE-Farbmodelle beschrieben und können dadurch neutral bewertet werden. Eine Übertragung der Farben einer Systemeinheit in die Farben einer anderen Systemeinheit ist so möglich. Abbildung 103 verdeutlicht dieses. Um die Beschreibung der Farben eines Gerätes mit den metrischen Größen eines CIE-Modells durchführen zu können, ist eine sogenannte Farbcharakterisierung notwendig. Dazu muß der Farbraum des Gerätes ermittelt oder erschlossen werden. Man könnte sich vorstellen, alle von einem Gerät beherrschbaren Farben und Farbkombinationen mit CIE-Maßzahlen auszudrücken und in eine Übersetzungstabelle einzugeben. Damit wären Farbenumfang und Wiedergabecharakter erfaßt. CIE-Farbräume sind jedoch analoge Modelle, die Zahl der Farben geht ins Unendliche. Eine digitale Farbraumbeschreibung müßte also die Anzahl der numerischen Farbkombinationen eines analogen Modells beinhalten, die ein RGB- bzw. CMYK-Gerät verarbeiten kann. Diese Zahl kann z. B. bei einem Drucker zwischen mehreren Tausend und 16,7 Millionen betragen. Weiterhin müßte noch definiert werden, wie das Gerät mit Farben umgeht, die es zwar nach CIE-Definition gibt, die es aber nicht verarbeiten kann. Eine solche Übersetzungstabelle würde ungeheure Ausmaße annehmen und das System blockieren. Ferner ist eine Gerätecharakterisierung nach derartigem Schema zu aufwendig und damit unbezahlbar. Es ist aber auch unnötig. Denn ein zu reproduzierendes Bild weist niemals alle möglichen Farben des Spektrums oder eines Ausgabegerätes auf. Das Ziel gilt als erreicht, wenn die tatsächlich vorhandenen Farben, die lediglich eine Auswahl der möglichen Farben darstellen, bestmöglich nachempfunden werden. Da aber jedes Bild eine andere Farbenauswahl repräsentiert, müssen quasi „Farben auf Bedarf" in Übereinstimmung mit der Originalvorlage generiert werden.

Farbcharakter und Geräteprofil

Hersteller von Farbmanagementprogrammen bedienen sich der Methode, einige wenige Farborte festzulegen, die über den gesamten Farbraum verstreut sind, und diese farbmetrisch zu erfassen. Diese Farben dienen als Ausgangspunkte eines Farbprofils für ein Ein- oder Ausgabegerät. Solche direkt ermittelten Farborte sollten so gewählt sein, daß die Distanz zwischen Nachbarorten nicht allzu groß und visuell gleichabständig ist. Denn dann können bei Bedarf Zwischenwerte errechnet werden, was den Gesamtaufwand für ein Geräteprofil sehr einschränkt. Die Rechenalgorithmen für diese Art der Annäherung müssen wiederum einen Kompromiß eingehen, der sich aus der Genauigkeit der Berechnung und dem Zeitaufwand dafür ergibt. Häufig sind mehrere Algorithmen integriert, um dem Anwender ein Maximum an Auswahlmöglichkeiten zu bieten. Er kann so den Grad der Farbabstimmung selbst wählen. Das Farbprofil oder Geräteprofil (*Device Profil*) enthält noch weitere Einzelheiten über das Farbverhalten des entsprechenden Gerätes, denn dieses wird beeinflußt beispielsweise durch die Sättigung der primären und sekundären Prozeßfarben, Gradation, Mischfarben, Gerätekalibration, das Weiß des Druckmediums, usw. Es hat sich in der Praxis herausgestellt, daß Farbtransformationen mit derart aufgebauten Geräteprofilen für die meisten Ein- und Ausgabegeräte präzise und schnell genug sind. Das Datenformat der Farbwerte eines Geräteprofils entspricht dem gewählten Farbmodell. In Apples ColorSync wird beispielsweise das Modell CIE (x, y) 1931 zugrunde gelegt, die Farbwerte des Geräteprofils haben daher das Zahlenformat des chromatischen Diagramms von 1931, das im Kapitel „Farbe" näher erläutert wurde. Andere Hersteller ziehen das ebenfalls in diesem Kapitel behandelte CIELAB-Modell vor. Die Geräteprofile verwenden dann ein Zahlenformat, das den Wert der Helligkeit L^* und die Werte der Koordinaten a^* und b^* berücksichtigt.

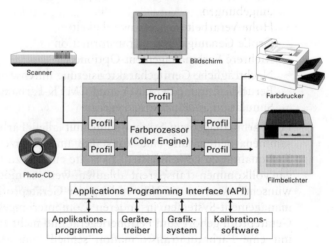

Abb. 104: Funktionsschema eines Farbmanagement-Programmes

5.6 Farbmanagement-Prinzip

Farbraumtransformation mittels Farbprozessor

Neben den Geräteprofilen wird eine Software benötigt, welche die Verbindung zur Farbgrafikapplikation oder zum Betriebssystem herstellt und die Verwaltung der Farbdaten und Geräteprofile und den gesamten Farbmanagementprozeß vornehmen muß. Diese Software wird häufig als Farbprozessor oder Color Engine bezeichnet. Sie sitzt, je nach Verfahren, im Betriebssystem oder im Drucker oder läuft als eigenständige Applikation. Abbildung 104 zeigt ein Funktionsschema eines solchen Farbprozessors und sein Zusammenspiel mit den Geräteprofilen. Während einer Farbraumtransformation von Bilddaten, die beispielsweise von einer Photo-CD oder einem Scanner stammen, werden die Farben entsprechend dem Geräteprofil in den geräteunabhängigen CIE-Farbraum übertragen. Weil dieser immer größer ist als der Gerätefarbraum, können alle Farben ohne Verlust mit CIE-Farbmaßzahlen beschrieben werden. Dieser Schritt ist also der einfachere. Für eine Überführung der CIE-Farbwerte in geräteabhängige Farbwerte von Ausgabegeräten (beispielsweise eines Druckers) finden komplexere Vorgänge statt. Sie lassen sich dadurch begründen, daß die gerätespezifischen CMYK-Farbräume kleiner sein und auch voneinander abweichen können. Dieser Schritt ist also der schwierige Teil des Farbmanagement-Prozesses. An dieser Stelle gilt es, die Probleme zu lösen, die dann entstehen, wenn die transformierten CIE-Farben außerhalb des Gamuts des Ausgabegerätes liegen.

Anforderungen an Farbmanagement-Verfahren

Damit sich die Zielsetzungen an ein Farbmanagement-System überhaupt erreichen lassen, sind einige Anforderungen zu stellen. Die folgende Aufzählung nennt einige Kriterien, die sicherlich noch erweiterbar sind:
- Kompatibilität mit vielen Programmen
- Einfache Bedienung
- Flexible Verwendung der Geräteprofile auch in anderen Computerumgebungen
- Hohe Verarbeitungsgeschwindigkeit
- Große Genauigkeit der Transformation
- Mehrere Farbmanagement-Optionen
- Nachträgliche Gerätecharakterisierung durch den Anwender
- Berücksichtigung der CMY- und CMYK-Farbausgabe
- Simulation anderer Ausgabegeräte

Ein Farbmanagement-System sollte mit allen Farbanwendungen zusammenarbeiten, um eine konstante und jederzeit reproduzierbare Farbqualität zu gewährleisten. Es sollte einfach zu bedienen sein oder gar vollkommen transparent ablaufen, wenn es möglich ist. Sicherlich wünschenswert ist die Verwendung der Geräteprofile auch mit Farbmanagement-Systemen in anderen Computerumgebungen. Denn ein Geräteprofil gehört zum Peripheriegerät und nicht zum Computer. Damit eine Farbraumtransformation schnell vonstatten geht und der

Rechner nicht über Gebühr dafür in Anspruch genommen wird, ist eine hohe Verarbeitungsgeschwindigkeit des Prozesses gefordert. Scheinbar im Widerspruch dazu steht der Wunsch nach hoher Genauigkeit der Farbraumumsetzung. Diese ist aber für die Zielsetzung unverzichtbar. Um einen guten Kompromiß zwischen der Genauigkeit der Umsetzung und der Rechenzeit dafür anzubieten sind mehrere Farbmanagement-Optionen wünschenswert. Ein überaus kritischer Punkt bei Farbperipherieprodukten wie Scanner oder Drucker ist die Farbstabilität. Solche Geräte haben die Angewohnheit, ihren Farbcharakter über einen längeren Zeitraum zu ändern. Daher sollten alle beteiligten Komponenten vor Ort individuell angepaßt bzw. charakterisiert werden können, um Fluktuationen ausgleichen zu können. Außerdem müssen bei Farbdruckern die möglicherweise variierenden Farbmittel Tinte, Wachs, Toner und verschiedene Empfängermaterialien eingemessen werden. Je nach Anwendung und verwendetem Ausgabegerät wird der Drei- oder Vierfarbendruck bevorzugt, daher sollte er vom Farbmanagement-System unterstützt werden. Schließlich sind Simulationen der Farbräume anderer Geräte eine große Hilfe, um einen Eindruck zu erhalten, wie beispielsweise ein Farbdruck auf einer Druckmaschine aussehen würde.

Ganz allgemein kann empfohlen werden, die Gesichtspunkte, unter denen ein Color-Matching-Verfahren angewendet wird, besonders kritisch zu betrachten. Sie betreffen die Gerätecharakterisierung auf der einen Seite sowie die eigentliche Applikation des Farbmanagement-Prozesses auf der anderen Seite. Man sollte sich über einige Sachverhalte im klaren sein, die mit der Präzision eines Farbmanagement-Verfahrens zu tun haben. Daran sind mehrere Vorbedingungen geknüpft und unterschiedlichste Komponenten beteiligt. Color Matching beginnt bereits mit dem Ermitteln des Farbcharakters eines Ein- oder Ausgabegerätes und endet mit einem Druckergebnis. Ein Geräteprofil eines Druckers beispielsweise kann nur so genau sein wie seine Farbkonstanz und Reproduktionsgenauigkeit. Einige Drucker produzieren sogar innerhalb einer Seite keine konstanten Farben, was sich durch ein ΔE bemerkbar macht, das weit außerhalb der Genauigkeit von Farbmanagement-Verfahren liegt. Oder man ist auf Farbprofile von Geräten angewiesen, deren Farbtransferverhalten (Gradation, Gamma-Werte), das während der Charakterisierung vorlag, gänzlich unbekannt ist. Was hilft es dann, wenn irgendwo ein Drucker besonders präzise eingemessen wird, aber beim Anwender Abweichungen auftreten, die gar nicht berücksichtigt werden können. Beispielsweise wurden während der Farbmessungen der Farbwertetabelle, deren Farbenumfang in Abbildung 97 auf Seite 172 dargestellt ist, mehrere 100%-Gelbflächen ausgemessen, die auf dem Druckbogen an unterschiedlichen Stellen positioniert waren. Dabei ergaben sich ΔE-Werte

5.6 Farbmanagement-Prinzip

von > 6. Welche Gelbfläche soll nun für ein Farbprofil aufgenommen werden? Da ist es am sichersten, wenn man selbst ein Geräteprofil seines Druckers anfertigt, der vorher kalibriert wurde und später nicht mehr angetastet wird.

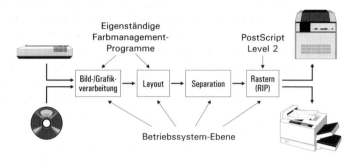

Abb. 105:
Lösungsansätze für Farbmanagement innerhalb der Stufen einer Farbverarbeitung

Farbmanagement mit eigenständiger Applikation

Auch die gesamte Farbmanagement-Anwendung ist angesichts des hohen Aufwandes, der dahinter steckt, kritisch zu betrachten. Dabei wäre es falsch, das Farbmanagement nur im Hinblick auf die Farbausgabe zu sehen. Diese kann, wie bereits vorgestellt, auch mit Mitteln der Kalibration auf die Anwendungsbelange abgestimmt werden. Vielmehr müssen alle Komponenten eines Farbbearbeitungssystems einbezogen und jeder Schritt der Farbanpassung beachtet werden, denn es sollen ja nicht nur Druckdaten, sondern die Farbdaten des Gesamtsystems geräteneutral behandelt werden. Dies war bislang aber innerhalb offener Computersysteme mit einigen Schwierigkeiten verbunden. Ein Grund lag sicherlich darin, daß viele unterschiedliche Lieferanten von Hard- und Softwarekomponenten unter einen Hut zu bringen sind, um eine systemübergreifende Farbbehandlung durchzusetzen. Auch sind Lösungen zur Durchführung der Farbraumtransformationen noch relativ jung, sie waren bisher in zwei unterschiedlichen Anwendungsformen vorhanden. Schematische Ansätze für solche Lösungen sind in Abbildung 105 dargestellt. Die ältere ist die eines eigenständigen Programmes, das neben der Farbgrafikapplikation im Rechner abläuft und die Farbdaten von dieser Applikation erhält und umsetzt. Dazu muß weder im Betriebssystem des Rechners noch im Ein- oder Ausgabegerät eingegriffen werden. Solche Farbmanagement-Programme sind bereits seit längerer Zeit in High-End-Farbreproduktionsumgebungen vorhanden, sind aber meist geschlossen in ihrer Art. Sie stammen meistens von Hardware-Herstellern, die hauptsächlich ihre eigenen Geräte integriert haben oder bestimmen, welche Geräte berücksichtigt werden. Seit aber zunehmend systemübergreifende Standardprodukte in der Farbgrafikverarbeitung verwendet werden, sind auch einige offene Farbmanagementprogramme erhältlich, allen voran Agfa FotoTune und EfI Cachet, das zu den ersten zählte und besonders in den USA eine weite Verbreitung erfahren hat. Ein eigenständiges Farbmanagementprogramm kann allerdings nicht generell die Farben im System geräteneutral verwalten. Vielmehr greift es in eine Applikation ein und verändert deren Farbdaten. Es ist somit nur eingeschränkt nutzbar und häufig nur für eine spezifische Rechnerumgebung verfügbar. Da das Farbmanagement im Computer stattfindet, wird dessen Rechenleistung für die Farbtransformationen benötigt.

Farbmanagement mit PostScript Level 2

Eine weitere Variante ist Bestandteil der Seitenbeschreibungssprache PostScript Level 2 von Adobe und bedient sich der Rechenleistung des Druckers, sofern er über einen solchen RIP verfügt. Dadurch wird zwar der Computer entlastet, und das Farbmanagement ist unabhängig von der Computerumgebung und quasi portabel. Aber es ist eben nur auf die Farbausgabe beschränkt.

Farbmanagement im Betriebssystem

Daher war sich die Fachwelt einig, daß eine Einbettung von Farbmanagement-Methoden in das Betriebsystem der beste Lösungsansatz wäre. Denn dann könnten die Farben im gesamten Rechnersystem grundsätzlich geräteneutral behandelt werden. Auch könnten uneingeschränkt alle an einem System beteiligten Hard- und Softwarekomponenten darauf zugreifen. Allerdings ist auch hier wieder die Beschränkung auf eine bestimmte Rechnerumgebung vorhanden. Einen Vorstoß dieser Art machte die Firma Apple vor etwa zwei Jahren, als sie mit ColorSync eine Erweiterung des Macintosh-Betriebssystems vorstellte. Die erste, immer noch aktuelle Programmversion ist zwar noch mit einigen Einschränkungen behaftet. Apple arbeitet aber bereits seit längerer Zeit an der Nachfolgeversion, die bereits angekündigt wurde, aber zur Zeit (Ende 1994) noch nicht verfügbar ist.

Allen Verfahren gemein ist das Ziel, das mit dem Management der Farben erreicht werden soll, sowie die prinzipielle Funktionsweise. Häufig wird dieses Bestreben mit der echten Übereinstimmung des Farbenumfangs unterschiedlicher Geräte gleichgesetzt, der Ausdruck Color Matching ist vielen dafür ein Begriff. Diese Übereinstimmung kann zwar auch häufig erfolgen, und zwar für die Farben oder Bereiche der Farbräume, die sich decken. Wenn jedoch einige Farben, die beispielsweise ein Monitor abbilden kann, außerhalb des Farbraumes eines Druckers liegen, so können diese unmöglich von ihm zu Papier gebracht werden, und eine Farbübereinstimmung ist nicht möglich. Ein Farbmanagementsystem verfolgt daher neben der echten Deckung von Farben einige andere Ziele, die sich leichter realisieren lassen und trotzdem eine Farbharmonisierung bewirken. Die Hersteller haben sinnvollerweise bis zu vier Wahlmöglichkeiten vorgesehen, die nach verschiedenen Kriterien Farbanpassungen vornehmen. Sie beziehen sich auf die Fähigkeiten der im System beteiligten Komponenten, auf die Ausrichtung der Farbgrafikanwendung selbst, sowie auf den Anspruch der Benutzer. Ein wichtiger Belang der Anwender und auch der Hersteller von Farbperipherieprodukten wurde aber von allen Lösun-

5.6 Farbmanagement-Prinzip

gen bisher völlig außer acht gelassen. Er betrifft die Kompatibilität der Verfahren untereinander. Jede Lösung, ob Efi Cachet, Agfa FotoTune oder ColorSync, verlangt nach eigenen Geräteprofilen. Diese werden nach mehr oder weniger komplizierten Verfahren ausschließlich von den Herstellern der Lösungen bzw. ihrer autorisierten Vertreter gefertigt, häufig ist ein finanzieller Aufwand damit verbunden. Um so begrüßenswerter sind die jüngsten Bestrebungen einiger führender Hersteller, eine Standardisierung der Geräteprofile herbeizuführen. Diese bleiben auf Dauer nicht ohne Auswirkungen auf Farbmanagement-Produkte, und bevor verschiedene Lösungsansätze für Farbmanagement-Verfahren anhand aktueller Praxisbeispiele erläutert werden, soll kurz auf diesen neuen Trend eingegangen werden.

5.6.1 International Color Committee (ICC)

Unter Führung der deutschen FOGRA, Forschungsgesellschaft Druck, haben einige namhafte Hersteller im April 1993 während der FOGRA-Konferenz in München die Bildung eines Komitees beschlossen, das die Geräteprofile und das Datenformat systemübergreifend adaptieren will. Möglicherweise wird die Gruppe noch einige Male ihren Namen ändern, wie das in der Vergangenheit schon häufiger vorgekommen ist. Doch wurde dadurch bisher die zielstrebige und äußerst fruchtbare Arbeit nicht behindert. Die Gründungsmitglieder sind Apple, Adobe, Agfa-Gevaert, Kodak, Microsoft, Silicon Graphics, Sun und Taligent. Taligent ist eine Joint-Venture-Softwarefirma, die von Apple, Hewlett Packard und IBM gegründet wurde, um ein neues Betriebssystem für die PowerPCs und -Macs zu entwickeln. Alle diese Hersteller bemühen sich um die Integration von Farbmanagement-Routinen in die verschiedenen Betriebssystemoberflächen, die ein und dasselbe Geräteprofilformat unterstützen, eben das ICC-Profilformat. Farbprodukte müssen dann nur noch einmal charakterisiert werden, und das Geräteprofil sorgt dafür, daß in den verschiedenen Computerumgebungen identische Farbqualitäten erzeugt werden können. Interessant für viele PC-Anwender erscheint in diesem Zusammenhang, daß Microsoft ein Farbmanagement im Windows-Nachfolger Chicago fest eingeplant hat. Die Aktivitäten des International Color Committee kann man als einen bedeutenden Schritt in Richtung Industriestandard bezeichnen. Dieser mehr oder weniger politische Aspekt wird sicherlich einen großen Einfluß auf zukünftige Farbmanagement-Implementierungen haben, die heute noch als eigenständige Applikationen ablaufen. Farbmanagement wird in ein paar Jahren – so lange wird es sicherlich noch dauern, bis Betriebssysteme und Applikationen entsprechend eingerichtet sind – vollkommen transparent und zudem plattformübergreifend funktionieren. Dennoch empfiehlt es sich, die heutige Verfahrensweise und besonders die Erstellung der Geräteprofile aufzuzeigen. Denn sie wird noch eine Zeitlang Bestand haben.

5.7 Agfa FotoTune

Diese eigenständige Farbmanagement-Implementierung der in Belgien beheimateten Firma Agfa-Gevaert gibt es auch in einer Windows-Version, was den Ausschlag für die kurze Abhandlung im Rahmen dieses Buches gab. Wie bereits angedeutet, kann die Forderung nach Unterstützung aller in einem System vorhandenen Farbapplikationen mit einer solchen Architektur nur eingeschränkt erfüllt werden. Deshalb hat Agfa sich zunächst auf den professionellen Farb-DTP-Markt konzentriert. Die erste Version FotoTune 1.x wurde im Frühjahr 1993 vorgestellt, und inzwischen ist der Nachfolger FotoTune 2.0 angekündigt, der im Frühjahr 1995 erscheinen soll. Diese neue Basisversion soll durch eine Professional-Version ergänzt werden. Damit lassen sich Ausgabegeräte vom Anwender selbst charakterisieren, eine Notwendigkeit besonders für die professionellen Anwender. FotoTune benutzt generell das CIELAB-Farbmodell als Referenzmodell, das bereits für die Abbildungen der Druckerfarbräume benutzt wurde.

IT8.7/1 und IT8.7/2 Besonderes Augenmerk legt Agfa auf die Charakterisierung der am Farbmanagement beteiligten Geräte. Die Vorlagen und Druckdateien für das Einmessen der Scanner oder Drucker sind standardisiert. Die Standardisierung wurde von einem ANSI-Gremium vorgenommen, das sich IT8 nennt. ANSI steht für American National Standardisation Institute, ist also das nationale Normeninstitut der USA. Das IT8-Gremium beschäftigt sich mit Standards im Zusammenhang mit Farbgrafikanwendungen. Drei dieser Standards legen Vorlagen zur Scannercharakterisierung und Bilddaten zum Erstellen von Geräteprofilen für Farbdrucker fest. ANSI IT8.7/1-1993 und ANSI IT8.7/2-1993 sind Vorlagen zur Scannercharakterisierung und stehen als Durchsichts- und Aufsichtsvorlage zur Verfügung (siehe Farbtafel 8). Sie enthalten Farbmuster, die zwar der Einfachheit halber nach dem CIELCH-Standard definiert sind, sich aber leicht in den von Agfa bevorzugten CIELAB-Farbraum umrechnen lassen. Die Farbmuster und ihre Farbwerte sind größtenteils festgelegt, einige andere Bereiche sind vom Hersteller der Vorlage frei wählbar und können beispielsweise auch ein hochwertiges Farbbild enthalten. Für FotoTune wurden ausschließlich quadratische Farbfelder gewählt, und zwar 264 Stück, die in 22 senkrechten Spalten (1 – 22) mit jeweils 12 Feldern (A – L) den CIELAB-Farbraum ausreichend gut repräsentieren. Der Bereich zwischen A13 und L19 enthält die Grundfarben RGB und CMYK in 12 linearen Stufen, die von der minimalen Sättigung (Weiß) bis zur maximalen Sätti-

5.7 Agfa FotoTune

gung reichen. Damit kann bereits eine sehr gute Aussage über die Linearität des Gerätes getroffen werden. Wie ein Scanner auf Mischfarben reagiert, wird anhand der Farbfelder im Bereich zwischen A1 und L12 ermittelt. Die Mischfarben berücksichtigen 12 Farbtöne, die im LAB-Kreisdiagramm gleichmäßig verteilt und in drei verschiedene Helligkeitskategorien eingeteilt sind, die bei $L^* = 15\text{-}20$, $35\text{-}60$ und $70\text{-}80$ liegen. Innerhalb der Helligkeitsstufen sind die 12 Farbtöne zudem mit jeweils vier Sättigungsgraden vorhanden. Die allgemein schwierig darstellbaren Haut- und Naturfarben werden mit Farbfeldern im letzten Bereich zwischen A20 und L22 erfaßt. Diese 264 Farbmuster reichen tatsächlich aus, um einen Scanner zu charakterisieren und ein Geräteprofil anzufertigen. Werden die Muster gescannt, erhält man entsprechende gerätespezifische Farbwerte (Ist-Werte), die nun mit den in digitaler Form vorliegenden Werten derselben Farbmuster (Soll-Werte) verglichen werden können. Die Abweichung der Ist-Werte von den Soll-Werten ergibt einen Aufschluß über den Farbraum und -charakter eines Scanners. Damit wäre der erste Teil eines Geräteprofils, eine Art Farbumsetztabelle (*Color Look-up Table*), komplett. Der zweite Teil behandelt die Interpolationen, also mathematische Algorithmen, die für die Berechnung der Zwischentöne verwendet werden müssen. Diese Algorithmen berücksichtigen lineare und nicht-lineare Umsetzungen, sind aber im einzelnen Firmen-Knowhow, das nicht veröffentlicht wird. Denn dahinter verbirgt sich die Präzision und Schnelligkeit eines Farbmanagementsystems.

Charakterisierung von Scannern

Damit der Benutzer seinen Scanner charakterisieren kann, wann immer es nötig wird oder er es wünscht, liefert Agfa die IT8.7/1- und IT8.7/2 Vorlagen gleich mit. Sie werden als Aufsicht- oder Durchsichtvorlage auf den Scanner gelegt und abgetastet. FotoTune enthält ebenfalls die Datei dieser Vorlagen und kann somit die Unterschiede des gescannten Bildes mit den digitalen Originaldaten vergleichen und ein Geräteprofil erstellen. Agfa stellt zudem ein farbenintensives Foto separat zur Verfügung, damit man sich anhand eines praktischen Beispiels von der Qualität der Charakterisierung überzeugen kann. Die IT8.7/1 Durchsichtvorlage ist nichts anderes als ein 35 mm Farbdia, mit dem sich Dia-Scanner charakterisieren lassen. Aber auch um den Farbcharakter einer Photo-CD zu ermitteln, eignet sich das Dia. Dazu gibt man es zusammen mit seinen Diapositiven ins Labor, das auch die IT8.7/1-Vorlage digitalisiert und auf der CD ablegt. Von der Vorlage besitzt man ja die digitale Referenz, und aus dem Vergleich mit der Version der Photo-CD läßt sich die Abweichung und somit das Farbprofil der CD und aller darauf befindlichen Bilder ermitteln.

Die Charakterisierung von Druckern wird je nach FotoTune-Version etwas unterschiedlich ausgeführt. Für die neue Version 2.0 erstellt Agfa selbst die Farbprofile (die frühere Bezeichnung *ColorTag* wird aufgegeben) nach einem einfachen Muster ähnlich der Version 1.x, das für die meisten digitalen Farbdrucker gute Ergebnisse liefert. Die Professional-Version verwendet jedoch ein anderes Testbild, das als ANSI IT8.7/3-1993 standardisiert und auf Farbtafel 8 gezeigt ist. Es ist weitaus umfangreicher, denn es läßt sich für alle Drucker und Druckverfahren bis hin zum Offsetdruck verwenden und berücksichtigt den Drei- und Vierfarbendruck (CMY und CMYK) gleichermaßen sowie spezielle Aspekte wie z. B. Punktzuwachs oder Farbdichte. Zudem erhält der Benutzer mit dieser Version ein Werkzeug, mit dem er selbst eine Charakterisierung durchführen kann, wenn er es für nötig hält. Dafür sind insgesamt 928 Farbfelder vorgesehen, die nicht nur der Ermittlung des Farbenraumes dienen, sondern auch zur Kalibration von Filmbelichtern und digitalen Druckmaschinen herangezogen werden können. Für die Farbraumbestimmung reicht ca. die Hälfte der Farbfelder aus. Darunter befinden sich Farbmuster, welche nur gesättigte Farben mit unterschiedlicher Helligkeit besitzen, also am Rand des CIELAB-Farbraumes liegen. Einige andere enthalten einen Schwarzanteil von 20%, und wieder andere stellen das Wiedergabeverhalten von weniger gesättigten und dunkleren Farbtönen fest. Selbstverständlich sind auch wieder lineare Abstufungen der primären und sekundären Prozeßfarben sowie Natur- und Hautfarben enthalten.

Charakterisierung von Druckern

Um ein Farbprofil für ein Farbausgabegerät zu erstellen, wird das Testbild als Datei zum Drucker übertragen und ausgedruckt. Anschließend werden die Farbfelder mit einem Colorimeter oder Spektralphotometer farbmetrisch erfaßt, die Abweichung zur Testdatei festgestellt und in das Profil übertragen. Dieses Profil besteht ähnlich wie das Scannerprofil wiederum aus der Color Look-up Table und den Rechenalgorithmen für die Zwischenwerte.

Während Farbprofile für Monitore bisher nach einem anderen Kriterium unter Mitwirkung der Hersteller angefertigt werden, ist es zukünftig möglich, eigene Profile zu erstellen. Sie basieren dann auf denselben Parametern, die im Monitor-Setup von Photoshop verwendet werden.

Soviel zu den Farbprofilen von FotoTune. Der Farbmanagement-Prozeß selbst wird von der Applikation FotoTune durchgeführt.Da FotoTune nicht Bestandteil des Betriebssystems ist, muß es eine Verbindung zur entsprechenden Farbgrafikapplikation entsprechend dem Schema in Abbildung 105 eingehen. Programme, die dieses erlauben, sind z. B. das Bildverarbeitungsprogramm Photoshop von Adobe und das Satz- und Layout-Programm Quark Xpress. Beide Programme haben sich zu Standards in der Macintosh-Umgebung hochgearbeitet. Die sog. Auto-Color Engine, das Herz von FotoTune, schafft die Verbindung zur Farbgrafikapplikation und zum Betriebssystem.

5.7 Agfa FotoTune

Die Bearbeitung eines Bildes erfolgt normalerweise an einem Bildschirm mit den RGB-Daten eines Eingabesystems. Um diese Daten in den geräteunabhängigen CIELAB-Farbraum zu überführen, muß die Bildquelle bekannt sein. Denn mit der Bildquelle kann das entsprechende Farbprofil ausgewählt werden, das die Bilddaten vom Farbraum eines Scanners, einer digitalen Kamera oder einer Photo-CD in den CIELAB-Farbraum transformiert.

ColorLinks Für eine optimale Bildbearbeitung muß der Monitor nach den gleichen Kriterien kalibriert sein, nach denen das Monitorprofil angefertigt wurde; denn sonst stimmt das entsprechende Farbprofil nicht mit ihm überein. Dieses Profil wird nun ebenfalls selektiert. Die CIELAB-Farbdaten des Bildes müßten nun theoretisch in den Farbraum des Monitors übertragen werden, was bedeutet, daß eine zweimalige Umrechnung stattfinden würde, die zeitintensiv wäre. Um die Zeit für die Transformation so gering wie möglich zu halten, verbindet FotoTune das Farbprofil des Eingabegerätes mit dem des Ausgabegerätes zu einem sog. ColorLink. Es bedeutet soviel wie die Schaffung einer direkten Farbverbindung vom Eingabe- zum Ausgabegerät und erspart somit eine zusätzliche Farbraumtransformation. Für das Beispiel mit dem Monitor wird im Prinzip der Farbraum des Bildes (Scanner, Kamera oder CD) direkt in den Farbraum des Bildschirms umgerechnet, der das Bild dann so abbildet, wie es als Original vorliegt. Will man es danach für einen späteren Ausdruck vorbereiten, wählt man das Farbprofil des Monitors für die Eingabe, den man mit dem Farbprofil des Druckers verbindet. Damit wird eine Farbraumtransformation vom Monitor-Gamut in den Drucker-Gamut durchgeführt, und das Bild kann entweder sofort gedruckt oder in dieser Form zur späteren Weiterverarbeitung gespeichert werden. Es ist aber auch möglich, ein Bild direkt nach dem Scannen auszudrucken. Dafür wird eine Verbindung, also ein ColorLink, zwischen Scanner und Drucker hergestellt. Schließlich ist es mit den ColorLinks sogar möglich, ein Druckergebnis beispielsweise einer Offset-Druckmaschine auf einem Monitor abzubilden, bevor der Druck beginnt. Dazu werden zunächst die Bilddaten mit Hilfe eines ColorLinks zwischen Eingabegerät und Offset-Druckmaschine in den Farbraum der Druckmaschine überführt. Anschließend wird das Farbprofil der Druckmaschine als Eingabegerät mit dem des Monitors als Ausgabegerät zu einem ColorLink verknüpft, und die Bilddaten der Druckmaschine, die einen kleineren Farbraum besitzt, werden auf dem Monitor simuliert. Dies ist möglich, weil er über den größeren Farbraum verfügt.

Die Verknüpfung von Farbprofilen zu ColorLinks muß bislang manuell durchgeführt werden. Zukünftig geschieht dies aber automatisch und für den Anwender vollkommen transparent. Er wählt nur noch die Farbprofile der Ein- und Ausgabegeräte und die Applikation selbst, genauer gesagt, das Plug-in-Modul oder die Programmerweiterung (QuarkXTension z. B.) führt die Verbindung und die Umrechnung der Farbdaten aus.

Die Ergebnisse, die mit dieser Farbmanagement-Methode erzeugt werden, sind schon verblüffend. Ohne die früher häufig anzuwendende *Trial-and-Error-Methode* gelingen farbraumabgestimmte Reproduktionen bereits beim ersten Versuch, was auf eine hohe Genauigkeit der Farbabstimmung schließen läßt. Dies sind nur einige Beispiele für die Operationen, die mit einem Farbmanagement-Programm möglich sind. In FotoTune 2.0 werden zudem noch wichtige Optionen integriert, die es noch flexibler machen, einiges an Zukunftssicherheit bieten und es von einigen anderen Programmen unterscheidet. Hervorzuheben sind einige Merkmale, die hier kurz aufgelistet sein sollen.

Profile für ColorSync 2.0 (besser: ICC-Profile): Existierende und zukünftige Geräteprofile können in Profile für Apple's Color Sync 2.0 umgewandelt werden. Weil aber für ColorSync zukünftig auch die im ICC erarbeiteten Standards berücksichtigt werden sollen, wird es wohl in Zukunft nur noch mit ICC-Profil bezeichnet. Diese Konvertierung stellt eine Möglichkeit dar, zu Standardprofilen für ein bestimmtes Ausgabegerät zu kommen.

Kompatibilität mit ColorSync 2.0: Für die neue ColorSync-Version ist die automatische Anwahl einer externen Color-Matching-Methode eingeplant, wenn eine solche vorhanden ist. Dies wird im nächsten Abschnitt noch behandelt. Aufgrund der Kompatibilität wird FotoTune anstelle ColorSync aktiviert, wenn es installiert ist. Es unterstützt ferner dessen verschiedenen Farbmanagement-Optionen.

Unterstützung von PostScript Level 2: Bei Ausgabegeräten, die über den Interpreter PostScript Level 2 von Adobe verfügen, finden die Farbraumtransformationen im Gerät statt. Dafür sind jedoch sog. Color Rendering Dictionaries (CRD) notwendig. Es sind Verzeichnisse, die über Farbrasterverfahren verschiedener Geräte Aufschluß geben und, ähnlich wie ein Font, in den Drucker geladen werden können. FotoTune 2.0 und Professional verfügen über die Fähigkeit, aus den Geräteprofilen solche CRD-Dateien zu erzeugen.

Color Separation Tables: Programme wie PhotoShop, die mit Hilfe sogenannter Plug-in-Module Funktionserweiterungen wie z. B. die direkte Druckausgabe gestatten, benötigen Farbseparationstabellen. Damit werden die Farbdaten auf die Charakteristik der Ausgabegeräte abgestimmt. FotoTune 2.0 und Professional können aus den Daten der Geräteprofile solche Separationstabellen erzeugen.

RGB, CMYK, Pantone: Color Tags können aus den gerätespezifischen RGB-, CMYK- und Pantone-Datenformaten erstellt werden.

Dynamic Linking: Es ist recht einfach, eine Farbabstimmung für ein einzelnes Objekt z. B. ein gescanntes Foto in einer Bildverarbeitung, zu erzielen. Jedoch ist es mit einigen Schwierigkeiten verbunden, eine komplett montierte Seite farblich abzustimmen, wenn diese mehrere Farbobjekte enthält, die sich auf unterschiedliche Farbreferenzen beziehen. Unter Dynamic Linking versteht Agfa, die Farbprofile, die für den Entstehungsprozeß eines Objektes gewählt wurden, an die Objekte anzuhängen. Ein gescanntes Foto erhält beispielsweise den Color-Tag des Scanners, so daß für die spätere Weiterverarbeitung stets der Farbcharakter der Quelle mit einbezogen werden kann.

Gamut Alarm: Können auf dem Ausgabegerät bestimmte Farben nicht dargestellt werden, weil sie außerhalb des Farbraumes dieses Gerätes liegen, wird der Anwender darauf hingewiesen. Optional können diese Farbbereiche am Bildschirm kenntlich gemacht werden.

Wenngleich FotoTune doch auf die meisten Farbmanagement-Bedürfnisse eingeht und obendrein noch einige Sonderwünsche erfüllt, fehlt doch die Verbindung zu allen anderen Programmen eines Computersystems. Diese Verbindung ist aber auch momentan für das im Betriebssystem verankerte ColorSync 1.0 ein Problem, weil die ganz große Mehrzahl der Farbanwendungen das Einklinken einer Farbmanagement-Routine nicht erlaubt. FotoTune orientiert sich im Moment eher nach oben und ist auf den semi-professionellen und professionellen Markt der Farbreproduktionen ausgerichtet. Wünschenswert wäre es aber, jede Art von Entwurfsgrafiken, auch Geschäfts- und Präsentationsgrafiken, farblich abstimmen zu können und dies auch mit Hilfe einfacherer Farbumsetzungen, die nicht gleich den Genauigkeitsgrad erreichen müssen, der für eine Bildverarbeitung gefordert ist. Doch dieser Wunsch wird erst mit Hilfe eines Farbmanagement-Systems erfüllt, das im Betriebssystem verankert ist. Im Falle des bereits angekündigten ColorSync 2.0 wird dieses zumindest in der Apple-Betriebssystemumgebung möglich. Und aufgrund der Offenheit zu anderen sogenannten Private Color Matching Methods, also Farbmanagement-Verfahren fremder Hersteller, kann FotoTune 2.0 zukünftig umfangreicher als bislang genutzt werden.

5.8 Apple ColorSync

Apples ColorSync verfolgt ein Konzept, das in der Betriebssystemumgebung QuickDraw verankert ist, die inzwischen zur GX-Version herangereift ist. Es setzt im Anforderungskatalog eher unten an und deckt ein mittleres Leistungsspektrum ab. Die zukünftige Version ColorSync 2.0 ist sogar nach oben hin offen, indem es die Anbindung komplexerer Farbmanagement-Programme wie z. B. FotoTune erlaubt. Dadurch wird ein Höchstmaß an Flexibilität erreicht, das einer breiten Anwenderschicht zugute kommt. Mit ColorSync zeigt Apple nicht nur, daß es möglich ist, Farbdaten geräteneutral im Betriebssystem zu behandeln und zu verarbeiten. Apple beweist auch, daß es kostengünstig und nicht allzu kompliziert ist, mit minimalem Aufwand respektable Ergebnisse zu erzielen.

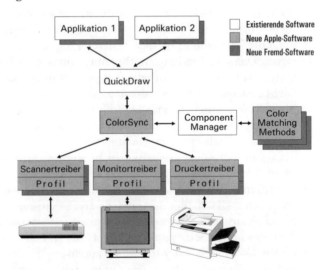

Abb. 106: Funktionsschema von ColorSync

Die prinzipielle Arbeitsweise von ColorSync ist anhand von Abbildung 106 verdeutlicht. Das Herz bildet wieder der Farbprozessor, der im Gegensatz zu FotoTune nicht in Verbindung zur Applikation steht. Als Bindeglied zwischen Anwendung und ColorSync fungiert die neue QuickDraw GX-Systemumgebung, die den Farbmanagement-Prozeß lediglich als Resource-Funktion ansieht. Entsprechende Aufrufe werden an ColorSync weitergeleitet, und QuickDraw GX stellt die Daten für eine Transformation zur Verfügung. In der alten QuickDraw-Umgebung waren dies RGB-Daten, die ColorSync 1.0 in sein Referenz-Farbmodell CIE (x,y) 1931 umrechnen mußte (mit diesem Modell ist kein Vor- oder Nachteil verbunden, denn die Datenstruktur ist direkt aus den trichromatischen Normfarbwerten X, Y und Z abgeleitet, die auch zur Umrechnung in die CIELAB-Werte dienen). ColorSync 2.0

5.8 Apple ColorSync

soll nun bis zu 16 Farbmodelle unterstützen können, unter ihnen CIELAB, CIELUV, CMYK, RGB und NTSC, das amerikanische Farbfernsehsystem. ColorSync 2.0 ist daher in der Lage, aus all diesen Farbmodellen Farbraumtransformationen durchzuführen. Apple betont, daß die Farben verschiedener grafischer Objekte innerhalb eines Dokumentes sogar in verschiedenen Farbmodellen definiert sein können.

Aufgrund der Architektur können Farbmanagement-Aufrufe von unterschiedlichen Applikationen aus erfolgen. Übertragen auf die Ablaufkette einer Bildbearbeitung nach Abbildung 105 kann ein Farbmanagement-Prozeß à la ColorSync im Gegensatz zu Plug-in- oder XTension-Methoden an unterschiedlichen Stellen stattfinden. Man hat also jederzeit die freie Wahl, an welcher Stelle mit welchen Daten gearbeitet wird. Auf der anderen Seite greift ColorSync auf die Geräteprofile zu und transformiert die Farbdaten entsprechend dem Wunsch des Anwenders. Auch hier sind wieder alle möglichen Farbraumtransformationen bis hin zur Simulation möglich.

Wem die mit ColorSync erreichbare Qualität nicht ausreicht, kann auf eine fremde Methode zurückgreifen, sofern sie zur Verfügung steht. Das ColorSync-Konzept sieht nämlich die Zusammenarbeit mit einem fremden Programm vor, indem die Farbdaten zur Transformation an das externe Farbmanagement-Programm weitergeleitet werden, das die Farbraumtransformation durchführt. Selbstverständlich werden dazu die Farbprofile des externen Programms benutzt, die unter Umständen komplexer aufgebaut sind. Die Zusammenarbeit geht sogar so weit, daß ColorSync erkennt, ob das eventuell vorhandene externe Programm alle Farbmanagement-Aufgaben, also Ein- <u>und</u> Ausgabetransformationen, übernehmen kann. Wenn dies so ist, wird generell die externe Methode benutzt, weil ColorSync davon ausgeht, daß sie eine bessere Farbübereinstimmung bietet.

International Color Committee (ICC)

Bereits im vorigen Abschnitt wurde auf ein internationales Komitee eingegangen, das sich der Standardisierung von Farbprofilen und der Implementierung von Farbmanagement-Verfahren in verschiedenen Betriebssystemen widmet. Den Anlaß dazu lieferte das Geräteprofil und die Architektur und Lösungsansätze von ColorSync 2.0. Die fundamentalen Ansätze berücksichtigen bis auf wenige Einschränkungen die auf Seite 179 genannten Anforderungskriterien an ein offenes Farbmanagement-System. Diese besonderen Merkmale sollen daher kurz aufgeführt werden.

Bestandteil des Betriebssystems: Dadurch ist sichergestellt, daß Farbdaten neutral und unabhängig von Ein- oder Ausgabegerät von allen Anwendungen in gleicher Weise behandelt werden. Die Bedienung erfolgt im Rahmen der gewohnten QuickDraw-Umgebung. Man muß sich also nicht an eine neue Bedienung gewöhnen.

Das neue Betriebssystem 7.5 mit dem neuen QuickDraw GX beinhaltet auch ColorSync, und zwar zunächst noch die Version 1.0. Sie soll in Kürze durch die Version 2.0 abgelöst werden.

Bedeutung für andere Softwarehersteller und Anwender: Softwareprodukte werden aufgewertet, weil sich die Hersteller selbst nicht mehr um Farbmanagement in ihrer Applikation kümmern müssen. Anwender erhalten zum Gratistarif ein Farbmanagementsystem mitgeliefert, das für viele Anwendungsfälle genügt. Das System eignet sich auch zur Ansteuerung der sog. QuickDraw-Printer, die komplett vom Betriebssystem und nicht von einem eigenen RIP gesteuert werden. ColorSync kann auch mit diesen preiswerten Druckerlösungen Farbmanagement durchführen.

Kompatibilität: Damit ColorSync auch mit älteren Macintosh-Modellen zusammenarbeitet, hat Apple großen Wert auf die Kompatibilität gelegt.

Farbmanagement-Optionen: Für unterschiedliche Anwendungen können die Ziele für das Farbmanagement ebenso unterschiedlich sein. In einer Bildbearbeitung benötigt man z. B. die Umsetzung eines gesamten Farbraumes, um den Farbeindruck zu erhalten. Eine große Daten- und Farbenmenge ist davon betroffen, eine hohe Leistung und Präzision des Farbmanagementsystems ist gefragt. Eine Geschäfts- oder Präsentationsgrafik erfordert dagegen den Umgang mit groben geometrischen Grafikobjekten und nur wenigen Farben, die aber leuchten sollen. Die Umsetzung der Farbdaten kann in solchen Fällen nach einem einfacheren Schema erfolgen. Entsprechend den Zielsetzungen ermöglicht ColorSync die Auswahl von vier Farbmanagement-Optionen, die sich im Ablauf und Ergebnis voneinander unterscheiden.

Faster Matching — Eine schnellere Farbabstimmung (Faster Matching) ist eine schnelle und einfache Methode, befriedigende Ergebnisse zu erzielen. Sie stellt einen guten Kompromiß zwischen der Qualität und der Geschwindigkeit der Transformation dar und benutzt hauptsächlich einfache Rechenalgorithmen für die Umsetzung der Farbdaten.

Saturation — Mit der Option Sättigung (Saturation) soll versucht werden, die Farbsättigung beispielsweise von computergenerierten Grafiken zu erhalten und dabei, wenn nötig, den Kontrast zu vernachlässigen.

Colorimetric — Die farbmetrische (Colorimetric) Methode ist die Bemühung, eine Farbanpassung nach der CIE-Farbmetrik vorzunehmen. Es wird versucht, bei der Transformation jede einzelne Farbe mit ihrem individuellen CIE-Farbwert beizubehalten. Dies ist für alle Farben einer Reproduktion möglich, die sich innerhalb des Farbgamuts des Ausgabegerätes befinden. Ist dieser Gamut jedoch kleiner, wird die nächste verfügbare Farbe ausgewählt. Das Ziel ist also, die Farbabweichung ΔE so gering wie möglich zu halten. In Abbildung 107 ist zu sehen, wie die Farbenpunkte außerhalb des darstellbaren Farbenraumes (dunkle Fläche) in diesen hinein verlegt werden. Farbwerte von Farben, die die sich innerhalb dieser Fläche befinden, werden nicht verändert. Es kann aber vorkommen, daß unterschiedliche Farben der Vorlage identisches Aussehen im Ausdruck erhalten.

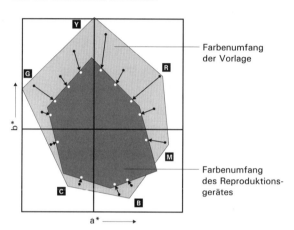

Abb. 107: Die Option Colorimetric versucht, die Farbwerte der Vorlage nach farbmetrischen Gesichtspunkten zu erhalten

Perceptual Die Wahrnehmung der Farben eines Bildes, die nicht auf Absolutwerte, sondern auf die Gesamterscheinung, also die Bewertung der Farbunterschiede zueinander ausgerichtet ist, wird mit der Option Perceptual berücksichtigt. Mit dieser Option werden nicht einzelne Farben, sondern der Gesamteindruck eines Bildes übersetzt. Die Ermittlung von Farbzwischenwerten, die nicht als Meßwert im Profil hinterlegt sind, erfordert umfangreichere Berechnungen als die anderen Methoden. Damit können aber größere Farbräume in kleinere überführt werden (Gamut Compression). Abbildung 108 verdeutlicht, wie der größere Farbenraum einer Reproduktion (helle Fläche) so lange gleichmäßig verkleinert wird, bis er in den Gamut des Ausgabegerätes (dunkle Fläche) hineinpaßt.

Offenheit nach oben: Wer mit den standardmäßigen Color-Matching-Methoden nicht zufrieden ist, kann eine umfangreichere und komplexe Farbmanagement-Methode zum Basismechanismus von ColorSync hinzufügen. ColorSync ist dafür offen. Es stellt sogar selbst fest, ob eine solche Methode existiert und verwendbar ist und wählt danach die beste Methode aus. Diese Methode könnte auch FotoTune von Agfa sein, die genauere Farbtransformationen durchführt.

Beschleunigerkarten: Um eine Transformation besonders in Verbindung mit komplexeren Farbmanagementmethoden zu beschleunigen, können Prozessorkarten installiert werden, die den Macintosh entlasten und die Farbumsetzungen durchführen. Solche Karten sollen in Kürze verfügbar sein.

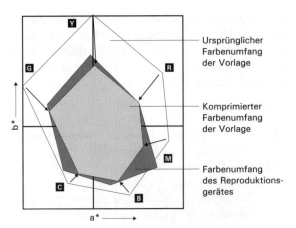

Abb. 108: Die Option Perceptual komprimiert bei Bedarf einen Farbenraum

Unterstützung von PostScript Level 2: Umfangreiche Farbtransformationen können sehr langwierig sein, und häufig ist es besser, wenn das Ausgabegerät die Farbdaten umrechnet. PostScript Level 2 beinhaltet derartige Funktionen, es wird im Anschluß an ColorSync behandelt. Um sie zu nutzen, muß aber das Farbprofil in Form einer sog. Color Rendering Dictionary (CRD) in den PostScript-Drucker geladen werden. Mit Hilfe von ColorSync können CRDs aus den Geräteprofilen erzeugt und in den Drucker übertragen werden, der dann die Farbdatenumrechnung durchführt.

Objekt- oder geräteabhängige Farben: Es gibt einige Farbmischsysteme, z. B. Pantone, deren Farbzusammenstellungen als farbmetrisch absolut anzusehen sind. Sie sind bereits auf das jeweilige Ausgabegerät abgestimmt und dürfen nicht mehr einer weiteren Umsetzung unterzogen werden. ColorSync erlaubt die Einbindung solcher Farbdefinitionen, ohne sie für das Ausgabegerät erneut zu optimieren.

Anhand der beschriebenen Merkmale ist zu erkennen, daß ColorSync 2.0 alle Basisanforderungen an ein Farbmanagement-System erfüllt und Erweiterungen für leistungsfähigere Methoden erlaubt. Man kann davon ausgehen, daß zukünftig das Farbmanagement zu einem Standardzubehör sogar preiswerter Computersysteme zählen wird.

Die benötigten Geräteprofile werden entweder von den Peripheriegeräte-Herstellern mitgeliefert oder können vom Anwender selbst erstellt werden. Entsprechende Hilfsprogramme und -mittel sind in Vorbereitung. Bereits für ColorSync 1.0 ist ein Hilfsprogramm, ein sog. Profile Maker erhältlich, welches einfach zu handhaben ist und in kürzester Zeit Geräteprofile liefert, die den Basisanforderungen genügen. Dazu wird noch nicht einmal ein Farbmeßgerät benötigt, denn man hat herausgefunden, daß ein Standard-Farbscanner bereits eine ausreichende Linearität und Farbqualität besitzt, um damit den Farbmeßvorgang durchführen zu können. Der Scanner muß natürlich vorher eingemessen werden. Das geschieht ähnlich wie bei Agfas FotoTune-Software. Ein Testbild, das auch in digitaler Form vorliegt, wird gescannt und mit der Testbilddatei verglichen. Die Abweichung ist gleichbedeutend mit dem Farbcharakter des Scanners und bildet das Geräteprofil.

Zur Charakterisierung eines Farbdruckers wird die gleiche Datei ausgedruckt, und der Ausdruck wird mit dem Scanner abgetastet, dessen Farben mit Hilfe des Scannerprofils geräteunabhängig beschrieben werden können. Somit kann auch der gescannte Ausdruck, der den Farbcharakter des Druckers repräsentiert, farbmetrisch und geräteunabhängig erfaßt werden. Daraus errechnet sich das Geräteprofil des Druckers. Diese einfache Methode erlaubt die Überprüfung und Charakterisierung der Farbverarbeitungskomponenten durch den Benutzer selbst. Er kann die Qualität seines Systems regelmäßig optimieren und dauerhaft gleichbleibende Farbverarbeitungsergebnisse abliefern, die sich im Rahmen der Leistungsfähigkeit von ColorSync bewegen. Damit ist eine weitere Anforderung an Farbmanagement-Verfahren erfüllt.

Daß dies so einfach ist, liegt aber erstens an den integrierten Farbmanagement-Methoden, die hauptsächlich einfache Rechenoperationen zur Farbtransformation benutzen. Zweitens sind die Farbprofile von ColorSync 1.0 nicht sehr umfangreich. Sie enthalten lediglich ca. 60 direkte Meßeinträge, die sich aus jeweils 10 Farbfeldern pro Farbe zuzüglich Weißpunkt (Papierfarbe) zusammensetzen. Die Farbfelder enthalten die Farbtöne der primären und sekundären Prozeßfarben CMY und RGB, die in 10%-Stufen von der minimalen bis zur maximalen Intensität aufgetragen sind und so einen Aufschluß über die Linearität geben können. Zwischenwerte und beliebige Mischfarben werden errechnet.

Um bessere Color-Matching-Resultate zu erzielen, sind die Geräteprofile von ColorSync 2.0 weitaus umfangreicher aufgebaut und können ähnlich wie die Profile von FotoTune auch als Color Look-up Table (CLT) ausgelegt sein. Darunter versteht man Tabellen zur Umsetzung von Farbwerten, die meßtechnisch und nicht rechnerisch ermittelt wurden. Solche Transformationen sind genauer, der Aufwand bei der Profilherstellung ist dafür größer. Hinzu kommt eine kompliziertere Meßtechnik, die nicht mehr so ohne weiteres vom Anwender angeschafft werden kann. Die Vorlage IT8.7/3 kann zur Gerätecharakterisierung ebenso verwendet werden wie eine andere, vom jeweiligen Hersteller einer Farbmanagement-Methode bevorzugte Vorlage. Das Profilformat von ColorSync 2.0 diente ja als Grundlage für das standardisierte ICC-Format, daher ist eine gewisse Flexibilität gefordert und auch möglich.

Bei allen Leistungsmerkmalen, die Apples ColorSync-Implementierung bietet, darf jedoch nicht vergessen werden, daß alle Prozesse, ebenso wie bei FotoTune, im Rechner stattfinden, der dann für andere Aufgaben eine Pause einlegen muß. Nach Apples Angaben beträgt die Geschwindigkeit für eine Transformation auf einem Macintosh IIci etwa 4000 Farbpixel (24 Bit) pro Sekunde. Das bedeutet eine Rechenzeit von 6 Minuten für die Transformation eines 300 dpi-Bildes von der Größe 10 x 10 cm. Selbst wenn es heute leistungsfähigere Rechner gibt, sind solche Rechner noch häufig im Einsatz. Man kann sicherlich dann und wann den Kompromiß eingehen, besonders, wenn es nicht um große Datenmengen geht, die umgesetzt werden müssen. Wenn aber häufiger umfangreiche Bildbearbeitungen oder Layout-Arbeiten durchgeführt werden sollen, ist jede Minute kostbar. Farbmanagement zu Proofingzwecken ohne Beschleunigungsprozeß durchzuführen, ist dann nicht mehr anzuraten. Eine Möglichkeit der Auslagerung dieser zeitintensiven Umsetzung bieten aber auch Farbdrucker, die über einen PostScript Level 2-RIP von Adobe verfügen. Denn diese PostScript-Version hat umfangreiche Farbmanagement-Funktionen integriert, die bei Qualitäts- und Leistungsbeurteilungen den Softwareprodukten in nichts nachstehen. Die Geschwindigkeit kann sogar weitaus höher sein, denn moderne RIPs setzen RISC-Prozessoren ein, die ein Höchstmaß an Datendurchsatz bieten. Schließlich sind sie ja speziell auf die intensiven Rechenoperationen mit den Farbgrafikdaten ausgelegt, die besonders bei Farbdruckern anfallen.

5.9 Farbmanagement mittels PostScript Level 2

Als eine neue Version der Seitenbeschreibungssprache PostScript in Angriff genommen wurde, gab es bereits eine Reihe Farbthermotransferdrucker, die mit einem auf PostScript Level 1 basierenden Raster Image Processor ausgestattet waren. Die Farbbehandlung wurde anfangs mittels spezieller, zusätzlicher Farboperatoren durchgeführt, die nicht von vornherein Bestandteil von PostScript waren. Inzwischen steht mit PostScript Level 2 eine außergewöhnliche Seitenbeschreibungssprache zur Verfügung, die auch umfangreiche Farbbehandlungsroutinen beinhaltet. Da PostScript ein Software-Interpreter ist, können bei Bedarf Farbraumtransformationen ähnlich wie bei einem separaten Programm, allerdings in diesem Fall im Drucker, stattfinden.

Das Funktionsprinzip ist prinzipiell vergleichbar mit dem der Software-Methoden. Der Farbcharakter des Ausgabegerätes muß festgestellt und in Form von Umsetzungstabellen ähnlich den Geräteprofilen festgehalten werden. Um den Farbmanagement-Prozeß durchzuführen, wird ebenfalls eine Art Color Engine benötigt. Diese befindet sich als Teil des Interpreters aber im Drucker und greift auf die Prozessorleistung des RIP zurück. Während bei den beiden beschriebenen Software-Verfahren sich das Farbmanagement auf alle Teile eines Farbverarbeitungssystems erstreckt, bietet PostScript Level 2 diesen Vorzug lediglich auf der Ausgabeseite. Scanner- oder Bildschirmcharakterisierung müssen unberücksichtigt bleiben, denn PostScript ist als eine systemunabhängige Seitenbeschreibungssprache für die Datenausgabe zu verstehen, die plattformneutral funktionieren muß. Im Grunde genommen wird angestrebt, daß die Druckergebnisse, die in unterschiedlichen Computerumgebungen erzielt werden, durch den Einsatz von PostScript Level 2 in ihrer Farbwiedergabe identisch sind. Für die Unabhängigkeit von den Computerumgebungen ist eine Abhängigkeit von anderen Systemkomponenten undenkbar, ja sogar unerwünscht. Dennoch muß die Struktur der Farbdaten bekannt sein, damit PostScript die richtigen Umwandlungen in den geräteabhängigen Farbraum durchführen kann. Dazu bietet PostScript Level 2 die nötige Flexibilität. Dies muß es auch, denn niemand weiß im voraus, an welchen Systemen ein Farbdrucker zukünftig betrieben wird und welche Farbdatenformate dort verarbeitet und zum Drucker gesendet werden. PostScript Level 2 kann geräteabhängige Formate nach altem Verfahren sowie geräteunabhängige Formate nach CIE-Standard verarbeiten, bietet also standardmäßig Farbmanagementfunktionen ohne Aufpreis. Die Aufbereitung der Farbdaten ist insgesamt sehr umfangreich, daher läßt sie sich am einfachsten anhand des Funktionsschemas in Abbildungen 109 und 110 auf den Seiten 199 und 200 erläutern. Die einzelnen Funktionen sind dabei der Einfachheit halber mit Zahlen gekennzeichnet, die Beschreibungen verweisen auf diese Zahlen. Man kann PostScript Level 2 durchaus als modular aufgebaut ansehen, denn es sind viele Funktionen vorhanden, die zur Abdeckung aller möglichen Bedürfnisse vorgesehen sind und Schritt für Schritt durchlaufen werden können, aber nicht müssen. Denn nicht alle Aufgaben fallen auch immer an, so daß unnötige Funktionen einfach übersprungen werden können. Für eine normale Druckausgabe mit Basis-Farbmanagement à la ColorSync würde wohl auch ein einfacheres Schema ausreichen. Aber aufgrund der angestrebten Flexibilität, Kompatibilität und Zukunftssicherheit sind einige Bestandteile enthalten, die eine reine Farbmanagement-Software nicht benötigt. Denn diese hat ihre Grenzen schärfer umrissen, und wenn nötig, kann man leichter eine Software-Revision durchführen als eine Änderung der Firmware eines Druckers.

Kommen wir zurück zur Farbbehandlung. Vielfältige Möglichkeiten bieten sich, wenn man sich die Funktionsweise näher anschaut. Es muß aber unbedingt darauf hingewiesen werden, daß viele dieser Möglichkeiten nicht standardmäßig nutzbar sind. Vielmehr hat Adobe die Umgebung dafür geschaffen, und es liegt in erster Linie an den Druckerfabrikanten und Herstellern von Applikationsprogrammen, Softwaremaßnahmen anzubieten, welche die vielen Funktionen auch verwenden. PostScript Level 2 ist ein Programm-Interpreter, und die von einer Applikation über den Druckertreiber bereitgestellten Druckdaten stellen ein Programm dar, das im Drucker abläuft und Ausdrucke liefert. Es liegt an diesen Programmen, wieviele Leistungsmerkmale ausgeschöpft werden, die PostScript Level 2 bietet. Es ist also nicht damit getan, einen Drucker mit dem Interpreter PostScript Level 2 auszustatten und ihn als leistungsfähigen Farbdrucker mit Farbmanagement-Funktionen anzubieten. Man muß auch genügend Software-Unterstützung mitliefern, um ihn als solchen verwenden zu können. Viele Druckerhersteller wissen es, doch nur wenige nutzen es.

Die Farbbehandlungsmethoden lassen sich grundsätzlich in zwei große Segmente unterteilen, die nacheinander behandelt werden sollen. Zunächst werden die Farbdaten spezifiziert (*Color Specification*) und unter Umständen in einen anderen Farbraum überführt. PostScript Level 2 bietet dazu drei Optionen an, von denen Farbdrucker im allgemeinen nur zwei benötigen. Wenn die Farbdaten dann einem bestimmten Farbraum zugeordnet sind, müssen sie mit den gerätespezifischen Eigenschaften in Einklang gebracht und mit der Gerätetechnologie als Farbraster erstellt werden. Dieses wird im zweiten Teil, dem Color Rendering, durchgeführt.

5.9.1 Spezifizierung der Farbdaten (Color Specification)

Farbinformationen können in unterschiedlichen Datenmodellen verschlüsselt sein. Im ersten Teil *Color Specification* des Schemas in Abbildung 109 werden diese Datenmodelle spezifiziert, bei Bedarf auch umgewandelt und der nächsten Stufe *Color Rendering* zugeführt, wo die Farbdaten in ein Raster umgesetzt werden. PostScript Level 2 erkennt die möglichen Farbraumformate, identifiziert sie und führt, wenn nötig, eine Konvertierung durch. Adobe hat drei Farbraumkategorien definiert, denen die Datenstrukturen zugeordnet werden können: geräteneutrale CIE-Farbdefinitionen (1), gerätespezifische Farbdefinitionen (2) sowie spezielle Definitionen, die jedoch keine Anwendung auf Farbdrucker finden und hier nicht näher behandelt werden sollen und daher auch nicht mit aufgeführt sind. Sie gestatten beispielsweise die Ansteuerung von Filmbelichtern, welche die einzelnen Farbauszüge als monochrome Separation nacheinander ausgeben. Als Referenzfarbraum von PostScript Level 2 dient der Standard CIE 1931 (x,y), welcher die trichromatischen Normfarbwerte verwendet, die direkt aus der spektralen Lichtverteilung gewonnen werden.

CIE-Farbräume (1) (CIE based Color Spaces)

Stellt eine Applikation Farbdaten zur Verfügung, welche als farbmetrische CIE-Daten gekennzeichnet sind, werden sie von PostScript Level 2 als geräteneutral angesehen. Der Farbraum-Schlüssel *CIEBasedABC* soll eine allgemeine Farbraumdefinition ausdrücken, die auf trichromatische Komponenten aufgebaut ist. Beispiele dafür sind die Farbräume CIE 1931 (x,y) und CIELAB (1976). Sind Farbdaten im

5.9 Farbmanagement mittels PostScript Level 2

Farbmodell CIE 1931 (x,y) definiert, werden durch A, B und C die trichromatischen Farbwerte X, Y und Z repräsentiert. Liegen CIELAB-Daten vor, stehen A, B und C für die Werte von L*, a* und b*. Es können aber auch RGB-Daten damit beschrieben werden, wenn sie geräteneutral kalibriert sind. Ein weiterer Farbraum-Schlüssel, nämlich *CIEBasedA*, stellt einen Kanal für achromatische Farben dar und erlaubt die Überführung solcher Daten ebenfalls in den Referenz-Farbenraum. Die Umwandlung findet in einem Funktionsblock (3) statt, der alle trichromatischen und achromatischen Farbdaten in den Referenzfarbraum CIE 1931 (x, y) transformiert, bevor sie weiterverarbeitet werden. Wird eine solche Transformation gewünscht, werden die gleichen Formeln benutzt, die bereits bei den Erläuterungen der CIE-Farbmodelle im Kapitel 2 „Farbe" vorgestellt wurden. Werden die Daten aber bereits als XYZ-Werte bereitgestellt, braucht eine Umwandlung natürlich nicht durchgeführt zu werden. Es ist daher sinnvoll, für eine Applikation für eine unter Umständen auszuführende Datenkonvertierung von gerätespezifischen Daten in einen CIE-Farbraum den CIE 1931 (x, y)-Farbraum zu wählen, denn dann entfällt dieser Schritt im PostScript Level 2-RIP.

Abb. 109: Schematische Darstellung der Funktionen von PostScript Level 2 zur Spezifizierung der Farbdaten

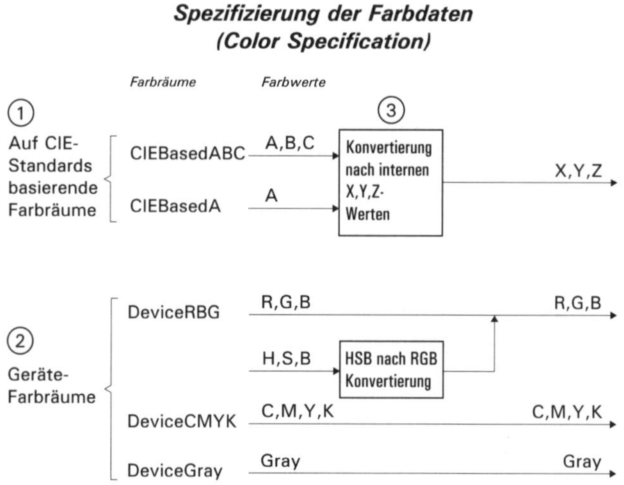

Geräte-Farbräume (2) (Device Color Spaces)

Mit den Farbraum-Schlüsseln *DeviceRGB* und *DeviceCMYK* lassen sich Daten spezifizieren, welche auf den klassischen Gerätefarbräumen RGB und CMYK basieren, also auf den geräteabhängigen additiven und subtraktiven Mischverfahren beruhen. Da sich PostScript Level 2 bereits im Ausgabegerät befindet, wird angenommen, daß solche Daten bereits für das Gerät aufbereitet sind. Eine Konvertierung braucht nicht stattzufinden, die Daten gelangen direkt zur Farbrasterung (Color Rendering). Unter Umständen ist aber auch eine Umsetzung von gerätespezifischen CMYK-Daten sinnvoll, darauf wird am Ende dieses

Abschnittes kurz eingegangen. Seltener verwendete Daten im HSB-Datenformat (Hue, Saturation, Brightness) werden in RGB-Daten umgewandelt, bevor sie als solche ebenfalls zum Farbenrastern gebracht werden. *DeviceGray* ist Schwarzweiß-Geräten vorbehalten, welche Graustufen erzeugen können.

5.9.2 Berechnung und Rasterung der Farben (Color Rendering)

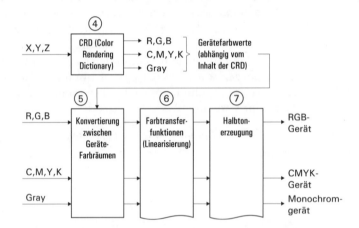

Abb. 110:
Schematische Darstellung der Funktionen von PostScript Level 2 zur Aufbereitung und Rasterung der Farben

Im zweiten Teil, Color Rendering genannt, findet die Umsetzung der Eingabedaten, die teilweise geräteneutral sind, in die Komponenten statt, die der Drucker verwendet (4, Color Rendering Dictionary). Die geräteneutralen Farben werden dabei in die gerätespezifischen überführt. Hier ist im Drucker der Farbmanagement-Prozeß eingegliedert, wenn der Hersteller Möglichkeiten dazu anbietet. PostScript Level 2 beinhaltet aber auch Funktionen zur Farbkalibrierung (6), die bereits zu Beginn dieses Kapitels beschrieben wurde. Dies ist insofern bemerkenswert, als dadurch wesentliche Eigenschaften der Druckertechnologie bereits in einer Seitenbeschreibungssprache berücksichtigt werden können. Aber auch diese Funktion muß durch entsprechende Software-Verfahren, die der Druckerhersteller bereitstellen muß, erst aktiviert werden. Schließlich müssen die vorliegenden Farbdaten, die nun optimal auf das jeweilige Gerät abgestimmt sind, auch für den eigentlichen Druckprozeß in Pixeldaten umgesetzt werden (7). Das Ergebnis des zweiten Teils Color Rendering sind gerätespezifische, gerasterte Reproduktionsdaten für RGB-, CMYK- und S/W-Geräte, darunter auch solche, die Farbauszüge als Separationen erzeugen. Ein mit den

Software-Verfahren vergleichbares Gerätefarbprofil berücksichtigt also viel mehr Eigenschaften des Gerätes, es wäre zwischen den Blöcken 4 – 7 angesiedelt.

Die folgenden Erläuterungen beziehen sich wieder auf die Farbraumdefinitionen des ersten Blocks Spezifizierung der Farbdaten (*Color Specification*). CIE-Daten daraus sind geräteunabhängig, wenn sie beim Color Rendering ankommen. Mit Hilfe einer sog. Color Rendering Dictionary (CRD) wird der wohl komplizierteste Vorgang durchgeführt, nämlich die Übersetzung der geräteunabhängigen in geräteabhängige Farbdaten. Dazu werden zwei Schritte benötigt. Zunächst werden die Farbdaten, noch auf dem CIE-Standard basierend, mittels einer sog. *Gamut-Mapping*-Funktion vom Farbraum der Quelle in den Farbraum des Ausgabegerätes transformiert. Dabei wird der visuelle Kontrast und Farbeindruck so gut wie möglich erhalten. Danach wird eine sog. *Color-Mapping*-Funktion angewandt, welche die auf CIE-Standards basierenden Farbraumdaten des Ausgabegerätes in die Farbdaten des entsprechenden Geräte-Farbraumes umrechnet. Das Ergebnis dieser beiden Schritte sind gerätespezifische RGB-, CMYK- oder Graustufen-Werte. Eine Color Rendering Dictionary könnte als ein Verzeichnis oder eine Anweisung bezeichnet werden, die Verfahrensweisen und Methoden näher beschreibt, mit denen bestimmte CIE-Farbdaten mit Hilfe der Farbwerte eines Ausgabegerätes ausgedrückt werden können.

Das Farbmanagement von PostScript Level 2 findet genau an dieser Stelle statt. Hier wird die Forderung erfüllt, geräteunabhängige Farbdaten in geräteabhängige umzusetzen. Die *Gamut-Mapping-* und *Color-Mapping*-Funktionen, die dies ermöglichen, können nur von CIE-Farbraumdaten benutzt werden. Denn sie sind garantiert geräteunabhängig. PostScript geht davon aus, daß gerätespezifische Farbdefinitionen, wie beispielsweise CMYK oder RGB, keinen neutralen Farbraum beschreiben, sondern bereits für die Steuerung der Farbkomponenten der entsprechenden Geräte aufbereitet sind.

CIE-Farbräume und Color Rendering Dictionary (CRD)

Der Farbmanagement-Prozeß ähnelt wieder den bereits beschriebenen Abläufen der Software-Varianten. Mit dem einen Unterschied, daß hier nicht in eine Applikation eingegriffen wird, für welche oder von welcher die Farbdaten umzusetzen sind. Vielmehr befinden sich die Farbdaten bereits im Drucker, sie werden lediglich mit Hilfe der Color Rendering Dictionary, welche einen Teil des Geräteprofils repräsentiert, in den Gerätefarbraum transformiert. Ein Geräteprofil für die Eingabedaten ist also überflüssig. Der Farbprozessor (Color Engine) wird durch den RIP und den PostScript Level 2-Interpreter dargestellt, der die Transformation durchführt. CRDs müssen sich nicht statisch im RIP befinden, sie können auch wie ein Download-Font in den Drucker geladen werden.

Einträge in der Color Rendering Dictionary können auf zwei unterschiedliche Weisen behandelt werden, die von der Art der Gerätefarbräume – oder besser – der Geräte abhängen. Bei RGB-Geräten, also in erster Linie bei Bildschirmen, geht PostScript (*Display PostScript*) von einer sehr linearen additiven Farbmischung aus. Eine Farbraumtransformation ist dann entsprechend einfach und anhand einer Umsetzung direkter Farbeinträge durchzuführen. Hingegen ist bei subtraktiven CMYK-Geräten eine nichtlineare Transformation gegeben, bedingt durch das nichtlineare Farbmischverhalten dieser Geräte. Daher müssen auch hier wieder unterschiedliche Interpolationen durchgeführt werden, die bereits bei den anderen Farbmanagementverfahren aufwendig waren. Im Prinzip sucht PostScript für einen CIE-Farbwert einen adäquaten Eintrag in einer dreidimensionalen sog. Color Lookup Table, eine Farbensuchtabelle also, und ermittelt die aktuell benötige Farbe mit einer linearen oder nichtlinearen Annäherungsfunktion. Wie diese Schritte genau vor sich gehen, geht über den Rahmen dieses Buches hinaus. Es soll lediglich einen allgemeinverständlichen Einblick in die prinzipielle Funktionsweise von Farbmanagementverfahren geben.

Nachdem die Farbdaten den Block Color Rendering Dictionary verlassen haben, sind sie gerätespezifisch, d. h. sie beschreiben Farbwerte, mit denen das aktuelle Ausgabegerät die ursprünglichen Farben reproduzieren kann.

Konvertierung zwischen Geräte-Farbräumen (5)

Ebenfalls gerätespezifisch sind die Geräte-Farbraumdaten RGB und CMYK, welche ohne Änderung durch den Funktionsblock Spezifikation der Farbdaten hindurchgeschleust werden und zum Farbenrastern gelangen. Abgeschlossen werden die umfangreichen Transformations- und Konvertierungsmöglichkeiten mit einem Konvertierungsprozeß (5), der eine Umwandlung von RGB-Daten in CMYK-Daten und umgekehrt vornehmen kann. Ab hier erfahren sie dieselbe Behandlung wie CIE-Farbdaten, die zuvor transformiert wurden. Eine Umwandlung von RGB- in CMYK-Daten und umgekehrt basiert auf recht simplen Algorithmen, die nicht im geringsten die Farbcharakteristik des Gerätes berücksichtigen. Aufgrund der beiden subtraktiven Drei- und Vierfarbenmischungen, nämlich CMY und CMYK sind allerdings zwei Schritte berücksichtigt. Der erste ist der einfachste, denn die Druckfarben CMY sind zugleich die Komplementärfarben von RGB. Mit den Formeln Cyan = 1-Rot, Magenta = 1-Grün, Gelb = 1-Blau werden die Daten konvertiert. Eine Farbe, die beispielsweise 40% Rot, 35% Blau und 72% Grün enthält, kann ebenso dargestellt werden mit 60% Cyan, 28% Magenta und 65% Gelb nach folgender Berechnung:

Cyan = 1-0,4 = 0,6

Magenta = 1-0,72 = 0,28

Gelb = 1-0,35 = 0,65

5.9 Farbmanagement mittels PostScript Level 2

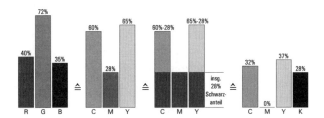

Abb. 111: Entfernen gleicher CMY-Anteile und Hinzufügen von Schwarz

Under Color Removal und Black Generation

Der zweite Schritt beinhaltet die schwarze Komponente, die etwas komplizierter errechnet werden muß. Nun kommen auch die Ausdrücke Black Generation und Under Color Removal (UCR) ins Spiel. Black Generation steht für die Erzeugung eines Schwarzwertanteils aus gleichen Anteilen der Farbkomponenten Cyan, Magenta und Gelb. Under Color Removal bedeutet das Entfernen gleicher CMY-Anteile, um den Schwarzwertanteil hinzufügen zu können, der vorher generiert wurde. Bekanntlich entsteht Schwarz, wenn Cyan, Magenta und Gelb zu jeweils 100% vorhanden sind. Ein 20% Grauton entsteht, wenn diese Farben nur mit jeweils 20% vorhanden sind. Man kann nun aus einem Farbton gleiche Anteile von CMY entfernen und durch einen identischen Anteil Schwarz (Grau) ersetzen, ohne daß sich die Farbe verändert. Abbildung 111 zeigt als Balkendiagramm noch einmal die CMY-Anteile des Farbtons aus dem Beispiel. Der geringste Anteil einer Grundfarbe, hier Magenta, beträgt 28%. Wird dieser Anteil aus allen drei Grundfarben reduziert, muß ein Grauton von 28% hinzugefügt werden, um den gleichen Farbton zu erhalten. Dadurch kommt Magenta überhaupt nicht mehr vor, Cyan ist nur noch mit 32% und Gelb mit 37% vorhanden.

Praktisch werden mit diesen Schritten Qualitätsverbesserungen beim Drucken von kontrastreichen Farbabbildungen erzielt. Leichter verständlich wird es, wenn man sich die Produktionskette vom Scannen bis zum Drucken anschaut. Scanner und Bildschirme verarbeiten in der Regel RGB-Signale. Schwarz wird von ihnen als nicht vorhandener RGB-Anteil verarbeitet. Gedruckt werden muß Schwarz aber mittels CMY-Anteilen, die zu jeweils 100% gebraucht werden. Ein so erzeugtes Schwarz vereinigt zwei Nachteile: Erstens ist es gar nicht richtig schwarz, sondern eher ein sehr dunkles schmutziges Braun, und zweitens kommt eine Menge Farbmedium zu Papier, nämlich 3 x 100% Farbe. Bei Flüssigdruckprozessen kann der Flüssigkeitsgehalt leicht zu hoch werden, den Benutzern von Tintenstrahldruckern ist dieses Übel sehr wohl bekannt. Werden nun nach obigen Verfahren die gleichen Anteile von CMY durch Schwarz (Grau) ersetzt, sind die beiden Nachteile zu Vorteilen geworden: Erstens erhält man ein richtiges Schwarz, das dem der gescannten Vorlage entspricht, und zweitens wird der Flüssigkeitsgehalt reduziert. Zusätzlich wird überflüssige Tinte eingespart.

Genauso wie eben erläutert, verfährt PostScript Level 2 bei der Errechnung der CMYK-Anteile aus RGB-Farbdaten. Es stellt zunächst den minimalen Anteil der einzelnen RGB-Komponenten fest und subtrahiert ihn von diesen Komponenten. Er repräsentiert den Schwarzwert K (*Black Generation*). Die verbleibenden RGB-Komponenten werden nun von 1 subtrahiert und ergeben die farbreduzierten CMY-Anteile (*Under Color Removal*).

Die Konvertierung in umgekehrter Richtung, also von CMY oder CMYK nach RBG ist sogar noch einfacher, weil die Schritte Black Generation und Under Color Removal entfallen. Nach dem Schema Rot = 1-Cyan, Grün = 1-Magenta, Blau = 1-Gelb ermittelt PostScript Level 2 die RGB-Komponenten aus den CMY-Daten. Weist die Datenstruktur zusätzlich noch einen Schwarzanteil auf, so wird dieser Schwarzanteil als prozentualer Zusatz jeder einzelnen CMY-Komponente hinzuaddiert, bevor die Konvertierung in die RGB-Komplementärwerte erfolgt.

Erzeugung der Farben und Korrektur der Linearität (6, 7)

An dieser Stelle ist die numerische Aufbereitung der Farbdaten beendet, und es erfolgt die Umsetzung in die Pixeldaten des Farbdruckers. Dazu dienen die beiden abschließenden Blöcke 6 und 7. Sie ersetzen quasi einen Teil der Druckwerksteuerung, die ebenfalls in einfacheren Geräten zu finden ist. Die Rastermethode zur Generierung der Farbtöne wird in Block 7 vorgenommen. Hier wird festgelegt, mit welcher Matrix und welchen Rasterwinkeln die Farbtöne erzeugt werden. Dies hat einen gewissen Einfluß auf die Farbtransferfunktion, also die Linearität der Farbwiedergabe, wie bereits im Abschnitt Kalibration dieses Kapitels erläutert wurde. Daher bietet Block 6 die Möglichkeit zur Korrektur bzw. Anpassung der Transferfunktion an die gewählte Farbrastermethode. Anhand des 600 dpi-Farblaserdruckers aus dem Beispiel von Seite 156 läßt sich dies erläutern: Die Halbton-Rastermethoden 71 lpi x 45° und 106 lpi x 45° werden in Block 7 generiert, und die entsprechenden Farbtransfertabellen Gamma71 bzw. Gamma106 zur Linearisierung werden in Block 6 angewählt. Bei Thermosublimationsdruckern und Farblaserkopierern entfällt die Farbrasterung. Diese Geräte sind aufgrund ihrer kontinuierlichen Drucktechnologie in der Lage, die digitalen Farbdaten direkt in Farbtöne umzusetzen.

PostScript Level 2 bietet hinsichtlich der Farbdatenbehandlung weit mehr als nur die reine Aufbereitung und Transformation von Farbdaten aus unterschiedlichen Quellen. Leider gestaltet sich die komplette Nutzung der Leistungsmerkmale als schwierig, da die Druckdaten von Farbgrafikanwendungen noch nicht standardmäßig als geräteunabhängige CIE-Farbdaten angeliefert werden. Meistens sind es CMYK-Daten (*DeviceCMYK*) oder RGB-Daten (*DeviceRGB*), die dann ohne Farbraumtransformation weiterverarbeitet werden (Blöcke 5, 6 und 7). Wie aber bereits auf Seite 199 angemerkt wurde, können durchaus auch kalibrierte RGB-Daten in den Farbmanagementprozeß einbezogen werden und Color Rendering Dictionaries nutzen. Kalibriert bedeutet in diesem Fall, daß die Einstellung der Farben in einem kalibrierten System vorgenommen wird. Ist nämlich der Bildschirm nach bestimmten Parametern kalibriert, dann sind auch die gewählten Farbeinstellungen auf diese Parameter abgestimmt, und die RGB-Daten können als kalibriert angesehen werden. Wird dieser Sachverhalt vom Druckertreiber unterstützt, indem er die Ausgabe kalibrierter RGB-Farben ermöglicht, dann werden die Daten im RIP so behandelt, als seien sie CIE-Farbdaten, und die Funktionsblöcke 3 und 4 treten in Aktion. Die PostScript Level 2-Treiber von Adobe für Windows- und Apple-Umgebungen beispielsweise, aber auch spezielle Treiber einzelner Hersteller, welche entsprechende Farbausgabegeräte anbieten, ermöglichen diese Form der Datenausgabe. Zwar ergibt sich daraus kein Farbmanagement nach CIE-Gesichtspunkten, jedoch ist das naheliegende Ziel, die Farben innerhalb einer Farbverarbeitungskette konstant und reproduzierbar zu halten und bei Bedarf auf unterschiedlichen PostScript Level 2-Geräten in gleicher Weise auszugeben, erreicht.

In manchen Bildbearbeitungsapplikationen kann man auch die Ausgabe von CMYK-Druckdaten (gerätespezifisch) selektieren, die häufig mittels sogenannter Separationstabellen aus dem (kalibrierten) RGB-Farbraum in den speziellen Gerätefarbraum umgewandelt werden. Sind die Separationstabellen für das gewünschte Gerät korrekt ausgeführt, kann dieser Vorgang durchaus mit einem Color Matching-Prozeß verglichen werden. Allerdings werden die Umwandlungen einfacher vollzogen, denn die komplexen Transformationsalgorithmen von eigenständigen Farbmanagementprogrammen fehlen zumeist.

Ein sinnvolles Beispiel einer speziellen und nicht standardmäßigen Implementierung einer Color-Matching-Funktion soll abschließend vorgestellt werden. Die Simulation des Farbwiedergabecharakters eines anderen Ausgabegerätes ist mit PostScript Level 2 nur schwierig durchzuführen. Denn die Überführung eines gerätespezifischen CMYK-Farbenraumes in einen anderen CMYK-Farbenraum ist nicht vorgesehen. Dies geht aus dem Funktionsschema hervor. Wie bereits erläutert geht PostScript davon aus, daß solche Daten bereits für das Gerät spezifisch aufbereitet sind, in dem sich der RIP befindet. Ein amerikanischer Anbieter von Thermosublimationsgeräten hat kürzlich zusammen mit Adobe eine PostScript-Erweiterung implementiert, die es gestattet, CMYK-Daten, die für ein Fremdgerät ausgefertigt wurden, in den eigenen CMYK-Farbraum zu überführen. Von der Technologie her gesehen ist diesem Vorgehen nichts entgegenzusetzen, da ein Sublimationsdrucker über einen großen Farbenumfang verfügt und leicht andere Charakteristiken nachbilden kann, wenn die Farbsteuerung dies erlaubt. Mit dieser Erweiterung kann eine Art Geräteprofil eines zu simulierenden Ausgabegerätes in den RIP geladen werden, der nun mit den Farbdaten versorgt werden muß, die für das Fremdgerät erstellt wurden. Die Farbdaten des Fremdgerätes werden mit Hilfe des Profils in den eigenen Farbraum umgerechnet und können so dargestellt werden, wie das Fremdgerät sie ausdrucken würde.

Anhand der Beschreibungen der drei Farbmanagement-Lösungen wurde deutlich, welche Mühe sich die Hersteller machen und welcher Aufwand dahinter steckt, Farbabstimmungen in offenen Applikationsumgebungen zu bewerkstelligen. Dabei wird versucht, trotz der vielen variablen Größen eine gewisse Präzision zu erreichen. Wenn man dann trotz dieses Bestrebens einige variable Größen außer acht läßt oder nicht in den Griff bekommt, weil man keinen Einfluß darauf hat, kann man sich gut vorstellen, daß die ganze Mühe nicht das gewünschte Ergebnis bringt. Vielleicht ist dann doch die individuelle Einmessung eines Farbverarbeitungssystems ohne ein Color-Matching-System die bessere Methode. So jedenfalls urteilen einige Spezialisten, die in jüngster Vergangenheit sehr leistungsfähige Bildbearbeitungssysteme für die Apple-Welt und Unix-Umgebungen vorgestellt haben.

Hiermit soll die umfangreiche Behandlung der Technologien von Farbdruckern zur Farbreproduktion abgeschlossen werden. In Teil 2 dieses Buches, der nun folgt, werden vor allem Betrachtungen angeführt, die sich dem wirtschaftlichen Einsatz von Farbdruckern widmen. Er ist mindestens genauso interessant wie Teil 1, denn er zeigt Zusammenhänge auf, die bisher nur selten so gesehen wurden.

Teil II

Betrachtung der Nutzungskriterien

6 Druckleistung und Druckvolumen

6.1 Druckdurchsatz

In den Datenblättern der Hersteller sind die Druckgeschwindigkeiten der einzelnen Geräte in unterschiedlicher Form angegeben. Welches Druckvolumen sich damit produzieren läßt, ist aber meistens nur sehr schwer nachvollziehbar. Die Spezifikationen der schnelleren und teureren Geräte weisen die Druckgeschwindigkeit in Seiten pro Minute auf, andere Angaben beziehen sich auf Minuten pro Seite. Bei Tintenstrahldruckern wird die Geschwindigkeit sogar mit Zeichen pro Sekunde gemessen, ein Maß, das von den Textverarbeitungsdruckern stammt. Die Angaben beziehen sich alle auf die maximale Druckgeschwindigkeit des Druckwerkes und lassen die Zeit für die Datenaufbereitung außer acht. Dadurch entsteht ein völlig verkehrter Eindruck von der echten Reproduktionsgeschwindigkeit. Bei den Druckprozessen in Büroanwendungen geht man z. B. noch mit relativ geringen Datenmengen um, und kurze Druckzeiten sind die Folge. Die Zeit für eine eventuelle Datenaufbereitung braucht überhaupt nicht berücksichtigt zu werden, so daß in den meisten Fällen die Druckgeschwindigkeit des Druckers gleichgesetzt werden kann mit der Reproduktionsgeschwindigkeit der Druckausgabe.

Bei Farbgrafikanwendungen ist dies aber anders. Hier ist häufig die Druckgeschwindigkeit eines Druckers größer als die Verarbeitungsgeschwindigkeit, und eine getrennte Betrachtung der Zusammenhänge in einem Druckjob ist angeraten, wenn man einen echten Eindruck von den Zeitverhältnissen erhalten will. In den verschiedenen Kapiteln von Teil 1 wurde auf diesen Sachverhalt bereits häufiger eingegangen. Vielleicht ist es hilfreich, an dieser Stelle die Geschwindigkeitsangaben zu kommentieren.

Zeichen pro Sekunde: Diese Angabe bezieht sich meistens auf Textzeichen mit einer Breite von 1/10 Zoll, die in einer Textzeile gedruckt werden. Dabei stammen die Zeichen aus dem internen Zeichengenerator, stehen also sofort zur Verfügung. Alle anderen Spezifikationen wie Zeilen- oder Seitenvorschub oder Grafikdruckgeschwindigkeit bleiben unerwähnt. Solche Angaben geben keinen Aufschluß über die Druckleistung innerhalb von Grafikanwendungen. Sie sollten daher stets kritisch gesehen werden. Denn Farbdrucker sind in erster Linie Grafikdrucker, wobei sogar eingebaute Textelemente meistens in schwarzer Farbe erscheinen. Weshalb dann also die Angabe in Zeichen pro Sekunde? Anhand solcher Spezifikationen läßt sich aber sehr wohl ein Rückschluß auf die Druckerintelligenz ziehen, die für eine zügige Aufbereitung der Druckdaten unumgänglich ist. Sie ist meistens auf die Befehlsstruktur einer Textverarbeitung ausgelegt und daher sehr gering. Wird der Drucker aber für etwas anspruchsvollere Aufgaben eingesetzt, muß der Computer die Hauptarbeit bewältigen. Dies tut doppelt weh: Zum einen ist er belegt, zum anderen wartet man länger auf den Ausdruck. Merkwürdig mutet auch der Bezug auf den sog. Grauertbrief an, der immer wieder in den Datenblättern vorkommt. Der Grauertbrief ist eine Referenzseite, die ursprünglich für Matrixdrucker zur Druckzeitermittlung für die Ausgabe einer Seite herangezogen wurde. Merkwürdig ist es deshalb, weil es sich in diesen Fällen um Farbdrucker handelt, die für DTP-Anwendungen empfohlen werden.

Minuten pro Seite oder Seiten pro Minute: Anhand einer solchen Angabe erhält man eine gute Vorstellung von der Druckleistung eines Druckers. Dabei spielt es keine Rolle, ob eine reine Grafikseite oder nur Textelemente gedruckt werden: die Ausgabegeschwindigkeit des Druckwerkes ist immer gleich.

Flüssig- und Festtintendrucker sowie Thermosublimationsdrucker benötigen eine längere Zeitdauer, um eine Seite komplett auszugeben. Sie ist meistens größer als eine Minute, so daß sich die Angabe Minuten pro Seite anbietet. Generell kann man sagen, daß solche Drucksysteme grundsätzlich nicht über die Ausgabe von einer Seite pro Minute hinauskommen und meistens langsamer sind.

Thermotransfer- und Laserdrucker zählen zu den schnellen Druckern, die mindestens eine Seite pro Minute schaffen. Daher eignet sich für die Spezifizierung der Druckgeschwindigkeit die Angabe Seiten pro Minute.

Da man ja immer die besten Werte angibt, kann man davon ausgehen, daß die Angaben Idealwerte sind, die sich sowieso nur schwer erreichen lassen. Die Form der Druckgeschwindigkeitsangabe läßt also auch einen Rückschluß auf die Prozessorleistung zu, mit der die Drucker ausgerüstet sind. Schon daraus läßt sich die Eignung für die Anwendungsumgebung ableiten. Besonders hilfreich wäre es aber, wenn man das Druckvolumen in Erfahrung bringen könnte, das sich pro Tag oder Monat überhaupt produzieren läßt. Da aber in Grafikumgebungen die Zeit für die Datenaufbereitung eine mindestens ebenso große Rolle spielt wie die Druckzeit selbst, ist das Druckvolumen nur schwer ermittelbar. Anhand der reinen Druckzeit soll hier einmal das maximale Druckvolumen in einem Monat abgeleitet werden, das anhand Tabelle 8 ermittelt und in Abbildung 112 in einer Grafik dargestellt ist. Dabei wurde von folgenden konservativen Grunddaten ausgegangen:

▶ Die maximale Druckzeit pro Tag beträgt 2 Stunden, was einem Duty Cycle von 25% entspricht. Der Duty Cycle ist ein Anhalts-

6.1 Druckdurchsatz

punkt für die Auslastung eines Druckers innerhalb einer Computerumbegung. Die Arbeitszeit wird mit 8 Stunden pro Tag angenommen, so daß ein Drucker 2 Stunden am Tag wirklich mit dem Drucken beschäftigt ist.
▸ Es werden 20 Arbeitstage pro Monat angenommen, an denen der Drucker in Betrieb ist.

Tabelle 8: Beziehung zwischen Druckgeschwindigkeit und monatlicher Druckleistung

Druckgeschwindigkeit		Druckleistung
Seiten/Minute	Minuten/Seite	Seiten/Monat
0,1	10	240
0,2	5	480
0,3	3,3	720
0,4	2,5	960
0,5	2	1200
1	1	2400
2	0,5	4800
3	0,33	7200
4	0,25	9600
5	0,2	12000

Ein Beispiel dazu: Ein Drucker mit einer Druckgeschwindigkeit von 1 Seite/Minute erreicht ein monatliches Druckvolumen von 2400 Ausdrucken (1 x 60 x 2 x 20). Obwohl dieser Drucker zu den schnellen Vertretern zählt, ist das Druckvolumen, verglichen mit dem Bedarf in Büroumgebungen, doch recht gering.

Zusätzlich in der Grafik eingetragen sind die Drucktechnologien, die sich nun anhand der Herstellerangaben einordnen lassen. Dadurch erhält man das maximale Druckvolumen, das mit der jeweiligen Technologie erreichbar ist. Zieht man zusätzlich in Betracht, daß die Zeit für die Datenaufbereitung noch hinzugezählt werden muß, ergeben sich in der Praxis sogar noch viel geringere Druckvolumen. Einige Annahmen und Praxisbeispiele verhelfen dann zusammen mit den Überlegungen aus Kapitel 4 zu einer mehr oder weniger genauen Einschätzung der sinnvollen Verwendbarkeit der jeweiligen Drucker. Dahingehend sollen nun die einzelnen Druckertechnologien einer genaueren Betrachtung unterzogen werden.

Drop-on-Demand-Tintendrucker, die ohne Rasterbildprozessor auskommen müssen, verfügen kaum über Mittel zur Aufbereitung der Druckdaten, die daher fast gänzlich vom Rechner durchgeführt werden muß. Dieser ist sogar länger mit dem Druckjob beschäftigt als der Drucker selbst, der nur zwei Stunden am Tag aktiv ist. Also muß man

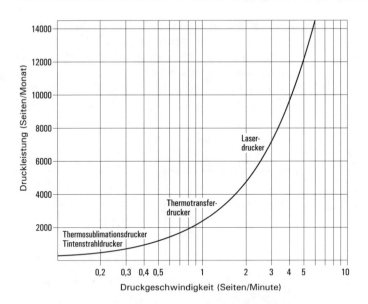

Abb. 112: Ermittlung der monatlichen Druckleistung als Funktion der Druckgeschwindigkeit

mehr als zwei Stunden auf den Rechner verzichten, wenn man den maximalen Durchsatz erreichen will. Die kleinen Druckpuffer führen zu einer weiteren Verzögerung des gesamten Ausgabeprozesses, denn die Druckdaten müssen im Rechner zwischengespeichert werden. Ein monatliches Druckvolumen liegt je nach Anwendung und Datenaufkommen zwischen 240 und 1000 Seiten, wobei die Zeit für die Datenaufbereitung und Zwischenspeicherung noch nicht berücksichtigt wurde. Diese Zahl liegt sogar in der Größenordnung von der von den Herstellern empfohlenen monatlichen Druckleistung. Man sollte aber sicherheitshalber davon ausgehen, daß der realistische Durchsatz irgendwo zwischen 100 Vollgrafikseiten und 500 Textseiten angesiedelt ist. Auch aufgrund dieser Tatsache kann nicht von einem produktiven Einsatz in kommerziellen Anwendungsgebieten gesprochen werden.

Die wenigen Modelle, die mit einem RIP ausgestattet sind, sind laut Datenblattangaben von ihren Vermarktern mit bis zu acht mal höheren monatlichen Druckleistungen versehen als die Low-Cost-Modelle. Diese Angaben sollte man besonders kritisch mit dem wirklichen Druckbedarf seiner eigenen Anwendung vergleichen. Eine Druckleistung von 8000 Seiten beispielsweise bedeutet etwa 400 Ausdrucke täglich. Diese sind unter den Gesichtspunkten des Belastungszyklus (Duty Cycle) von 25% in einer Farbanwendung nur schwer zu realisieren. Es sei denn, man überschreitet diesen Zyklus, was aber zu Lasten der Haltbarkeit und Lebensdauer geht.

Etwas besser verhalten sich die **Low-Cost-Thermotransferdrucker**, die komplett vom Betriebssystem kontrolliert werden. Aufgrund ihrer Seitendrucktechnik belasten sie den Rechner nicht so stark wie Zeilen-

6.1 Druckdurchsatz

drucker. Will man jedoch den monatlichen Durchsatz voll ausschöpfen, ist der Rechner etwas weniger belegt als im oben angeführten Fall der Zeilendrucker. Zwar liegt der Druckdurchsatz des Druckwerks im Bereich um 2400 Seiten pro Monat. Addiert man aber die Rechenzeit hinzu, kommt man wohl nicht über 1000 Seiten pro Monat hinweg. Die Druckleistung dürfte eher noch geringer sein, wenn man folgende Überlegung anstellt. Thermotransferdrucker erzeugen konstante Druckkosten, egal, wie eine Druckdatei aufgebaut ist. Sie sind als hoch anzusetzen, wenn wenig Farbe zum Einsatz kommt, und als niedrig anzusehen, wenn eine volle Farbseite gedruckt wird. Aufgrund dieses Zusammenhangs werden Thermotransferdrucker nicht für alltägliche Druckausgaben eingesetzt. Wird aber dieser Sachverhalt genutzt, um ausschließlich Vollgrafiken zu drucken, wird eine hohe Rechenleistung für die Datenaufbereitung benötigt. Diese steht aber nur im angeschlossenen Rechner zur Verfügung, der sich dann nur noch um den Drucker kümmern muß. Positiv-Kriterien werden also von Negativ-Kriterien gleichen Ranges ausgeschlossen. Unter diesen Umständen ist ein echter, produktiver Einsatz nur sehr schwer abzuschätzen.

Thermosublimationsdrucker, die ebenfalls direkt von einem Rechner angesteuert werden, eignen sich aufgrund ihrer enormen Druckqualität und hohen Verbrauchskosten von vornherein nur für Anwendungen der professionellen Bildverarbeitung. Ihr Druckdurchsatz wird ebenfalls hauptsächlich durch die Rechenzeit und weniger durch die eigene Druckleistung begrenzt und liegt, realistisch gesehen, mit 250 bis 500 Ausdrucken pro Monat in der Größenordnung von Tintendruckern. Wird anstelle des Applikationsrechners ein separater Server für die Druckersteuerung eingesetzt, lassen sich sogar bis zu 1000 Seiten pro Monat erzielen, was einer Verdoppelung der Produktivität entspricht.

Aus diesen Überlegungen wird ersichtlich, daß es sich lohnt, leistungsstarke Druckertechnologien mit einem eigenen RIP auszustatten. Denn ein Hinderungsgrund für die Auslastung ist der Verzicht auf die Rechenleistung seines Applikationscomputers, wenn dieser sich mit Druckeraufgaben beschäftigen muß. Generell kann man sagen, daß ein Drucker, egal um welche Technologie es sich handelt, mit eigener Rechenleistung weitaus produktiver eingesetzt werden kann. Dies kommt einer Kostensenkung gleich, denn ein solcher Drucker kann von vornherein von mehreren Anwendern genutzt werden. Die Produktivität ergibt sich aus mehreren Elementen. Da ist erstens die Tatsache anzuführen, daß der eigene Rechner nur für einen Bruchteil der reinen Druckzeit belegt ist. Beispielsweise kann eine Präsentation bestehend aus 30 Folien innerhalb weniger Minuten in den Drucker geladen werden. Dieser druckt dann, je nach Technologie, eine bestimmte Zeit, während der Rechner schon wieder für andere Aufgaben genutzt werden kann. Ein Thermotransferdrucker würde zwischen 15 und 30 Minuten und ein Tintendrucker zwischen 60 und 120 Minuten zum Drucken benötigen, was ihn bereits an die Grenze seiner Tagesleistung bringt. Ebensolange wäre ein Rechner belegt, der nach obigem Schema den Drucker ansteuern würde. Ein weiterer Punkt ist, daß aufgrund der Unabhängigkeit der Druckausgabe vom Applikationsrechner die Druckzeit über den ganzen Arbeitstag verteilt werden kann. Die effektive Druckzeit lastet den Drucker dann viel besser aus, so daß realistisch gesehen, die Druckgeschwindigkeit des Druckwerks die Produktivität begrenzt und nicht die Rechenzeit des RIPs. Das heißt, daß das in der Abbildung dargestellte Druckvolumen auch tatsächlich erreicht wird. Wird also der wirtschaftliche Einsatz eines Farbdruckers angestrebt, bieten Geräte mit eingebautem RIP für die meisten Anwendungsumgebungen die besten Voraussetzungen.

Farbdrucker, welche durch einen eigenen externen Server mit Druckdaten versorgt werden, sind hinsichtlich der Wirtschaftlichkeit etwas anders zu betrachten. Sie werden aufgrund unterschiedlicher Gesichtspunkte mit einem Server verknüpft. Hauptkriterium ist die Bewältigung des hohen Datenanfalls und die Unabhängigkeit von der Computerumgebung. Aber besonders die schnellen und teuren Farblaserkopierer profitieren vom schnellen Datendurchsatz, der eine enorme Produktivität gewährleistet.

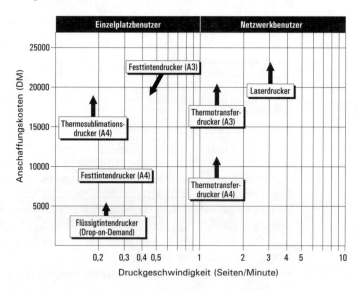

Abb. 113: Postionierung einiger Farbdrucker nach ihrem Preis und ihrer Druckleistung

6.2 Leistungsmerkmale für eine Verwendung als Netzwerkdrucker

Generell kann man sagen, daß Farbdrucker, die bereits prinzipiell mit einer Ausstattung versehen sind, die für eine zügige Aufbereitung der Druckdaten und Ausnutzung der Druckwerkleistung sorgen kann, auch für einen Einsatz als Netzwerkdrucker geeignet sind. Im Einzelfall muß jedoch auch der genauere Verwendungszweck der Farbdruckumgebung beleuchtet werden, um einen Nutzeffekt ausfindig zu machen, den ein Netzwerkdrucker bietet. Denn die Voraussetzungen für seinen Einsatz können sehr unterschiedlich sein. Während einer Farbkonferenz präsentierte Kodak 1992 eine Studie, die den Anteil von Farbe als zusätzliches Grafikattribut in Dokumenten der Büro-, DTP und Grafikdesign-Umgebungen widerspiegelt (siehe Abbildung 114). Viele dieser Drucksachen wurden lange Zeit umständlich mit herkömmlichen Mitteln erstellt. Doch bereits mit Standardprogrammen lassen sich heute die meisten Dokumente farbig am Computerarbeitsplatz produzieren. Dies führt schon jetzt dazu, daß vieles nicht mehr außer Haus gegeben wird, sondern bei Bedarf am eigenen Rechner gedruckt wird, was sich zeitsparend und kostensenkend auswirkt. Dieser Trend verstärkt sich vehement, und er wird noch weiter zunehmen, je mehr farbfähige Netzwerkdrucker angeboten werden, welche sich leicht in die jeweilige Anwendungsumgebung integrieren lassen.

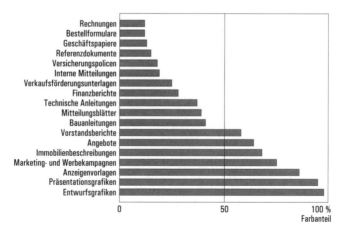

Abb. 114: Verwendung von Farbe als Kennzeichnungsmerkmal in der Dokumentenverarbeitung

Dabei spielen auch einige Zusammenhänge eine Rolle, die durch die Beziehung zwischen Text- und Grafikelementen und deren Farbkennzeichnung bestehen. In Dokumenten mit dem Schwerpunkt Text überwiegen die Schriften, die meistens in schwarzer Farbe erscheinen. Je mehr Grafikobjekte aber auftreten, um so wichtiger wird die Farbe, und die Schrift weicht ein wenig zurück. Daraus folgt, daß Drucker in der Farbdokumentenverarbeitung sowohl über gute Schrifteigenschaften als auch Grafik- und Farbeigenschaften verfügen müssen. Es kann aber noch ein weiterer Sachverhalt aus der Grafik abgeleitet werden. Nämlich der, daß es bei den Schriftstücken nicht um Einzeldokumente geht, sondern um Drucksachen, die in kleinerer bis mittlerer Stückzahl benötigt werden. Eine gewisse Druckleistung ist Voraussetzung, wenn diese Dokumente am Arbeitsplatz produziert werden sollen. Auf die Netzwerkfähigkeit bezogen, kann im einzelnen folgende Anforderungsliste aufgestellt werden:

- Schnelles Druckwerk
- Eingebauter RIP
- Integrierte Schriftenvielfalt
- Multitasking-Betriebssystem mit besonderen Funktionseigenschaften
- Fehlertoleranz
- Kommunikation Drucker-Hostrechner
- Fernbedienung
- Papiermanagement
- Flexible Anschlußfähigkeit

Ganz oben sollte immer das Bemühen stehen, den Datenverkehr im Netzwerk so gering wie möglich zu halten. Neben einem schnellen Druckwerk muß ein eingebauter RIP vorhanden sein. Wird ein externer Server vorgesehen, ist er nur dann geeignet, wenn er die komplette Druckersteuerung übernimmt, also auch Statusmeldungen des Druckwerks behandeln kann. Eine Vielfalt an Schriften ermöglicht großzügige Gestaltungsfreiheit und die Berücksichtigung vieler Geschmäcker. Sie sollten integriert sein, damit der Seitenaufbau schnell erfolgt und nicht für jedes Dokument erst umständliche Download-Prozesse stattfinden müssen. Das Druckerbetriebssystem sollte die Fähigkeit besitzen, mehrere Aufgaben gleichzeitig durchzuführen. Diese beginnen beim Datenempfang und enden beim Ausdruck. Dazwischen sind Dateien zu interpretieren, Schriften, Grafiken und Farben zu rastern, Druckbilder im Druckerspeicher aufzubauen und die fertige Druck-7dateien für den Ausdruck bereitzuhalten. Geschieht das alles nicht gleichzeitig, ist der Drucker für einen Job komplett belegt, und er steht anderen Netzwerkteilnehmern nicht mehr zur Verfügung. Zu den Funktionseigenschaften zählen z. B. mehrere Emulationen, die der Drucker automatisch selektiert, je nachdem, welche Druckertreiber die Netzwerkanwender in ihrer Anwendung eingestellt haben. Zudem sollten alle Schnittstellen gleichzeitig bedient werden können, denn häufig wird ein Netzwerkdrucker gleichzeitig lokal betrieben. Er sollte auch fehlertolerant reagieren, wenn Einstellungen für Seitengröße und -ausrichtung oder Druckformate nicht stimmen oder eine benötigte Schrift nicht vorhanden ist, um nur einige Beispiele zu nennen. Damit

6.2 Leistungsmerkmale für eine Verwendung als Netzwerkdrucker

Statusmeldungen des Druckwerks wie „Papierkassette leer" oder „Farbfolie wechseln" zurück zum Host gelangen, muß die Netzwerkanbindung eine solche Übertragung zulassen. Häufig ist auch eine Fernabfrage der Druckereinstellungen bzw. deren Änderungen vom Rechner aus sinnvoll, besonders dann, wenn der Drucker etwas entfernt installiert ist. Damit können z. B. Speicherbereiche den einzelnen RIP-Funktionen individuell zugewiesen werden. Für einen Netzwerkeinsatz unumgänglich ist eine flexible Papierbehandlung. Mehrere Schächte sollten vorhanden sein und angesteuert werden können, damit die unterschiedlichen Papiersorten von den einzelnen Benutzern ausgewählt werden können. Um in vielen verschiedenen Computernetzen eingesetzt werden zu können, muß ein Netzwerkdrucker mit den entsprechenden Adaptern auszurüsten sein. Für einen Einsatz in heterogenen Netzen sollten mehrere Protokolle gleichzeitig verfügbar sein.

Sicherlich erfüllen viele Drucker die Anforderungen hinsichtlich des Druckwerks. Und häufig werden auch solche „dummen" Drucker mittels PC-Server mit einem Netzwerk verbunden. Dies ist aber nur eine halbherzige Lösung, die viele Nachteile mit sich bringt. Denn gerade die Eigenschaften, die einen Drucker zu einer Netzwerkeignung verhelfen, fehlen ganz. Sie betreffen das intelligente Zusammenspiel zwischen Druckwerk, RIP und Netzwerkintelligenz. Diese Eignung muß bereits bei der Konzeptionierung eines Netzwerkdruckers berücksichtigt werden, sie läßt sich nicht nachträglich realisieren. Die tabellarische Übersicht veranschaulicht noch einmal in einer Gegenüberstellung möglicher Netzanbindungen diese Problematik.

Tabelle 9

	Netzwerkdrucker	*Einzelplatzdrucker mit PC-Server*
Schnelles Druckwerk	Ja	Nein
Eingebauter RIP	Ja	Nein
Integrierte Schriftenvielfalt	Ja	Nein
Multitasking-Betriebssystem mit besonderen Funktionseigenschaften	Ja	Nein
Fehlertoleranz	Ja	Nein
Kommunikation Drucker-Hostrechner	Ja	Nein
Fernbedienung	Ja	Nein
Papiermanagement	Ja	Nein
Flexible Anschlußfähigkeit	Ja	Nein

Reine Farbgrafikdrucker, die beispielsweise in kleineren Arbeitsgruppen der professionellen Bildverarbeitung und Bildretusche eingesetzt werden, können einige der oben angeführten Aspekte vernachlässigen. Bei solchen Farbdruckern überwiegt dann auch die Forderung nach hoher Farb- und Grafikqualität vor der Druckgeschwindigkeit. Auch der Mehrfachdruck entfällt, denn die Ausdrucke dienen meistens zu Prüf- und Dokumentationszwecken. Die Netzwerkfähigkeit bezieht sich dann nicht mehr auf die Druckleistung, sondern auf die Verteilung der Kosten und Qualitätsressourcen.

7 Laufende Kosten eines Farbdruckers

Die Ermittlung der Betriebskosten eines Farbdruckers ist bei der heutigen Preisgestaltung nicht mehr ganz so einfach und schon gar nicht transparent. Während die Hersteller bis vor kurzem ihren Gewinn mit dem Produktverkauf selbst erzielten, sind aufgrund das rasanten Preisverfalls inzwischen die Gewinnspannen sehr stark nach unten gerutscht. Das hat zur Folge, daß andere Gewinnquellen erschlossen werden müssen, und da es nicht viele gibt, bleiben die Verbrauchsmaterialien übrig. Die aktuellen Gegebenheiten lassen vermuten, daß Druckerproduzenten versuchen, die Kundschaft mit günstigen Gerätepreisen zu binden und den Verdienst über einen längeren Zeitraum, quasi als Rendite, mit Wachs, Tinte, Toner und Papier zu machen. Vor diesem Hintergrund erscheint es wichtig, daß sich der Kunde intensiv mit dem Kostenverlauf während des Einsatzes seines Druckers beschäftigt und sich nicht nur am vordergründig günstigen Gerätepreis orientiert. Dabei befindet sich allerdings der Privatanwender gegenüber dem kommerziellen Anwender in einer anderen Situation: Er kommt nicht einmal in die Nähe eines Belastungszyklus, den der Hersteller angibt, benutzt größtenteils den Schwarzweiß-Druckmodus und nimmt für gelegentliche Farbdrucke die höheren Verbrauchskosten in Kauf. Die Gesamtkosten orientieren sich somit am Kaufpreis und der großen Zahl der Schwarzweiß-Drucke. Anders verhält es sich bei Anwendern, die an ihrem Arbeitsplatzcomputer mit Farbe umgehen. Hier spielt auch der steuerliche Abschreibungszeitraum eine Rolle, über den die Anschaffungskosten verteilt werden. Wird ein Drucker über diesen Zeitraum intensiv genutzt, fällt der Anteil der Anschaffungskosten sogar bei teuren Drucksystemen weit hinter die auflaufenden Verbrauchskosten zurück und kann sogar ganz vernachlässigt werden. Ohne fundierte Kostenanalyse wird dann oft die falsche Entscheidung für die Anschaffung getroffen, wenn nur nach dem Kaufpreis geurteilt wird. Anhand einer solchen Analyse wird aber schnell deutlich, daß durch die niedrigeren laufenden Kosten eines anfänglich teureren Drucksystems am Ende beträchtliche Ersparnisse gegenüber einem preiswerten Drucksystem herauskommen können, das aber dauernd höhere Verbrauchskosten verursacht.

In diesem Kapitel werden Kosten untersucht, welche durch den Einsatz der einzelnen Drucktechnologien auf den Farbanwender zukommen können. Einige Drucker verursachen Verbrauchskosten, die von der Menge der Farbe abhängen, die für den Ausdruck gebraucht wird. Gerade bei Farbdruckern ist dies ein wichtiger Aspekt, der in typischen S/W-Anwendungen fast ganz vernachlässigt wird. Daher werden zunächst einige Überlegungen zum Farbanteil und der Berechnung bzw. Abschätzung angestellt.

7.1 Ermittlung des Farbanteils

Gleich zu Beginn sei angemerkt, daß die folgenden Überlegungen nicht auf Kontinuierliche Tintenstrahldrucker, Thermotransfer- und Thermosublimationsdrucker zutreffen. Diese Geräte verursachen im Betrieb stets konstante Kosten, gleichgültig, wie hoch der Farbanteil des Ausdrucks ist. Kontinuierliche Tintendrucker sprühen andauernd und gleichmäßig Tintentropfen aus, die in einen Auffangbehälter geleitet werden, wenn kein Bedarf zum Drucken besteht. Daher ist der Tintenverbrauch immer derselbe, wenngleich unter Umständen nur ein kleiner Teil davon auf dem Papier landet. Thermotransfer- und Thermosublimationsdrucker benötigen eine mit Wachs beschichtete Farbtransferfolie von der Größe des Empfangsmediums für jede Farbseparation. Egal, ob nur ein kleiner Punkt einer einzelnen Farbe oder eine volle Mischfarbfläche abgeschmolzen wird – die Farbfolien für eine Seite können nicht wiederverwendet werden. Der konstante Farbverbrauch dieser drei Druckverfahren ist sicherlich bei geringen Farbanteilen als nachteiliger Kostenfaktor zu bewerten. Aber genau dieser Umstand wirkt sich positiv bei intensiver Farbnutzung aus, für die die Geräte kostenmäßig optimiert sind.

Ähnliche Zusammenhänge sind bei den gebräuchlichen S/W-Druckern nicht zu finden, die zunächst kurz betrachtet werden sollen. Die populären Tintenstrahl- und Laserdrucker verbrauchen nur soviel Tinte oder Toner, wie für das Dokument benötigt wird. Daher sind auch die Verbrauchskosten variabel. Die Kosten für Ausdrucke von Laserdruckern bewegen sich im Pfennigbereich, so das Urteil der meisten Hersteller. Sogar die Stelle nach dem Komma wird oft angeführt, und mancher Anwender bekommt das Gefühl, daß es ein großer Unterschied ist, ob sein Ausdruck nun 6,9 oder 3,5 Pfennig (inkl. Mwst.) kostet. Diese Angaben beruhen allerdings auf einem Kontrastverhältnis von 5%, d.h., daß nur 5% der Fläche eines A4-Blattes wirklich bedruckt ist. Dies entspricht etwa einem mittleren Geschäftsbrief, oder, wenn man will, einem schwarzen Streifen von 1,5 cm Höhe, der über die Breite eines Blattes verläuft. Durch den allgemeinen Trend verursacht, werden aber zunehmend mehr große Designschriften und Grafikelemente in die Schriftstücke integriert, der Schwarzanteil nimmt stetig zu und damit auch die Kosten. Nun wird deutlich, daß jede weiteren 5% ebenfalls 6,9 oder 3,5 Pfennig kosten, so daß man schnell auf Beträge

7.1 Ermittlung des Farbanteils

kommt, die man vorher nie und nimmer erwartet hat. Schon eine Einladung zum Elternstammtisch, mit einer fetten 48 Punkt großen Überschrift eingeleitet und ein bis zwei Grafikelementen aufgelockert, dazwischen selbstverständlich eine 14 Punkt-Schrift für die Mitteilung, damit jeder sie lesen kann, kostet schnell 30 – 40 Pfennig (womit die Kosten von Fotokopien im Copy Shop an der Ecke überschritten wären).

Bei Farbdrucken sieht es ähnlich aus, doch macht man sich hierbei viel eher Gedanken um die Kosten. Farbdrucke sind eigentlich immer teurer, denn sie enthalten immer einen größeren eingefärbten Flächenanteil. Farbdrucken bedeutet stets Grafikdrucken und/oder Flächenfüllungen. Daher sind Kosten aufgrund der Seitengestaltung kaum einzuschränken. Würde eine Seite derart umgestaltet, daß der Farbanteil geringer wird, um die Kosten zu drücken, könnte man besser gleich ganz darauf verzichten. Oder anders ausgedrückt: dort, wo Farbe bewußt eingesetzt wird, ist sie unverzichtbar.

Eine rechnerische Ermittlung der Farbmenge erweist sich als recht mühsam und kompliziert. Bei Hewlett Packard wird sie jedoch im DeskJet 1200C angewandt, um die Anzahl der Tintentröpfchen festzustellen, die zu drucken sind. Nachdem die Druckdatei aufbereitet ist und die Druckbilder für die einzelnen Prozeßfarben als Bitbild vorliegen, kann man davon ausgehen, daß jedes einzelne Bit einen Tropfenausstoß bewirkt. Aus der Tropfenzahl läßt sich die gesamte Tintenmenge errechnen, wenn man das Volumen eines Tröpfchens kennt. Nun, bei HP ist es wohl bekannt, und dort wird die Flüssigkeitsmenge ermittelt, um einen Aufschluß über den Feuchtigkeitsgehalt zu bekommen. Gegebenenfalls wird die Druckgeschwindigkeit vermindert, um den Trockenprozeß zu unterstützen. Für die Feststellung der Kosten ist diese Methode zumindest bei HP aber nicht vorgesehen. Bei größeren kommerziellen Drucksystemen ist ein solches Verfahren aber durchaus interessant und wird vereinzelt sogar angewendet. Dort ermittelt der Druckerprozessor tatsächlich die zu erwartenden Kosten anhand der Druckdaten. Bleibt also die einzige Möglichkeit, die farbigen Flächen auszumessen und die Farbmenge anhand der Flächenanteile zu errechnen bzw. abzuschätzen. Das reicht auch vollkommen aus, denn es geht ja wirklich nicht um Pfennigbeträge beim Farbdrucken. Oder etwa doch? Hier helfen ein paar nützliche Hinweise, um ein Gefühl zu entwickeln, wie die farbigen Flächenelemente zu bewerten sind. Zunächst muß man sich veranschaulichen, daß bei einem Farbdruck selten nur einzelne Prozeßfarben verwendet werden. Vielmehr kommen Farbmischungen zum Einsatz, die aus zwei oder drei Primärfarben zusammengestellt sind. Dann verdoppelt oder verdreifacht sich natürlich der Farbanteil entsprechend. Ein Beispiel hierzu. Eine Fläche von 100 cm^2 nimmt etwa 17,5% der bedruckbaren Fläche einer A4-Seite ein. Wird sie mit vollem Kontrast in Cyan, Magenta oder Gelb bedruckt, beträgt der Farbanteil 17,5%. Wird sie dagegen Rot, Grün oder Blau gedruckt, müssen diese Farben aus zwei anderen Prozeßfarben zusammengestellt werden, und der Farbanteil beträgt dann 2 x 17,5% = 35%. Noch schlimmer verhält es sich, wenn ein Drucker die schwarze Tinte nur für Schriften verwendet und echte Grautöne in einer Grafik aus den drei Komponenten CMY erzeugt. Dann wird aus einem Grauton mit 30% Kontrast plötzlich ein 90% Farbanteil für die entsprechende Fläche. Für Overhead-Präsentationen wird häufig ein dunkler Hintergrund genommen, damit sie in hellen wie in dunklen Räumen gut zum Ausdruck kommen. Weil sich die reinen Primärfarben aber nicht als Hintergrund eignen, werden Mischfarben gewählt. Die bedeckte Fläche ist fast identisch mit dem Blattformat, und wenn zwei Primärfarben zur Mischung verwendet werden, beträgt der Farbanteil schnell 200%. Wenn man den Farbverbrauch genau ergründen will, sollten alle Größen, die den Farbanteil ausmachen, berücksichtigt werden. Diese sind:

a) Bedruckbare Fläche, denn die Kostenangaben der Hersteller beziehen sich immer auf die maximal bedruckbare Fläche einer Seite. Diese ist dann mit 100% gleichzusetzen.

b) Farbiger Flächenanteil der bedruckbaren Fläche.

c) Anzahl der verwendeten Primärfarben in diesem Flächenanteil, und bei Bedarf

d) Feststellung des Kontrastes der verwendeten Farbflächen.

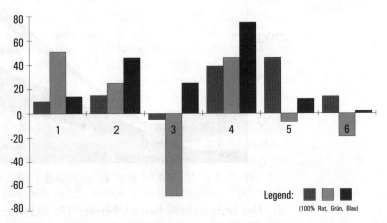

Abb. 115: Ausschnitt aus einem Memo. Die Farblagen nehmen ca. 16%, der schwarze Text ca. 5% der Druckfläche ein

Ein schrittweises Vorgehen kann dann zum gewünschten Ergebnis führen. Anhand dreier Beispiele soll die Ermittlung verdeutlicht werden. Zunächst sei ein Memorandum angenommen, das in Abbildung 115 gezeigt ist. Es enthält eine einfache Balkengrafik, die eine halbe Seite

7.1 Ermittlung des Farbanteils

einnimmt. Der Rest ist mit Text versehen, der etwa 5% Flächendeckung ausmacht (nicht abgebildet).

a) Der bedruckbare Bereich beträgt 270 x 200 mm = 54.000 mm² = 100%.

b) Die mit Farbe bedeckte Fläche beträgt ca. 4500 mm² = 8%.

c) Es werden nur Volltöne der Farben Rot, Grün und Blau gewählt, die aus den Mischungen der Prozeßfarben
Gelb + Magenta = Rot,
Cyan + Gelb = Grün und
Cyan + Magenta = Blau entstehen.
Die farbigen Flächenanteile verdoppeln sich somit auf 16%.

Hinzu kommt der schwarze Text mit 5%, so daß der Gesamtfarbanteil 21% beträgt. Die Auswahl der Farben Rot, Grün und Blau erfolgt häufig aus Vereinfachungsgründen, weil die Computerbildschirme mit diesen Farben angesteuert werden. Für den Druck sind sie jedoch von Nachteil, weil sie die Menge der Druckfarben erhöhen.

Als zweites Beispiel soll Abbildung 116 dienen, die eine Geschäftsgrafik zeigt. Zunächst sei davon ausgegangen, daß diese Grafik die ganze Fläche einer A4-Seite einnehmen soll.

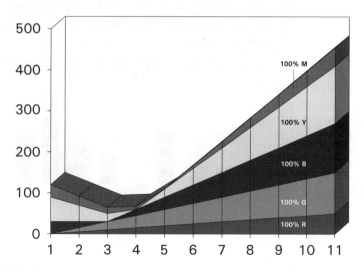

Abb. 116: Ganzseitige Geschäftsgrafik, deren Farbanteil ca. 53% beträgt

a) Der bedruckbare Bereich beträgt 270 x 200 mm = 54.000 mm² = 100%.

b) Die mit Farbe bedeckte Fläche beträgt ca. 16.500 mm² = 30%. Würden nur reine Prozeßfarben verwendet, wäre der gesamte Farbanteil 30%.

c) Der größte Teil der Grafik enthält aber mit den Farben Rot, Grün und Blau Mischfarben, die aus jeweils zwei Primärfarben erzeugt werden. Diese Fläche beträgt 10.400 mm² = 20% und wird somit zweimal bedruckt. Der erste Druck davon ist bereits in den 30% von b) enthalten, hinzugezählt werden nun die soeben ermittelten 20%. Somit beträgt der Farbanteil 50%. Eine kleine Schattenfläche von 3% enthält zusätzlich noch die Farbe Schwarz, auch dieser Anteil wäre noch zu addieren.

d) Der Farbanteil beträgt insgesamt 53%, weil jede einzelne Farbe mit vollem Kontrast aufgetragen ist.

Ein weiteres Beispiel bezieht sich auf Abbildung 117, die einer Präsentation entstammt. Hier ist der gesamte Hintergrund leuchtend Grün bzw. Blaugrün gewählt (der in Präsentationen häufig verwendete blaue Hintergrund führt zum selben Ergebnis). Wenn man nach demselben Schema die Berechnung anstellt, kommen wir auf folgende Zahlen:

Abb. 117: Beispiel aus einer farbenreichen Präsentation

a) Der bedruckbare Bereich beträgt wiederum 54.000 mm² = 100%
b) Die mit Farbe bedeckte Fläche ist etwas kleiner als der Druckbereich und wird mit 90% angenommen.
c) Ein helles Grün bedeckt als Hintergrund die Gesamtfarbfläche mit ca. 30%, macht also 27% des Druckbereiches aus. Weitere 50% des Hintergrundes sind als Blaugrün ausgeführt, der Anteil am Druckbereich beträgt 45%. Die Objekte nehmen die verbleibenden 20% der Farbfläche bzw. 18% des bedruckbaren Bereiches ein.

d) Der hellgrüne Farbton (27%) wird mit einer Mischung aus 40% Cyan + 40% Gelb erzeugt, der Farbanteil an der Gesamtfläche beträgt somit 80% x 27% = 22%.

Der blaugrüne Farbton (45%) wird mit einer Mischung aus 100% Cyan + 40% Magenta + 40% Gelb erzeugt, der Farbanteil an der Gesamtfläche beträgt 180% x 45% = 81%. Dasselbe Blaugrün kann auch mit 60% Cyan und 40% Schwarz erzeugt werden. Dann verringert sich der Farbanteil auf 100% x 45% = 45%.

18% Objektfläche: Der Einfachheit halber sei angenommen, daß die Vollton-Mischfarben (2 Prozeßfarben) die helleren Halbtonfarben (0,5 Prozeßfarben) kompensieren und der Farbanteil 18% ausmacht.

Der gesamte CMY-Farbgehalt wird aus der Summe aller einzelnen Anteile gebildet, er ist mit 22% + 81% + 18% = 121% größer als 100%. Man kann sich das so vorstellen, daß eine Primärfarbe voll gedruckt wird, während eine zweite Farbe nur etwa 1/5 der Fläche bedeckt. Theoretisch könnten alle vier Farben mit ihrem vollen Tonwert gedruckt werden, was aber keinen Sinn macht. Praktisch werden aber durch die Software und/oder die Druckerintelligenz zu satte Farben reduziert und durch Schwarz ersetzt, was die Kosten und den Feuchtgehalt des Ausdrucks minimiert. Diese Methoden werden in der Fachwelt auch mit Under Color Removal und Black Component Replacement bezeichnet. In unserem Beispiel wäre damit auf 45% der Gesamtfläche ein Blaugrün durch 60% Cyan (gesamt 27%) und 40% Schwarz (gesamt 18%) zu erzeugen. Dadurch entsteht ein CMY-Farbgehalt von 22% + 27% + 18% = 67% und ein Schwarzanteil von 18%, was den Gesamtfarbgehalt auf 85% drückt.

Diese wenigen Beispiele sollen genügen, einen Eindruck von der Druckfarbenmenge zu vermitteln, die für das gesamte Spektrum möglicher Farbanwendungen in Betracht zu ziehen ist. Damit ist eine gute Grundlage gegeben, die Verbrauchskosten für den jeweiligen Farbanteil zu errechnen.

7.2 Was kostet eine Seite?

Die Verbrauchskosten werden meistens als Seitenpreis ermittelt, berücksichtigen also die Summe aller Einzelkomponenten, die sich auf eine Seite herunterrechnen lassen. Sie sind aus mehreren Komponenten zusammengesetzt, die je nach Drucktechnologie höher oder niedriger ausfallen oder bei manchen gar nicht in Betracht kommen. In der Tabelle sind einige Kostenfaktoren angegeben mit Bezug auf die Druckertypen, bei denen sie anfallen.

Wie bereits oben angeführt, produzieren einige Druckertechnologien konstante Verbrauchskosten unabhängig von der bedruckten Fläche und der Anzahl der verwendeten Farben. Die Kostenberechnung dafür ist sehr simpel, darum soll sie den anderen Technologien vorangestellt werden.

Tabelle 10

	Tintenstrahl			Thermo-transfer	Thermo-sublimation	Laser
	Drop-on-Demans	Contin.	Solid Ink			
Kosten	variabel	fix	variabel	fix	fix	variabel
Papier	Normal Spezial	Normal Spezial	Normal	Spezial	Spezial	Normal
Farbe	Tinte	Tinte	Wachs	Wachs	Wachs	Toner + Developer
Fixieröl						ja
Entsorgung		ja				ja
OPC-Einheit						ja
Wartung		ja				ja

7.2.1 Thermotransfer- und Thermosublimationsdrucker

Verbrauchsmaterialien für Thermotransfer- und Thermosublimationsdrucker bestehen immer aus einer Rolle mit der Farbfolie sowie einem Päckchen Spezialpapier. Zumeist ist die Anzahl der Ausdrucke, die mit einer Farbtransferrolle erstellt werden können, mit angegeben. Um den Farbmittelanteil an den Verbrauchskosten zu erhalten, dividiert man den Preis für eine Transferrolle durch die Anzahl der Ausdrucke. Ebenso verfährt man mit den Papierkosten. Werden beide Teilkosten addiert, erhält man die Gesamtverbrauchskosten pro Ausdruck:

    Preis für Transferrolle/Ausdrucke
+ Papierpreis/Ausdrucke
= Verbrauchskosten/Ausdruck

Einige Berechnungsbeispiele zum besseren Verständnis:

a) Papierausdruck Thermotransferdrucker:
    3-Farbrolle für 342 Ausdrucke: DM 459,-
    Preis pro Ausdruck: DM   1,34
    A4-Papier, 1000 Blatt   DM 293,-
    Preis pro Blatt   DM   0,29
    Gesamtkosten pro Ausdruck: DM   1,63

b) Overheadfolie Thermotransferdrucker:
    3-Farbrolle für 342 Ausdrucke: DM 459,-
    Preis pro Ausdruck: DM   1,34

7.2 Was kostet eine Seite?

      A4-Overheadfolie, 50 Blatt   DM 113,85
      Preis pro Blatt   DM   2,28
Gesamtkosten pro Ausdruck: DM   3,62

c) Papierausdruck Thermosublimationsdrucker
    3-Farbrolle für 100 Ausdrucke: DM 454,25
    Preis pro Ausdruck: DM   4,54
    A4-Papier, 200 Blatt   DM 287,50
    Preis pro Blatt   DM   1,44
    Gesamtkosten pro Ausdruck: DM   5,98

d) Papierausdruck A3-Überformat Thermosublimationsdrucker
    4-Farbrolle für 160 Ausdrucke: DM 1782,50
    Preis pro Ausdruck: DM 11,14
    A3-Papier, Überformat, 100 Blatt   DM 552,-
    Preis pro Blatt   DM   5,52
    Gesamtkosten pro Ausdruck: DM 16,66

Die Verbrauchskosten für diese Drucke sind konstant und unabhängig von der Farbdeckung. Auf unsere drei Anwendungsbeispiele bezogen bedeutet dies, daß sie pro Drucktechnologie alle gleich teuer sind. Relativ gesehen sind diese Technologien bei intensiver Farbnutzung als preiswert anzusehen.

7.2.2 Drop-on-Demand-Tintendrucker

In ähnlicher Weise kann man die Kosten der Kontinuierlichen Tintendrucker ermitteln. Die Anwender solcher hochpreisiger Geräte sind aber weniger kritisch, was die Kostensituation betrifft. Vielmehr steht die enorme Druckqualität im Vordergrund, und ein paar Mark mehr oder weniger fallen nicht ins Gewicht. Weitaus sensibler in dieser Hinsicht sind Anwender der verbleibenden Tintendrucker, nämlich der sog. Drop-on-Demand-Flüssig- und Festtintendrucker. Bei diesen Druckern setzen sich die laufenden Kosten auch aus der Papierkomponente und der Tinten- bzw. Wachskomponente zusammen, die allerdings nun variabel ist, weil sie von der aufgetragenen Farbmenge abhängt. Um die Druckkosten richtig einschätzen zu können, ist die Feststellung der Farbanteile unerläßlich, daher die ausführliche Behandlung im vorigen Abschnitt. Weil die Tintenmenge linear mit der Fläche ansteigt, verlaufen auch die Verbrauchskosten linear. Besonders preiswert wird es, wenn nur sehr wenig gedruckt wird, dann ist nur das Papier anzurechnen. Bei voller Farbdeckung fallen jedoch maximale Kosten an, die oft nur schwer zu ermitteln sind. Bedeutet ein Farbanteil von 100% die volle Deckung mit einer Prozeßfarbe oder mit drei Farben, was praxisfremd wäre? Besonders die amerikanische Fachpresse bedient sich mehrerer Definitionen für eine Farbseite, um Druckkosten von Tintendruckern anzugeben.

5%-Seite:	5% einer Seite wird mit Tinte einer Farbe bedeckt. Dies entspricht dem Verständnis für das Kontrastverhältnis einer normalen Textseite.
Tek-Seite (Tektronix-Definition)	30% einer Seite ist mit einer Mischung der Farben bedeckt. 40% davon ist schwarz (absolut 12%), jeweils 20% sind mit den drei Prozeßfarben gefüllt (absolut 3 x 6%).
HP-Seite (HP-Definition)	15% einer Seite ist gefüllt mit einer 15%-Mischung der 6 primären und sekundären Prozeßfarben sowie 10% Schwarz. Die Farben überdecken sich jeweils voll, sind also nicht gerastert. Entschlüsselt bedeutet dies: Cyan = 15% (Cyan) + 15% (Anteil an Grün) + 15% (Anteil an Blau) = 45%, absolut: 45% x 15% = 6,75%. Magenta = 15% (Magenta) + 15% (Anteil an Blau) + 15% (Anteil an Rot) = 45%, absolut: 45% x 15% = 6,75%. Gelb = 15% (Gelb) + 15% (Anteil an Grün) + 15% (Anteil an Rot) = 45%, absolut: 45% x 15% = 6,75%. Gesamtfarbgehalt = 21,75% (20,25% Prozeßfarben + 1,5% Schwarz).
100%-Seite	Die volle Seite ist bedeckt mit einer gleichmäßigen Mischung der 6 primären und sekundären Prozeßfarben plus Schwarz. Auch hier wieder die Entschlüsselung: 100% = 1/7 Cyan + 1/7 Magenta +1/7 Gelb + 1/7 Rot (Magenta + Gelb) + 1/7 Grün (Gelb + Cyan) + 1/7 Blau (Magenta + Cyan) + 1/7 Schwarz. Insgesamt: 3/7 Cyan + 3/7 Magenta + 3/7 Gelb + 1/7 Schwarz = 10/7, Farbgehalt insgesamt = 143%.

Die 100%-Seite, siehe Abbildung 118, mit einem Farbgehalt von insgesamt 143% ist für einen Vergleich der Kostenstrukturen eine geeignete Referenz, deswegen soll sie für die folgenden Rechenbeispiele verwendet werden.

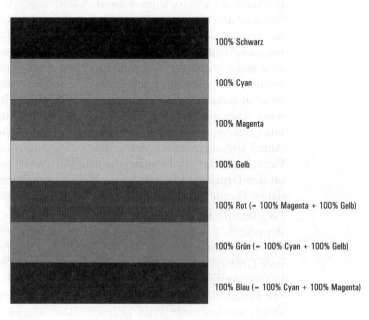

Abb. 118: 100%-Seite zur Ermittlung maximaler Farbkosten

Bei der Angabe des Tintenverbrauchs tun sich die Hersteller recht schwer. Möglicherweise befürchten sie, daß er abschreckend wirkt, denn der Großteil des Erlöses aus dem Druckerverkauf wird mit Verbrauchsmaterialien erzielt. Diese kann man freilich nicht umgehen: Ist die Kartusche leer, muß eine neue her oder der Drucker verweigert den Dienst. Wird von den Herstellern doch einmal der Tintenverbrauch angegeben, bezieht er sich meistens auf einen geringen Farbanteil pro Seite, der dem eines Geschäftsbriefes sehr nahe kommt. Dadurch wird ein günstiger Verlauf der Tintenkosten vermittelt. Wenn man sich jedoch die Demoausdrucke ansieht, die den Prospekten der Hersteller beiliegen oder auf Messen und Ausstellungen verteilt werden, fallen farbenreiche und großflächige Grafiken und Bilder auf. Der Tintenverbrauch dafür ist nicht in Einklang mit den Herstellerangaben zu bringen, hier klafft eine große Lücke, die bis zu 2 – 4 DM betragen kann. Pro Ausdruck, inklusive Spezialpapier versteht sich. Hin und wieder stößt man sogar auf Angaben, unter denen man sich überhaupt nichts vorstellen kann. Wird die Lebensdauer einer Tintenpatrone mit beispielsweise 1,2 Millionen Zeichen angegeben, läßt sich schwer der reale Verbrauch abschätzen. Welche Zeichen sind gemeint? Generell sollte man sich genau anschauen, in welcher Weise ein Tintendrucker die Flüssigkeit verbraucht. Kritische Punkte sind hierbei:

Tintenkartusche: Es gibt Druckermodelle, die für die drei Prozeßfarben einen gemeinsamen Behälter verwenden, der auch noch die Druckköpfe beherbergt. Die Tinten sind zwar in separaten Kammern untergebracht. Doch ist eine Kammer leer, kann sie nicht nachgefüllt werden, und die ganze Kartusche muß ausgetauscht werden, obwohl die anderen Kammern noch genügend Tinte enthalten. Die nicht verbrauchte Tinte schlägt sich besonders in den Kosten nieder, denn für eine nicht gedruckte Tintenmenge muß eine neue Ration angeschafft werden, die vielleicht auch nicht verbraucht wird. Daher kann man zwar in etwa die reale Tintenmenge abschätzen, die wirklich gedruckt wird. Aber die Menge, die nicht gedruckt, dafür aber mit weggeworfen wird, bleibt, wie die Kosten dafür, ungewiß. Möglicherweise ist der Anteil sogar größer als der gedruckte. Daher sind in jedem Falle die Geräte günstiger zu bewerten, welche die Tinte über getrennte Behälter an den Druckkopf liefern. Dann kann man sich ein besseres Bild über den Verbrauch machen und die Kosten sicherer kalkulieren.

Grafikauflösungen und Druckmodi: Flüssig- und Festtintendrucker der oberen Kategorie verfügen über verschiedene Druckmodi zur besseren Anpassung der Druckqualität an die Geschwindigkeit. Eine höhere Grafikauflösung erzeugt eine bessere Druckqualität bei allerdings herabgesetzter Druckgeschwindigkeit. Dies hat aber auch einen höheren Tinten- bzw. Wachsverbrauch zur Folge. Denn wenn die Auflösung steigt, werden mehr Pixel gedruckt. Der Anstieg von einer 360 dpi-

Auflösung auf die wunderbare 720 dpi-Auflösung erzeugt viermal mehr Tintentropfen, die Kosten dafür werden somit vervierfacht.

Kommen wir nun zu Kostenberechnungen, wobei allerdings keine speziellen Grafik- oder Qualitätsmodi und keine getrennten Farbbehälter angenommen werden können. Für das Druckmedium, nämlich Papier oder Transparentfolie, kommen verschiedene Qualitätsklassen in Betracht. Normales Kopierpapier kostet etwa 0,05 DM pro Blatt, kann aber wegen der schlechten Druck- und Farbqualität nicht empfohlen werden. Etwas besseres Tintendruckpapier liefert keine wesentlich bessere Qualität, kostet aber 0,25 bis 0,41 DM pro Blatt. Die beste Qualität, die vergleichbar ist mit der Qualität von Festtinten-, Thermotransfer- und Laserdruckern wird erreicht, wenn das teuere Glanzpapier (Glossy Paper) verwendet wird. Die Kosten dafür sind jedoch enorm, sie liegen in etwa bei 2,70 DM pro Blatt. Den Kalkulationsbeispielen liegen Zirka-Preisangaben für verschiedene Tintendrucker zu Grunde.

Beispiel 1 Flüssigtintendrucker 1, Druckformat A4
Tinte, schwarz, 1 Kartusche (1000 Seiten bei 5% Deckung):71 DM
Tinte, CMY, 1 Kartusche (686 Seiten bei 5% Deckung):   79 DM
Tinte für 100%-Farbseite: 3,16 DM
(9/7 CMY: 79 DM/686/5% x 9/7, 1/7 K: 71 DM/1000/5% x 1/7)

	Tintenpapier	Glanzpapier	OHP-Folie
	DM		
Druckmedium (0%):	0,25	2,67	2,35
100%-Farbseite:	3,41	5,83	5,51
Memo (16% CMY, 5% K):	0,69	3,11	2,79
Grafik (50% CMY, 3% K):	1,44	3,86	3,54
Präsentation (121% CMY):	3,04	5,46	5,14
Präsentation (67% CMY, 18% K):	2,05	4,47	4,15

Fazit Besteht die Anforderung nach hoher Farbqualität, ist das Spezialpapier der kostentreibende Faktor. Ansonsten hängen die Verbrauchskosten zum größten Teil vom CMY-Farbgehalt ab. Sie können erheblich gesenkt werden, wenn gleiche CMY-Anteile durch Schwarz ersetzt werden. Eine Seite der Präsentation wird so um fast eine Mark preiswerter.

Beispiel 2 Flüssigtintendrucker 2, Druckformat A4
Tinte, schwarz, 1 Kartusche (1100 Seiten bei 5% Deckung): 66 DM
Tinte, CMY, pro Kartusche (1100 Seiten bei 5% Deckung): 77 DM
Tinte für 100%-Farbseite: 1,97 DM
(9/7 CMY: 77 DM/1100/5% x 9/7, 1/7 K: 66 DM/1100/5% x 1/7)

7.2 Was kostet eine Seite?

	Tinten-papier	Glanz-papier	OHP-Folie
	DM		
Druckmedium (0%):	0,25	2,67	2,35
100%-Farbseite:	2,22	4,64	4,32
Memo (16% CMY, 5% K):	0,53	2,95	2,63
Grafik (50% CMY, 3% K):	0,99	3,41	3,09
Präsentation (121% CMY):	1,94	4,36	4,04
Präsentation (67% CMY, 18% K):	1,40	3,82	3,50

Fazit Dieser in der Anschaffung teurere Tintendrucker erzeugt niedrigere Kosten, denn die CMY-Tinten sind preiswerter als beim Drucker im ersten Beispiel. Daher ist der Ersatz gleicher CMY-Anteile durch Schwarz auch nicht so wirkungsvoll. Aber auch hier ist das Spezialpapier der kostentreibende Faktor.

Beispiel 3 Festtintendrucker, Druckformat A4

Wachsstift, schwarz, (166 Seiten bei 12% Deckung):   43 DM
Wachsstift, CMY, (105 Seiten bei 9% Deckung):   25 DM
Wachs für 100%-Farbseite: 3,71 DM
(9/7 CMY: 25 DM/105/9% x 9/7, 1/7 K: 43 DM/166/12% x 1/7)

	Kopierpapier	OHP-Folie
	DM	
Druckmedium (0%):	0,05	2,90
100%-Farbseite:	3,76	6,61
Memo (16% CMY, 5% K):	0,58	3,43
Grafik (50% CMY, 3% K):	1,44	4,29
Präsentation (121% CMY):	3,25	6,10
Präsentation (67% CMY, 18% K):	2,21	5,06

Fazit Die Verbrauchskosten dieses Solid-Inkjet-Druckers liegen in der Größenordnung des preiswerten Flüssigtintendruckers. Auch hier beträgt der Unterschied bei der Präsentation ca. 1 DM, wenn anstelle gleicher CMY-Anteile als Ersatz Schwarz gedruckt wird.

Man sieht, daß die kritische Anmerkung weiter oben, ob es wirklich um Pfennigbeträge beim Farbdrucken geht, durchaus berechtigt war. Alle drei Beispiele zeigen enorme Beträge, wenn die Drucker zur intensiven Farbausgabe genutzt werden und dabei auch noch auf die Qualität geachtet wird.

7.2.3 Laserdrucker

Auch Farblaserdrucker weisen einen variablen Kostenverlauf auf, der allerdings noch von den regelmäßig durchzuführenden Wartungsmaßnahmen beeinflußt wird. Im Gegensatz zu solchen Aufwendungen, die auch bei den anderen Druckern anfallen können wie z. B. Austausch des Druckkopfes, werden sie von Laserdrucker-Herstellern offen aufgeführt. Aus den Herstellerangaben sind beispielsweise folgende Preise ersichtlich:

Schwarzer Toner, für 4000 Drucke (5%):	120 DM
Pro Ausdruck (variabel):	0,030 DM
Farbiger Toner, für 2000 Drucke (5%):	175 DM
Pro Ausdruck (variabel):	0,088 DM
Schwarzer Entwickler, für 30000 Ausdrucke:	395 DM
Farbiger Entwickler, für 15000 Entwicklungen:	395 DM
Fixieröl, für 3000 Drucke:	75 DM
Pro Ausdruck (fix):	0,025 DM
Entsorgung verbrauchter Toner:	23 DM
OPC-Band, für 50000 Belichtungen:	660 DM

Erläuterungen für 4-Farb-Ausdruck:
- Schwarzer Toner wird den Verbrauchskosten zugeordnet, er wird für die schwarzen Anteile gebraucht, der Bedarf richtet sich nach dem Kontrast.
- Schwarzer Entwickler wird den Wartungskosten zugeordnet, er wird für die schwarze Separation gebraucht, der Bedarf ist fix.
- Farbiger Toner wird den Verbrauchskosten zugeordnet, er wird für jede einzelne Prozeßfarbe benötigt, der Bedarf richtet sich nach dem Kontrast.
- Farbiger Entwickler wird den Wartungskosten zugeordnet, er wird für die Farbauszüge gebraucht, der Bedarf pro Separation ist fix.
- Bei einem 4-Farb-Ausdruck wird 1 x schwarzer Entwickler und 3 x farbiger Entwickler gebraucht.
- Fixieröl wird für den fertigen Ausdruck benötigt, fällt also nur einmal pro Druck an und wird den Verbrauchskosten zugerechnet.
- Das OPC-Band belichtet jeden einzelnen Farbauszug, bei einem 4-Farb-Ausdruck wird es viermal belichtet. Es stellt einen Wartungsaufwand dar, der vergleichbar mit einem Druckkopftausch ist und wird nicht bei den Seitenpreisen berücksichtigt.

Verbrauchskosten für 100%-Farbseite: 2,38 DM
(9/7 CMY: 2,26 DM, 1/7 K + Fixierung: 0,09 DM + 0,03 DM = 0,12 DM)

7.2 Was kostet eine Seite?

	Kopierpapier	OHP-Folie
	DM	
Druckmedium (0%):	0,05	1,25
100%-Farbseite:	2,43	3,63
Memo (16% CMY, 5% K):	0,39	1,59
Grafik (50% CMY, 3% K):	0,97	2,17
Präsentation (121% CMY):	2,20	3,40
Präsentation (67% CMY, 18% K):	1,36	2,56

Fazit Ein Laserdrucker erzeugt bereits auf Kopierpapier die höchste Druckqualität. Aufgrund der wesentlich niedrigeren Kosten des schwarzen Toners wird ebenfalls ein Spareffekt erzielt, wenn er anstelle gleicher CMY-Anteile eingesetzt wird.

7.2.4 Vergleich der Verbrauchskosten

Die angestellten Berechnungen sind als Beispiele zu verstehen, die natürlich nicht alle Produkte berücksichtigen können. Die gewählten Geräte können aber als repräsentativ angesehen werden, denn sie sind die erfolgreichsten Vertreter der jeweiligen Kategorie im Jahre 1994. Auch lehnen sie sich an die aktuelle Preissituation im Herbst 1994 an. Diese kann sich jedoch schnell ändern. Hier soll ein allgemeiner Eindruck vermittelt und eine Hilfestellung für eigene Berechnungen gegeben werden. Der grundlegende Verlauf der Kostenlinien ist aber bereits seit längerer Zeit in etwa so, wie in den folgenden Abbildungen dargestellt, und zwar unabhängig von den reellen Preisen für Verbrauchsmaterialien.

Abbildung 119 zeigt die Verbrauchskosten einer Druckseite in Abhängigkeit des Füllgrades. Die Maximalkosten repräsentieren dabei unsere 100%-Farbseite, die als Referenz dient. Der Farbgehalt dieser Seite liegt bei 143%, denn für Mischfarben müssen ja mindestens zwei Prozeßfarben aufeinandergedruckt werden. Bei einem Farbgehalt von 0% entstehen lediglich Papierkosten. Die Maximalkosten wurden den vorangegangenen Rechenbeispielen entnommen. Man kann annehmen, daß die in der Praxis vorkommenden Fälle irgendwo dazwischen liegen. Die Grafikbeispiele der Seiten 222–224 bieten ebenfalls gute Anhaltspunkte für den Farbgehalt. Somit dienen die Diagramme einem objektiven Vergleich und sind eine wertvolle Hilfe für die Ermittlung der Gesamtkosten, die sich im Verlauf des Einsatzes eines Gerätes ergeben.

Auch anhand der Verbrauchskosten kann eine Positionierung der einzelnen Technologien vorgenommen werden. Ob das eine oder andere Gerät besser geeignet ist, hängt in den meisten Fällen davon ab, wieviel

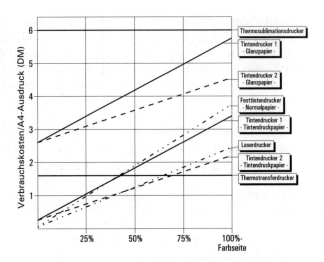

Abb. 119:
Der Verlauf der Verbrauchskosten pro Seite (Papier)

Farbe in den Ausdrucken enthalten ist. Kontinuierliche Tintendrucker, die hier nicht aufgeführt sind, sowie Thermotransfer- und Thermosublimationsdrucker sind die einzigen Vertreter, die konstante Kosten für jeden Farbgehalt verursachen. Daraus kann man ableiten, daß sich Vollfarbdrucke besonders günstig auf die Verbrauchskosten auswirken, wie es auch in der Abbildung deutlich wird.

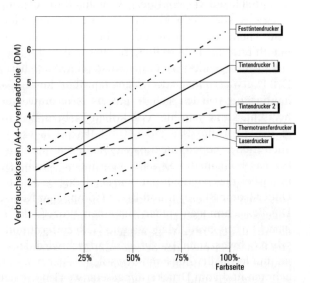

Abb. 120:
Der Verlauf der Verbrauchskosten pro Seite bei Verwendung von Overhead-Folien

Bei allen anderen Produktkategorien werden die Verbrauchskosten hauptsächlich vom Farbanteil bestimmt. Je geringer dieser ist, um so preiswerter ist eine gedruckte Seite. Überraschend mag für viele das relativ hohe Verbrauchskostenniveau der preiswerten Tintendrucker sein. Einerseits ist der intensive Farbeinsatz unverhältnismäßig teuer,

7.2 Was kostet eine Seite?

andererseits benötigen diese Drucker eine lange Zeit für solche Ausdrucke, was nicht unbedingt für einen wirtschaftlichen Einsatz spricht. Thermotransferdrucker sind meistens ab einem Farbgehalt von ca. 40% die kostengünstigere Alternative, sie sind zudem viel schneller. Lediglich Tintendrucker 2 aus unseren Beispielen macht eine gute Figur, was die Verbrauchskosten betrifft. Dafür ist er in der Anschaffung teurer. Beide Tintendrucker erzeugen aber eine mit den professionelleren Drucktechniken vergleichbare Farbqualität nur auf sogenanntem Glanzpapier, das sich preislich ausgesprochen ungünstig niederschlägt. Es hebt die Verbrauchskosten von vornherein auf eine hohe Ebene, die über der von viel teureren Druckern liegt. Bei einem höheren Farbgehalt stoßen sie sogar in Bereiche von Thermosublimationsdruckern vor.

Angesichts der Kosten für die Wachsstifte der Festtintendrucker wird der Vorteil, bereits auf preisgünstigen Empfängermaterialien eine hohe Farbqualität zu erzeugen, relativiert. Dies ist um so bedeutender, als bei diesen Druckern auch die Anschaffungskosten hoch sind, was sich in ungünstigen Betriebskosten ausdrücken dürfte. Erfahrungsgemäß werden Festtintendrucker in intensiven Farbgrafikanwendungen eingesetzt, wo regelmäßig ein hoher Farbgehalt zum Ausdruck kommt.

Das Anfertigen von Overhead-Präsentationen ist ein wichtiges Anwendungsgebiet für Farbdrucker. Es sollte vom Volumen her nicht unterschätzt werden. So geht beispielsweise aus den Daten eines Herstellers von Thermotransferdruckern ein Anteil an Transparentfolien von mehr als 40% der ausgelieferten Empfängermedien hervor. Die Kosten zum Bedrucken dieser Folien sind in Abbildung 120 wiedergegeben. Die Daten stammen wieder aus den Berechnungsbeispielen. Während häufig über den Farbgehalt anderer Druckanwendungen Ungewißheit herrscht, kann man hier von hohen Farbanteilen ausgehen, die immer in der Größenordnung der 100%-Farbseite liegen. Daher entstehen auch immer hohe Druckkosten. Sie liegen nur zum Teil in den Kosten für das Folienmaterial selbst begründet. Wie bereits aus den Berechnungsbeispielen erkennbar wurde, lassen sich die Farbkosten durch Under Color Removal und Black Component Replacement verringern. Die Bezeichnungen stehen für einen Prozeß, der gleiche Anteile der Druckfarben Cyan, Magenta und Gelb entfernt und dafür einen identischen Schwarzanteil hinzufügt. Dadurch wird der effektive Farbgehalt vermindert. Allerdings muß ein solcher Schritt von der Applikation angeboten und vom Drucker umgesetzt werden können.

Unter solchen Gesichtspunkten sind Thermotransferdrucker äußerst günstige Geräte zur Anfertigung von Overhead-Folien. Sie erzeugen dazu noch die beste Farbqualität für Präsentationszwecke und tun das noch mit hoher Druckgeschwindigkeit. Die vermeintlich preisgünstigen Tintendrucker verhalten sich genau gegensätzlich. Aufgrund des hohen Farbgrafikanteils entstehen sehr hohe Verbrauchskosten, die Druckzeiten sind ebenfalls beträchtlich (siehe Abschnitt „Druckdurchsatz") und die Abbildungsqualität der Folien läßt viel zu wünschen übrig.

Anhand der Berechnungsbeispiele und grafischen Darstellungen ist es nun möglich, für individuelle Farbdruckanwendungen die Seitenpreise zu ermitteln. Wem dies zu kompliziert ist, erhält zumindest einen realistischen Eindruck von den tatsächlichen Kosten, die bei den unterschiedlichsten Anwendungsfällen entstehen können. Beobachtet man diese Kosten über einen längeren Zeitraum, entstehen gewaltige Beträge. Nun wird erst recht deutlich, daß der Einsatz von Farbdruckern in Farbgrafikanwendungen nicht mit dem Einsatz von Schwarzweiß-Laserdruckern in Büroumgebungen vergleichbar ist. Daher ist es um so wichtiger, daß man sich über die Nutzungskriterien ein genaues Bild macht. Der nächste Abschnitt untersucht den Kostenverlauf über einen längeren Zeitraum, um unter anderem aufzuzeigen, daß die Anschaffungskosten eines teueren Druckers leicht vernachlässigt werden können, wenn der tägliche Einsatz wirtschaftlicher ist.

7.3 Betriebskosten

Die Betriebskosten eines Farbdruckers sind zusammengesetzt aus den Investitionskosten und den laufenden Kosten, die den variablen Anteil darstellen. Die laufenden Kosten, auf eine gedruckte Seite heruntergerechnet, wurden im vorigen Abschnitt recht trivial mit Seitenpreise bezeichnet. Diese sind aufgrund der Farbmittel und manchmal auch wegen des Spezialpapiers viel höher als bei Schwarzweiß-Druckern, auch sind andere anfallende variable Kostenanteile wie Strom- oder Wartungskosten vernachlässigbar.

Bei der Kalkulation ist die Einsatzdauer bzw. das Druckvolumen zu berücksichtigen, das der Drucker zu bewältigen hat. Das Druckvolumen wiederum richtet sich nach mehreren Gesichtspunkten wie z. B. Anwendungsgebiet, Anzahl der Benutzer in vernetzten Umgebungen oder Druckleistung, die ein bestimmtes Gerät zu schaffen in der Lage ist. Mit der Berechnungsformel Betriebskosten = Anschaffungskosten + Seitenpreis x Druckvolumen erhält man eine objektive Grundlage für die Ermittlung der wichtigsten Betriebskosten. Daraus ist zu entnehmen, daß sie hauptsächlich vom Druckvolumen abhängen, das über einen längeren Zeitraum entsteht. Ist dieses hoch, können Unterschiede in den Investitionskosten und mitunter sogar die kompletten Anschaffungskosten vernachlässigt werden.

Ein Beispiel aus Schwarzweiß-Druckumgebungen soll diese Annahme verdeutlichen, wobei ein Gesamtdruckvolumen von 300.000 Seiten

7.3 Betriebskosten

vorausgesetzt werden soll (die Zahl entspricht der empfohlenen monatlichen Druckleistung einiger Hersteller von 5000 Seiten, verteilt auf 5 Jahre). Die Verbrauchskosten beziehen sich auf einen Schwarzanteil von 5%, der meistens als Berechnungsbasis dient. Bei einem Seitenpreis von 6,9 Pfennig bei einem Modell entstehen somit Gesamtkosten von 20.700 DM, die lediglich 10.500 DM betragen, wenn der Seitenpreis eines anderen Modells lediglich 3,5 Pfennig beträgt. Da solche Drucker in der Anschaffung heute weniger als 5000 DM kosten, sind selbst gravierende Unterschiede von einem zum anderen Modell vernachlässigbar. Entscheidend für die Anschaffung sind dann nur noch die laufenden Kosen.

Die Übertragung des Beispiels auf Farbdrucker gestaltet sich etwas schwierig. Denn zum einen ist die Auswahl an vergleichbaren Geräten relativ gering, sieht man einmal von Low-Cost-Modellen ab. Zum anderen läßt sich nicht eindeutig feststellen, welcher Farbgehalt regelmäßig zum Einsatz kommt und wie hoch das Druckvolumen voraussichtlich sein wird. Daraus kann man folgern, daß für eine bestimmte Farbanwendung verschiedene Technologien in Betracht gezogen werden, die miteinander verglichen werden. Also sollte man auch die Kostensituation gegenüberstellen können. Anhand einiger Berechnungsbeispiele soll der Versuch gewagt werden, die Betriebskosten verschiedener Technologien miteinander zu vergleichen.

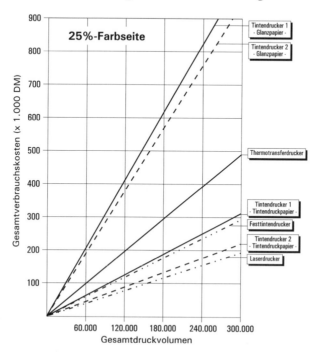

Abb. 121: Gesamtverbrauchskosten bei einer 25%-Farbseite

Das erste Beispiel in Abbildung 121 geht von einem Farbanteil aus, der einem Viertel unserer 100%-Farbseite entspricht. Ein solcher Farbgehalt kommt in einfachen Farbanwendungen zum Einsatz. Die Verbrauchskosten wurden über ein Gesamtdruckvolumen von 300.000 Seiten aufgetragen, was einer normalen Lebenserwartung eines Computerdruckers entspricht. Die konstanten Verbrauchskosten der Thermotransferdrucker machen sich bei geringen Farbanteilen sehr negativ bemerkbar.

Es ist bereits hier zu sehen, daß Low-Cost-Tintendrucker, die hier durch Tintendrucker 1 repräsentiert werden, aufgrund der Tintenkosten langfristig teuere Vertreter sind. Die Verbrauchskosten liegen stets oberhalb denen eines Laserdruckers. Etwas anders entwickelt sich Tintendrucker 2, der in der Anschaffung zwar teurer ist, aufgrund der niedrigeren Verbrauchswerte längerfristig die bessere Investition ist gegenüber Tintendrucker 1. Wenn allerdings eine hohe Druckqualität eine Rolle spielt, verteuern sich beide Tintendrucker ungemein aufgrund der Preise des Glanzpapiers.

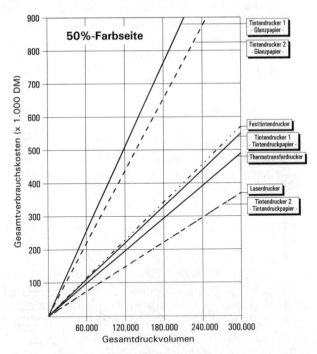

Abb. 122:
Gesamtverbrauchskosten bei einer 50%-Farbseite

Wird der Farbanteil größer, entwickeln sich Verbrauchskosten besonders des Low-Cost Tintendruckers und des Festtintendruckers nachteilig. Beispiele 2 und 3 in Abbildungen 122 und 123 weisen Farbanteile auf, die zwei bzw. drei Viertel der 100%-Seite entsprechen. Sie sollen typische Geschäftsgrafiken bzw. Entwurfsgrafiken darstellen. Traditio-

7.3 Betriebskosten

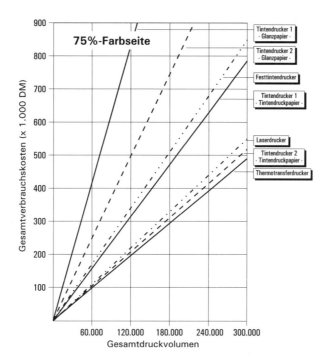

Abb. 123: Gesamtverbrauchskosten bei einer 75%-Farbseite

nell waren dies Anwendungsgebiete für Thermotransferdrucker, bei denen die Druckkosten konstant verlaufen. In letzter Zeit versuchten neuere Tintendrucktechniken, dieses Terrain für sich zu gewinnen. Der Blick auf den Kostenverlauf sollte nachdenklich stimmen. Flüssig- und Festtintendrucker erzeugen sehr hohe Druckkosten, wenn es um Volumen geht. Lediglich Tintendrucker 2 kann mithalten, wenn man über die Druckqualität hinwegsieht. Unter den Gesichtspunkten Druckkosten bei hoher Druckqualität liegen eindeutig Laserdrucker und Thermotransferdrucker vorn.

Das Anfertigen von Overheadfolien ist ein wichtiges Anwendungsgebiet für Farbdrucker. Anhand Abbildung 124 ist der Verlauf der Produktionskosten über ein Druckvolumen von 30.000 Seiten zu sehen. Die geringere Menge ergibt eine realistischere Einschätzung, vor allem aufgrund der Tatsache, daß bei einem hohen Farbanteil die Tintendrucker viel langsamer ihre Arbeit verrichten und ein höheres Druckvolumen unter Umständen gar nicht erreicht werden kann. Bei Präsentationen sind die Seitendrucker eindeutig im Vorteil. Bei Laserdruckern fallen zwar auch höhere Farbkosten an. Dafür kann aber preisgünstigeres Standard-Folienmaterial verwendet werden.

Die Beispiele sind dazu geeignet, einen Einblick über die Entwicklungstendenzen der Gesamtkosten zu geben. Daß dieses Unterfangen schwierig ist, wurde bereits zu Beginn angemerkt. Wenn Farbdrucker

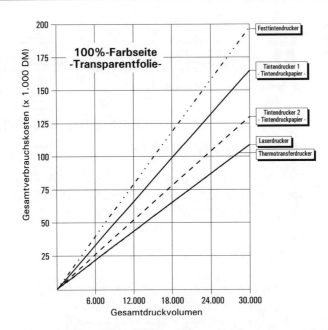

Abb. 124: Gesamtverbrauchskosten bei einer 100%-Farbseite, die als Präsentation auf Transparentfolie ausgegeben wird

aber ihren Zweck erfüllen sollen, mit dem sie am Markt plaziert werden, nämlich Farbe drucken, zeigt sich aber, daß einige Technologien für einen wirtschaftlichen Einsatz ungeeignet sind. Allein aufgrund der Verbrauchskostenunterschiede kann man eine anfangs kostspieligere Technologie in Betracht ziehen, die sich sehr schnell amortisiert. Jetzt wird deutlich, daß unter dem Gesichtspunkt Farbe zu drucken der Anschaffungspreis vernachlässigt werden kann, wenn sich die Investition auf Dauer lohnen soll. Anders betrachtet, können die daraus resultierenden Kostenunterschiede auch als Ersparnis angesehen werden.

8 Abschließende Bewertungen

8.1 Entscheidungskriterien für die Anschaffung eines Farbdruckers

In einer abschließenden Zusammenfassung sollen Kriterien betrachtet werden, die als Beurteilung zur Anschaffung herangezogen werden können. Dabei kann man von zwei generellen Kategorien ausgehen, die sich teilweise gegenseitig ausschließen. Es sind die Kosten-Aspekte und die Nutzen-Aspekte, die auch recht oberflächlich als Preis-Leistungsverhältnis bezeichnet werden können. Dahinter verbergen sich aber mehrere Einzelkriterien, die, jedes für sich genommen, Grund genug für eine getrennte Beurteilung sind. Gerade bei Farbdruckern kommen eine Menge solcher Kriterien zusammen, die je nach Anwendungsgebiet als mehr oder weniger relevant angesehen werden. Auf eine globale Bewertung der Druckertechnologien muß deswegen verzichtet werden. Jeder zukünftige Farbanwender sollte nach seinem individuellen Umfeld die Kosten-/Nutzen-Aspekte beleuchten, dabei aber zukünftige Anforderungen nicht außer acht lassen. Die folgenden Darstellungen führen die einzelnen Aspekte noch einmal getrennt voneinander auf.

8.1.1 Kosten

Die Kosten eines Farbdruckers können in drei Positionen unterteilt werden: in Anschaffungskosten, Verbrauchskosten und indirekte Kosten. Die indirekten Kosten werden verursacht durch Wartezeiten, weil der Rechner sich um den Druckauftrag kümmern muß, Aufrüstung des Rechners, damit die Druckaufgaben gut erledigt werden können, etc. Sie lassen sich nicht genau ermitteln. Es läßt sich aber sehr wohl eine Einschätzung abgeben, welche Drucker den Rechner am intensivsten belegen und damit zusätzliche, nämlich indirekte Kosten verursachen. Es sind gerade die Drucker, welche die niedrigsten Listenpreise aufweisen, nämlich Low-Cost Drop-on-Demand-Tintendrucker und Low-Cost Thermotransferdrucker. Eine Anschaffung solcher Geräte muß wohlüberlegt sein. Aber auch Thermosublimationsdrucker ohne RIP fallen darunter. Hier muß unter Umständen auch noch ein extra Server einkalkuliert werden.

Die Kostenbeurteilung genießt bei Anwendern eine unterschiedliche Priorität. Eine häufig gestellte Frage lautet etwa: „Was ist mir mein

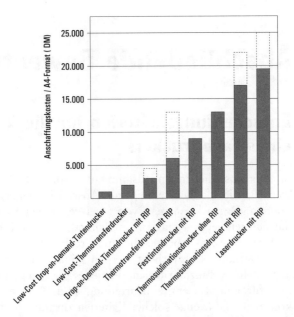

Abb. 125:
Übersicht über Anschaffungskosten von A4-Farbdruckern

Farbausdruck wert oder wieviel Geld gebe ich für zusätzliche Farbe aus?". Die einen bewerten die Farbe als wichtigen Faktor und sind bereit, mehr zu investieren. Und andere sehen keinen großen Gewinn darin, würden sie aber anwenden, wenn sie nicht zuviele Mehrkosten verursacht. Generell besteht der Trend zu größeren Investitionen dort, wo der größere Nutzen erzielt wird.

Anschaffungskosten

Für die Darstellungen der Anschaffungskosten in den Abbildungen 125 und 126 wurde das ungefähre Preisgefüge im Herbst 1994 herangezogen. Die Modelle sind nacheinander nach der Höhe ihrer Listenpreise eingetragen. Dabei bleiben die Ausstattungsmerkmale unberücksichtigt, die sich in Wirklichkeit kräftig voneinander unterscheiden. Höhere Preise sind also nicht nur durch eine andere Technologie bedingt, sondern auch durch die Ausstattung mit Komponenten, die diese Technologie erst gewinnbringend nutzbar macht.

Abbildung 125 zeigt das Preisgefüge von Druckern, die A4-Formate verarbeiten können. Wie man sieht, ist die Auswahl groß, und die Preisunterschiede zwischen den einzelnen Gerätegruppen sind gering. A4-Geräte sind auf die vielen unterschiedlichen Belange vor allem der Anwender in Büroumgebungen zugeschnitten, die hauptsächlich schwarzweiß drucken und für Farbe nur eine begrenzte Geldmenge zur Verfügung haben.

Die Vielfalt an A3-Geräten ist dagegen lange nicht so groß. Hier kommt es vor allem auf eine gute Farb- und Grafikfähigkeit an, was von vornherein für ein höheres Preisgefüge verantwortlich ist. Selbstverständlich fehlt auch der Wettbewerb, der ja immer wieder für preis-

8.1 Entscheidungskriterien für die Anschaffung eines Farbdruckers

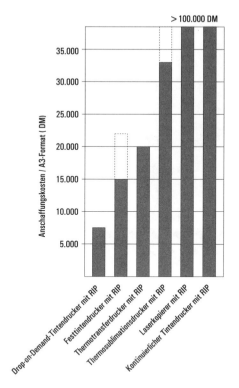

Abb. 126: Übersicht über Anschaffungskosten von A3-Farbdruckern

liche Überraschungen sorgt. A3-Drucker kann man eigentlich generell in zwei Gruppen aufteilen. Die preiswerteren Technologien bieten trotz herkömmlicher Halbton-Rasterung nur einen begrenzten Druckdurchsatz. Die teuren Geräte verfügen über eine extrem gute Qualität der Farbreproduktion aufgrund ihrer kontinuierlichen Halbtondarstellung und sind zudem noch schneller. Lediglich eine Kategorie ist dazwischen angesiedelt. Es sind die Thermotransferdrucker, welche die Druckqualitäten der Festtintendrucker und hohe Druckgeschwindigkeit miteinander verbinden.

Verbrauchskosten Die Verbrauchskosten wurden bereits ausführlich behandelt und sind hier noch einmal als Balkendiagramm aufgeführt. Die variablen Kosten sind durch Grauverläufe ausgedrückt. Es wird noch einmal deutlich, daß die Verbrauchskosten gerade der preiswerten Tintendrucker unverhältnismäßig hoch sind, wenn man einmal den Nutzen gegenüberstellt. Dieser ist bei Thermotransfer- und Laserdruckern ungleich höher, obwohl sich die Verbrauchskosten günstiger gestalten. Thermosublimationsdrucker bilden einen Ausreißer, der nicht besonders relevant ist. Denn diese Drucker finden dort ihre Anwender, wo entweder zeit- und kostenintensivere Reproduktionsverfahren abgelöst oder gänzlich neue Verarbeitungsprozesse wie Simulationsverfahren erschlossen werden.

Abb. 127:
Verbrauchs-
kostenübersicht

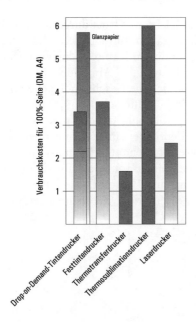

8.1.2 Nutzen

Die Betrachtung der Nutzen von Farbdruckern wird häufig etwas nachlässig durchgeführt. Zu leicht läßt man sich von günstigen Angeboten verleiten. Später wird man dann überrascht, daß ein Gerät für den Ausdruck viel zu lange braucht, den eigenen Computer obendrein „reserviert" oder die versprochene Druckqualität sich nur mit teurem Spezialpapier erreichen läßt. Würde man sich ausführlich mit dieser Thematik befassen, bekäme man einen objektiveren Eindruck davon und könnte die Vorteile teurerer Geräte besser abwägen, denen man sonst besonders kritisch gegenübersteht.

Die Farbdruckertechnologien unterscheiden sich vor allem hinsichtlich Druckgeschwindigkeit, Ortsauflösung und Farbqualität. Für die Datenaufbereitung und den Gesamtdruckdurchsatz ist der angeschlossene RIP von großer Bedeutung. Jedoch ist eine Beurteilung der RIP-Leistung nicht so ohne weiteres möglich. Man müßte schon umfangreiche Tests durchführen, sogenannte Benchmark-Tests, um die Geschwindigkeit herauszufinden, mit denen Farbdateien unterschiedlicher Größe und Komplexität vom Rasterbildprozessor aufbereitet werden. Dies ist eine komplizierte Angelegenheit, mit der sich die Hersteller hochwertiger RIPs und Server aber intensiv befassen. Man kann davon ausgehen, daß mit der Leistung und Qualität der Drucktechnologie auch die RIP-Leistung steigt und dort ausschließlich RISC-Prozessoren zum Einsatz kommen.

8.1 Entscheidungskriterien für die Anschaffung eines Farbdruckers

Druckgeschwindigkeit

Einen guten Eindruck vom Druckdurchsatz erhält man, wenn man sich die Herstellerangaben zur Druckgeschwindigkeit ansieht. Diese Angaben führten bereits im Kapitel 6 zur Ermittlung einer möglichen monatlichen Druckleistung. In Abbildung 128 wird aber noch einmal veranschaulicht, wie sich die Geschwindigkeiten der Seitendrucker von denen der Zeilendrucker unterscheiden. Letztere drucken sogar mit variablem Durchsatz, abhängig davon, was sich im einzelnen auf der Seite befindet. Verdeutlicht wurde es mit dem Graustufenverlauf der Balkengrafik. Dieser Nutzenanteil kann also nicht abgewogen werden und ist ein Unsicherheitsfaktor. Man hört immer wieder die Beispiele von der Verwendung eines Tintenstrahldruckers für die Anfertigung einer mehrseitigen Präsentation, die mehrere Stunden Druckzeit verursacht.

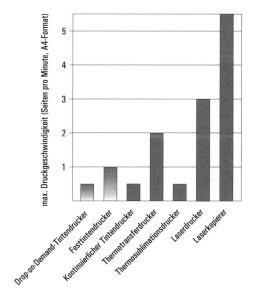

Abb. 128: Übersicht über Druckgeschwindigkeit

Die Druckqualität ist zweifelsohne ein wichtiges Nutzenkriterium. Sie wird bei Farbdruckern von der Ortsauflösung und der Art und Weise bestimmt, wie und in welcher Qualität Farbe erzeugt wird. Diese beiden Punkte sind in den Abbildungen 129 und 130 getrennt voneinander dargestellt.

Ortsauflösung

Eine hohe Ortsauflösung wird benötigt, wenn Schriften und andere feine Linienverläufe scharfkantig und stufenfrei abgebildet werden sollen. Sie ist auch für die Farbreproduktion von Bedeutung, wenn die Halbtöne mit herkömmlichen Rastern erzeugt werden und eine hohe Rasterfrequenz erforderlich ist. Mit steigender Auflösung wächst aber auch das Datenaufkommen und somit der Bedarf an hoher Rechenleistung des RIP. Hinsichtlich der Farbtonerzeugung ist eine Ortsauflö-

Abb. 129: Übersicht über Ortsauflösungen

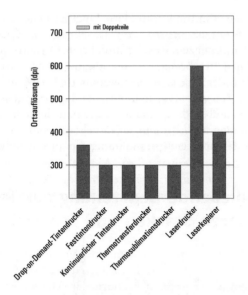

sung von 600 dpi ein guter Kompromiß zwischen Auflösung und Verarbeitungsaufwand gegenüber einer kontinuierlichen Halbtonmethode mit 24 Bit Farbtiefe.

Farbqualität Der Farbenumfang eines Druckers, die Farbenrastermethode, sowie die Homogenität des Farbauftrages bestimmen in der Summe die Qua-

Abb. 130: Beurteilung der Farbqualität

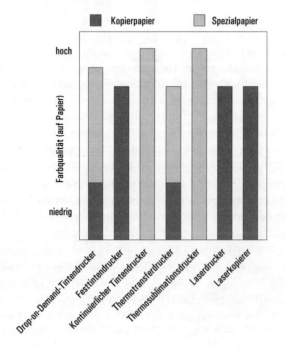

lität der Farbreproduktion. Diese Qualität kann heutzutage als außerordentlich gut bezeichnet werden, selbstverständlich im Rahmen der technischen Grenzen wie der limitierten Ortsauflösung einzelner Produkte. Ein gutes Beispiel ist der Piezo-Farbdrucker eines japanischen Herstellers, der bereits für weniger als 1000 DM angeboten wurde (der Einsatz dieses Gerätes in intensiven Farbgrafikanwendungen dürfte aber aufgrund anderer Zusammenhänge limitiert sein). Eine teurere Vorbedingung muß bei einigen Druckern erfüllt werden: Um die beste Farbqualität zu erreichen, muß Spezialpapier spendiert werden.

8.2 Abschließende Beurteilung der Technologien nach ihren Stärken und Schwächen

Die technologischen Gesichtspunkte aus Teil 1 und die wirtschaftlichen Untersuchungen aus Teil 2 bieten gute Voraussetzungen für eine Beurteilung der einzelnen Farbdruckertechnologien hinsichtlich ihres bestmöglichen Einsatzgebietes. Bevor diese jedoch durchgeführt wird, muß die im großen und ganzen gute bis sehr gute Farbqualität aller im Markt befindlichen Geräte angeführt werden. Diese effektiv zu nutzen, ist jedoch bei einigen Technologien mit einigem Aufwand verbunden, der ihnen einen unwirtschaftlichen Anstrich verleiht. Dieser Aufwand ist oft angesprochen und mit vielen Beispielen belegt worden. Gerade die populären Low-Cost-Geräte erfüllen bei näherem Hinsehen die Ansprüche einer Farbgrafikverarbeitung nur unzureichend. Diese ist zwar nicht überall vorhanden. Dennoch geht der generelle Trend hin zur Grafik- und Farbintegration, dies ist unbestreitbar. Wer vor der Anschaffung eines Farbdruckers steht, sollte sich ein genaues Bild von seiner aktuellen und zukünftigen Arbeitsumgebung machen und seinen Bedarf danach ausrichten. In der heutigen Zeit kann das Wort „zukünftig" mit einem Zeitraum von einem Jahr gleichgesetzt werden, das schnell vergeht. Die Erfahrung zeigt zudem, daß Farbgrafikelemente viel häufiger verwendet werden, wenn man erst einmal „hineingeschnuppert" hat.

Flüssigtintendrucker bieten heute eine Ortsauflösung von 300 dpi. Damit lassen sich preiswerte Produkte herstellen, die aber sehr schnell an Leistungsgrenzen stoßen. Diese Leistungsgrenzen können momentan nicht überwunden werden. Eine Erhöhung der Auflösung ist gleichbedeutend mit einer quadratischen Erhöhung des Rechenaufwandes, der sie teuer macht. Sie führt auch zur weiteren Herabsetzung der Druckgeschwindigkeit. Die Farbqualität ist zwar gut bis ausgezeichnet, die Druckmedien schlagen aber mit hohen Kosten zu Buche. Diese Punkte führen zu einer Limitierung der Anwendungsmöglichkeiten. Sie sind auch ein Grund dafür, daß es ganz wenige Geräte gibt, die das A3-Format beherrschen. Sie werden vorzugsweise in Einzelplatzumgebungen und nur dort eingesetzt, wo ganz selten farbig gedruckt wird. Dies ist z. B. im Heimbereich der Fall.

Festtintendrucker haben zwar den Vorteil, auch auf schlechtem Druckmedium eine gute Farbqualität abzuliefern. Dafür sind sie aber teuer im Verbrauch und langsam im Ausdruck. Es stellt sich die Frage, wo sie hineinpassen und dabei auch noch wirtschaftlich sind. Bisher wurden sie hauptsächlich als A3-Geräte in grafischen Segmenten installiert, wo es auf das Ausdrucken von Einzelentwürfen auf stärkeren Papieren ankam. Dort kommt es nicht so sehr auf die Druckgeschwindigkeit und -kosten an. Für andere Anwendungsgebiete sind die Kosten-/Nutzenkriterien ungünstig. Auch eine Erhöhung der Auflösung, die allerdings, wenn überhaupt, sehr schwierig durchzuführen sein wird, verbessert diese Situation nicht, denn die Auflösung ist nicht das wichtige Kriterium.

Kontinuierliche Tintendrucker sind auf spezielle Märkte der High-End-Grafikverarbeitung ausgerichtet. Sie werden in industriellen Druckumgebungen, wie Verpackungsdesign, oder in Proofing-Anwendungen der hochwertigen Farbdruckvorstufe eingesetzt. Eine andere Verwendung ist nicht denkbar.

Thermotransferdrucker haben in den letzten Jahren durch das Emporstreben anderer Technologien an Glanz verloren, dies aber völlig zu Unrecht. Bei näherem Hinsehen zeigt sich, daß sie immer noch die bessere Wahl für die Anwendungen sind, die mehr als 40% Farbanteil verarbeiten. Sie sind die preisgünstigsten Seitendrucker und bieten daher ein optimales Preis-/Leistungsverhältnis. Für A3-Formate, besonders, wenn Überformate gefordert sind, gibt es kaum eine Alternative.

Thermosublimationsdrucker sind ähnlich einzuordnen wie die kontinuierlichen Tintenstrahldrucker, jedoch sind sie flexibler einzusetzen. Sie sind kleiner und schneller, aber auch im Verbrauch teurer. Sie gehören aber auch in Anwendungsnischen der hochwertigen Farbgrafikverarbeitung wie Simulation, Bildbearbeitung und Retusche.

Doch die Zukunft in kommerziellen Anwendungen gehört zweifellos den Laserdruckern. Bis auf die Investitionskosten sind sie den anderen Technologien im Kosten-/Nutzenverhältnis weit überlegen. Sie vereinigen all das, was man von einem Allround-Talent fordert. Zudem ist die Druckauflösung nicht an technische Limits gebunden. Schon seit Mitte 1994 gibt es einen 600 dpi-Tischdrucker, der den Vergleich mit S/W-Druckern solcher Auflösung nicht zu scheuen braucht. Mitbewerb ist bereits angekündigt, und wenn dieser sich verstärkt, kann man auch mit sinkenden Anschaffungspreisen rechnen.

Glossar

100%-Seite
Definition für den maximalen Farbanteil (143%) auf einer Seite, enthält jeweils 1/7 aller 7 primären und sekundären Druckfarben. Wird zur Druckkostenermittlung benötigt.

5%-Seite
Definition für einen Farbanteil von 5% auf einer Seite.

Adaption
Eigenschaft des Auges, sich an Helligkeitsunterschiede anzupassen.

Additive Farbmischung
Farbmischung, die auf die Addition spektraler Lichtanteile beruht (RGB).

Adobe-Screen-Sets
Spezielle von der Firma Adobe für Post-Script-Ausgabegeräte entwickelte Farbrastertechniken.

ANSI
American National Standards Institute = Amerikanisches Normeninstitut.

AutoColor Engine
Agfas Bezeichnung für den Farbprozessor ihres Farbmanagementprogrammes Foto-Tune.

Banding-Effekt
Streifenbildung bei Zeilendruckern.

Bayer-Methode
Spezielle Farbrastermethode für Rasterdrucker.

Black Component Replacement
Hinzufügen von Schwarzwertanteilen, nachdem gleiche CMY-Komponenten entfernt wurden (siehe auch Under Color Removal).

Bubble Jet
Tintendrucktechnologie.

Chromatisches Diagramm
Ein 1931 von der CIE genormtes Farbmodell.

CIE
Commission Internationale de l'Eclairage = Internationale Beleuchtungskommission

CIE Farbtafel 1931 (xy)
siehe Chromatisches Diagramm.

CIE Farbtafel UCS (u´, v´)
Alternativer CIE-Farbstandard von 1976, der die Gleichabständigkeit berücksichtigt.

CIE L*a*b* oder CIE LAB
Ein auf dem Gegenfarbenprinzip beruhender CIE-Farbstandard von 1976.

CIE LCH
Alternative Definition des CIE LAB-Standards.

CLT oder CLUT
Siehe Color Look-up Table.

Clustered Dithering
Halbton-Rastermethode, welche die Pixel in der Mitte einer Halbtonzelle anordnet.

CMYK
Abk. für Cyan, Magenta, Gelb (Yellow), Schwarz (Key). Primärfarben im subtraktiven Farbmischsystem.

Cold-Fusing-Prozeß
Fixierverfahren, das ohne Wärmezufuhr funktioniert.

Color Engine
Allgemeine Bezeichnung für den Farbprozessor, das Herzstück eines Farbmanagement-Programmes.

Color Gamut
Farbenumfang. Gesamtheit aller von einem Ein- oder Ausgabegerät beherrschbaren Farben.

Color Link
Agfas Bezeichnung für eine Verknüpfung zweier Farbprofile zwecks Farbraumtransformation.

Color Look-up Table
Farbtransformationstabelle, mit deren Hilfe CIE-Farbwerte in den Farbenraum eines Ausgabegerätes übertragen werden.

Color Mapping
Ein Verfahren, das PostScript Level 2 verwendet, um CIE-Farbwerte in den Farbenraum eines Ausgabegerätes zu übertragen.

Color Rendering Dictionary
Verzeichnis mit Ausführungsanweisungen, die Methoden zur Farbraumtransformation beschreiben.

Color Separation Table
Tabelle zur Separation der Farbdaten in einem Anwendungsprogramm, die die Gerätecharakteristik berücksichtigt.

Colorimeter
Dreibereichs-Farbmeßgerät

Colorimetric
Color Matching-Methode von Apples ColorSync, die bei einem Farbtransformationsprozeß den Erhalt der CIE-Farbwerte anstrebt.

CPSI
Configurable PostScript Interpreter, die Software-Version der Seitenbeschreibungssprache PostScript.

CRD
Abk. für Color Rendering Dictionary.

Datenkomprimierung
Ein platzsparendes Komprimierungsverfahren, damit Druckdaten nicht als 1:1 Bitbild gespeichert werden müssen.

ΔE (Delta E)
Farbmetrischer Abstand zweier Farborte.

Device Profil
Farbprofil eines Gerätes, das über den Farbwiedergabecharakter Aufschluß gibt.

Dispersed Dithering
Halbton-Rastermethode, welche die Pixel gleichmäßig über die Halbtonzelle verteilt.

Dispersed Dot Diffusion Dithering
Halbton-Rastermethode, welche die Pixel ungleichmäßig über die Halbtonzelle versteut

Dithering
Amerikanischer Ausdruck für die Erzeugung von Halbtönen mittels Rastermatrix.

dpi (=Dots per Inch)
Punkte pro Zoll, Maß für die Ortsauflösung von Rastergeräten.

Drop-on-Demand
Bezeichnung für eine Tintendrucktechnik, welche nur bei Bedarf einzelne Tintentropfen versprüht.

Dye Sublimation, Dye Diffusion Thermal Transfer, D2T2
Bezeichnung für den Druckprozeß von Thermosublimationsdruckern.

Dynamic Linking
Agfas Bezeichnung für das Anhängen eines Geräteprofils an das mit diesem Geräte erzeugte Farbobjekt.

Economode
Tintensparender Druckmodus von HP-Tintendruckern.

Entwicklertrommel
Bestandteil von Laserdruckern, das zum Tonerauftrag benötigt wird.

Epson ESC/P
Einfacher Befehlscode für serielle Zeilenrasterdrucker, von der Firma Epson entwickelt.

Error Diffusion
Andere Bezeichnung für das Dispersed Dot Diffusion Dithering.

Ethernet
Verbreitete Netzwerkarchitektur.

EtherTalk
Apples spezielle Implementierung von Ethernet.

Euroskala
Europäischer Standard für Druckfarben.

Farbauflösung
Maß für die Darstellung von Farbtönen unter Berücksichtigung der Ortsauflösung.

Farbauszug
Primärfarbenkomponente einer Farbabbildung.

Farbempfindung
Individueller Farbeindruck, der aufgrund des Farbreizes entsteht.

Farbenabstand
Unterschied zweier Farben, siehe ΔE

Farbenumfang
siehe Color Gamut

Farbmanagement
Verfahren, um in einem Farbverarbeitungssystem vorkommenden Farben der beteiligten Geräte untereinander abzustimmen.

Farbmetrik
Meßtechnische Farbbehandlung.

Farbprofil
Siehe Device Profil.

Farbprozessor
Siehe Color Engine.

Farbraum
Alternative Ausdrucksform für den Farbenumfang, kann aber auch ein Farbmodell beschreiben.

Farbraumtransformation
Das Überführen von Farbdaten aus dem Farbraum eines Gerätes in den Farbraum eines anderen Gerätes.

Farbreiz
Entsteht im menschlichen Auge als Folge des Auftreffens von Lichtstrahlen auf ein farbiges Objekt.

Farbtemperatur
Gewichtung der Intensitäten der Spektralanteile des Lichtes.

Farbtransfertabellen
Tabellen zur Veränderung bzw. Anpassung der Farbcharakteristiken von Ausgabegeräten.

Farbtransferverhalten
Kennlinie eines Farbausgabegerätes.

Farbverlauf
Kontinuierlicher Übergang von einer Farbe in eine andere.

Faster Matching
Color Matching-Methode von Apples ColorSync, die bei einem Farbtransformationsprozeß eine hohe Geschwindigkeit anstrebt.

Fixierung
Befestigen der Tonerpartikel eines Laserdruckers auf dem Druckmedium, die nach der Bildübertragung lose aufliegen.

FOGRA
Deutsche Forschungsgesellschaft Druck, in München ansässig.

Gamma-Korrektur
Veränderung der Transferfunktion einer Primärfarbe.

Gamma-Kurve
Transferfunktion oder -kennlinie einer Primärfarbe.

Gamut Alarm
Anzeige der Farben eines Bildes, die außerhalb des Farbraumes eines Ausgabegerätes liegen.

Gamut Compression
Methode, die den Farbraum eines Ausgabegerätes gleichmäßig verkleinert, um den Gesamtfarbeindruck zu erhalten.

Gamut Mapping
Zusammen mit Color Mapping ein Verfahren, das PostScript Level 2 verwendet, um CIE-Farbwerte in den Farbenraum eines Ausgabegerätes zu übertragen.

Geräteprofil
Siehe Device Profil.

Glossy Paper (Glanzpapier)
Teueres und hochwertiges beschichtetes Spezialpapier, das für höchste Druckqualität bei Flüssigtintendruckern sorgt.

Gradation
Verlauf bzw. Krümmung der Kennlinie (Gamma-Kurve) einer Primärfarbe.

Graubalance
Verfahren zur Kalibration bzw. Linearisierung von Ausgabegeräten.

Graustufen, Gray Scales
Kontrastabstufungen, Tonwerte, die zwischen den Vollfarbtönen und Weiß liegen.

Halbtöne
Siehe Graustufen.

Halbtonzelle
Eine aus mehreren Pixeln bestehende Matrixzelle zur Erzeugung von Graustufen.

Helligkeit
Neben dem Farbton und der Sättigung eine von drei notwendigen Größen, die für die Beschreibung bzw. Identifizierung einer Farbe notwendig sind.

HPPCL
Hewlett Packard Printer Command Language, Druckerbefehlssprache.

Glossar

HP-Seite
Definition von Hewlett Packard zur Ermittlung der Druckkosten eines Farbdruckers.

IBM-Grafikdrucker, -Proprinter
Traditionelle IBM-Drucker mit einem von IBM entwickelten Befehlsumfang.

ICC
Siehe International Color Committee

International Color Committee
Internationales Komitee zur Entwicklung eines Industriestandards für Farbmanagement-Lösungen.

IT8.7/1, IT8.7/2, IT8.7/3
Aus dem ANSI-Gremium IT8 hervorgegangene Vorlagen und Datenbestände zur Charakterisierung von Ein- und Ausgabegeräten.

JIS
Japanisches Normeninstitut.

Kalibration
Methode zur definierten Einstellung der Farbwiedergabeeigenschaften von Ein- und Ausgabegeräten.

Kelvin
Maß für Temperaturangaben. 1 K = -273° C.

Komplementärfarbe
Farbe, die entfernt wird, wenn Licht durch ein Primärfarbfilter geleitet wird.

Kontinuierliche Halbtöne
Farbtöne, die ohne Rasterverfahren erzeugt werden.

Kontinuierliches Tintenstrahlverfahren
Tintendruckverfahren, bei dem ununterbrochen Tintentropfen ausgestoßen werden.

Kontrastauflösung
Anzahl der Grautöne, die zwischen einem Vollton und Weiß liegen.

Kontrastverhältnis
Menge der gedruckten Pixel einer Halbtonzelle in Bezug zur Gesamtmenge der Pixel.

Koronadrähte
Drähte, die in einem Laserdrucker mit Hilfe des Ionisierungseffektes eine elektrostatische Ladung übertragen können.

Linearisierung
Einstellung eines linearen Übertragungsverhaltens. Siehe auch Kalibration.

lpi (= Lines per Inch)
Linien pro Zoll. Ein Maß für die Halbton-Rasterauflösung.

Moiré
Störmuster, das durch die Überlagerung von gedrehten Linienstrukturen entsteht.

Multitasking-Fähigkeit
Fähigkeit eines Prozessorsystems, mehrere Aufgaben zur selben Zeit zu erfüllen.

Normbeobachter
Eine von der CIE standardisierte Augenfunktion.

Normfarbwerte
Farbvalenzen des Normbeobachters.

Normspektralwerte
Augenempfindlichkeit des Normbeobachters in Abhängigkeit von der spektralen Lichtverteilung.

OPC
Organische Beschichtung der Bildtrommel eines Laserdruckers.

Ortsauflösung
Abstand zweier Pixel.

Oversize-Format
Übergroßes Druckformat.

Pantone Matching System
Farbabstimmungssystem der amerikanischen Firma Pantone.

PDL
Page Description Language = Seitenbeschreibungssprache (z. B. PostScript)

Perceptual
Color Matching-Methode von Apples ColorSync, die bei einem Farbtransformationsprozeß den Erhalt des Gesamtfarbeindrucks anstrebt.

Phase-Change
Bezeichnung von Tektronix für ihr Festtintendruckverfahren.

Piezo Ink Jet
Drop-on-Demand-Tintendrucktechnik, das mit einem Piezo-Kristall arbeitet.

Piezo-Kristall
Kristall, das sich bei Anlegen eines Spannungsimpulses verformt.

Pixel
Kleinste darstellbare Einheit eines Rastergerätes.

Pixeltiefe
Anzahl der binären Informationen, die einem Pixel zugeordnet werden können.

Plain Paper
Aus dem Amerikanischen kommende umgangssprachliche Bezeichnung für preiswertes Standard-Büropapier.

PMS
Abk. für Pantone Matching System.

Posterisation
Abbildungseffekt, der bei geringer Kontrastauflösung entsteht.

PostScript
Seitenbeschreibungssprache der Firma Adobe.

Primärfarbe
Eine zur Bildschirmabbildung oder zum Drucken verwendete reine Volltonfarbe, die zusammen mit anderen Primärfarben zum Mischen anderer Farbtöne verwendet wird.

Proofing-Drucker
Drucker, der als Testdrucker in Druckvorstufenanwendungen zum Einsatz kommt.

Rasterausgabegerät
Gerät, das ein Druckbild mittels Punktmuster erzeugt.

Rasterdrucker
Siehe Rasterausgabegerät

Rasterfrequenz
Anzahl der Halbtonzellen, die pro Zoll oder cm gedruckt werden können.

Rasterlaufweite
Kleinster Abstand der Halbton-Rasterzellen.

Rastermatrix
Anordnung mehrer Pixel zur Erzeugung von Halbtönen.

Rastern
Umsetzen kontinuierlicher Strukturen in ein Binärmuster.

Rasterpunkt
Druckpunkt, der für ein Druckraster verwendet wird und aufgrund seiner Größe zusammen mit anderen Rasterpunkten einen bestimmten Grauton simulieren kann.

Rasterwinkel
Winkel, um den eine gerasterte Farbseparation gedreht ist.

Reflexion
Der Anteil des Lichtes, der bei Auftreffen auf einen Gegenstand nicht absorbiert wird.

Registrierung
Genauigkeit, mit der die verschiedenen Farbauszüge übereinandergebracht werden können.

Remission
Anteil des reflektierten Lichtes, der die Farbinformaton enthält.

Rendering
Amerikanischer Ausdruck für die Umrechnung auflösungsunabhängiger Datenstrukturen (Grafikobjekte, Schriften, Farben) in die auflösungsbedingten Rasterstrukturen eines Ausgabegerätes.

RET
Resolution Enhancement Technologie. Methode von HP, die Kantenschärfe von Ausdrucken zu erhöhen.

RGB
Abk. für Rot, Grün, Blau oder Red, Green, Blue. Primärfarben im additiven Farbmischsystem.

RIP (=Raster Image Processor)
Rasterbildprozessor. Software-/Hardware-Architektur, die aus kontinuierlichen Daten eine Rasterstruktur erzeugt.

RISC-Prozessor
Prozessor-Architektur, die mit einem reduzierten, aber speziellen Befehlsumfang ausgestattet ist und dadurch hohe Rechengeschwindigkeiten erzeugt.

Sättigung
Neben dem Farbton und der Helligkeit eine von drei notwendigen Größen, die für die Beschreibung bzw. Identifizierung einer Farbe notwendig sind.

Saturation
Color Matching-Methode von Apples ColorSync, die bei einem Farbtransformationsprozeß den Erhalt der Farbsättigung anstrebt.

Screenfrequenz
Siehe Rasterfrequenz.

Screenwinkel
Siehe Rasterwinkel.

Sekundärfarbe
Eine durch die Mischung zweier Primärfarben erzeugte Volltonfarbe.

Separation
Siehe Farbauszug.

Simultankontrast
Eigenschaft des Auges, gleiche Farben abhängig vom Kontrast unterschiedlich zu interpretieren.

Solid-Ink-Jet
Festtintendruckverfahren, bei dem Wachsstifte geschmolzen werden, um ein flüssiges Farbmittel zu erhalten.

Spektralphotometer
Hochwertiges und genaues Farbenmeßgerät, das die Spektralanteile des Lichtes mißt.

Subtraktive Farbmischung
Farbmischung, die auf die Subtraktion spektraler Lichtanteile vom Untergrund beruht (CMYK).

Supersize-Format
Übergroßes Druckformat.

Superzellen-Prinzip
Methode, mehrere benachbarte Halbtonzellen zwecks Erhöhung der Farbauflösung unter Erhalt der Rasterlaufweite zusammenzufügen.

SWOP-Standard
Amerikanischer Standard für Druckfarben.

Tek-Seite
Definition von Tektronix zur Ermittlung der Druckkosten eines Farbdruckers.

Thermisches Tintenstrahlverfahren
Andere Bezeichnung für Bubble-Jet-Verfahren.

Toyo Inks
Japanischer Standard für Druckfarben.

Under Color Removal
Entfernen identischer Anteile der Prozeßfarben CMY zwecks Ersatz durch entsprechenden Schwarzanteil.

Umstimmung
Eigenschaft des Auges, sich an verschiedene Farbtemperaturen anzupassen.

Stichwortverzeichnis

!
10°-Normbeobachter 43
100%-Seite 228
2°- Beobachter 43
5%-Seite 228
80486SX 145
80C188 145

A
Ablenkeinheit 92
Abmusterung 40
Absorption 36, 39
Adaption 38
Adobe 26
Adobe-Screen-Sets 26
Agfa FotoTune 150, 181
Aggregatzustand 80
Alpha-Rechner 145
American National Standardisation Institute 184
Analyse
   Kosten/Nutzen 57
   Stärken/Schwächen 57
Anforderungskriterium 57
Anschlußfähigkeit 95
Anschlußfähigkeit, flexible 216
ANSI 184
Apple ColorSync 150, 178
ASCII-Codes 5
Auflösung 3
   örtlich 10
   Farbe 10
   georafisch 10
   Graustufen 10
Aufrasterung 63
Aufsichtsvorlage 184
Augenempfindlichkeit 43
Ausstoßfrequenz 92
AutoColor Engine 186

B
Banding-Effekt 71
Barco Graphics 145
Bayer-Methode 96
Bedruckstoffe 94
Befehlsstruktur 131
Befehlsumfang 134
Belastungszyklus 219
Belichtung 115
Betriebskosten 219
Betriebssystem 131
Betriebssystemwechsel 138
Bildübertragungstrommel 121
Bildtrommel
   rotierend 114
Bildverarbeitung 32
Bitmap-Muster 76
BJC-600 69
Black Component Replacement 31
Blau 22
Blickwinkel 43
Bubble-Jet-Prinzip 65

C
Calibration 150
Canons BJC-880 75
Charakterisierungsverfahren 150
CIE 39
CIE 1931 (xy) 47
CIE 1976 UCS 47
CIE Chromatisches Diagramm 45
CIE Farbtafel 1931 45
CIE L*a*b*-Farbmodell 49
CIE LAB 49
CIEBasedA 199
CIEBasedABC 198
CIE-Farbenräume 166
CIELCH-Farbdefinition 51
CIE-Referenzmodell 175
Clip Art 132
Clustered Dithering 14

CMYK 33
Cold-Fusing-Prozeß 86
Color Engine 179
Color Gamut 150, 166
Color Look-up Table 164
Color Rendering 199, 200
Color Rendering Dictionary 201
Color Separation Tables 188
Color Specification 198
ColorBus 146
Colorimeter 53, 54
Colorimetric 192
ColorLinks 187
Color-Mapping 201
Color-Matching-System 149
ColorOut 59
ColorSmart 159
Commission Internationale de l'Eclairage 39
Computeranbindung 57
CPSI (Configurable PostScript Interpreter) 142
CRD 142
Cromalin-Proofingverfahren 53
Cyan 21
Cyclone PS 146

D
Dataproducts 65
Datenaufbereitungsfunktion 153
Datenband 137
Datenempfang 131
Datenkomprimierungsverfahren 106
Datenkonvertierung 131
ΔE (Delta E) 52
Deskjet 1200C 69
Desktop-Farblaserdrucker 61, 121
device dependent 177
Device Profil 178
DeviceCMYK 199
DeviceGray 200
DeviceRGB 199
Dichteänderung 110
Digital Equipment 145
DIN 6173 40
Dispersed Dithering 14
Dispersed Dot Diffusion Dithering 16
Display PostScript 202
dots per inch (dpi) 18
Download-Font 132
Drop-on-Demand-Technik 65

Druckausgabespeicher 131
Druckbefehlsinterpreter 139
Druckcharakteristik 72
Druckdurchsatz 57, 69, 209
Druckerauslastung 129
Druckerintelligenz 57
Druckerkontrollmodul 95
Druckformate 57
Druckkopf 66
Druckkopfjustage 87
Druckkopfverschleiß 72
Druckleistung 209
Druckprinzip 57
Druckprozessor 136
Druckschlitten 66
Drucktintenanteil 31
Drucktintenverschwendung 31
Druckverfahren
    Thermosublimation 4
    xerografisch 4
Druckvolumen 209
Druckvorstufenbereich 32
Druckwalze 84
Druckwerkleistung 215
Druckwerksteuerung 154
Durchsichtsvorlage 40, 184
Duty Cycle von 25% 210
Dye Diffusion Thermal Transfer 98
Dye Sublimation 98
Dynamic Linking 189

E
Economode 160
EfI 144
EfI Cachet 181
Einzelkriterien 241
Electronics for Imaging 144
Empfangsmedium 57
Empfindlichkeitskurve 43
Entscheidungskriterien 241
Entwicklerkartusche 121
Entwicklungstrommel 119
Epson 65
Ethernet 131
EtherTalk 131
Euroskala 32

Stichwortverzeichnis

F
Füllmuster 7, 9
Farbanteil 220
Farbauflösung 57
Farbautomatik 160
Farbbehandlung
 geräteneutral 150
Farbbeständigkeit 102
Farbcharakterisierung 177
Farbdatenspezifizierung 198
Farbdokumentenverarbeitung 216
Farbdruckertechnologien 57
Farbe
 Berechnung und Rasterung 200
 gerätespezifisch 177
Farbeindruck 37
Farbempfindung 40
Farbenabstand DE 52
Farbenpalette 161
Farbenumfang 150, 166
Farbgrafikumgebung 138
Farbgrafikverarbeitung 9
Farbintensität 45
Farbkonstanz 180
Farblaser-Druckverfahren 114
Farblaserkopierer 121
Farbmaßzahl, geräteunabhängige 166
Farbmanagement 57, 150
 Werkzeuge 142
Farbmanagementmethoden 32
Farbmanagement-System 176
Farbmanagementverfahren 150
Farbmenge 221
Farbmetrik 44
Farbmischung 22
 autotypisch 36
Farboptimierung 57
Farbpigmente 85
Farbpixel 22
Farbprofil 178
Farbprozessor 179
Farbrasterung 199
Farbraum 49
Farbraumbeschreibung 57
Farbraumbestimmung 97
Farbraumtransformation 179
Farbreiz 34, 42
 trichromatisch 43
Farbreproduktion 40

Farbsättigung 171
Farbspektrum 36
Farbsublimation 98
Farbsubstanz 57
Farbtöne
 kontinuierlich 5
Farbtemperatur 39
Farbtiefe 6
Farbtintenstrahlkopierer 67
Farbträgerfolie 98
Farbtransfercharakteristik 151
Farbtransfertabelle 156
Farbtransformation 50
Farbtransformationstabelle 142
Farbtreue 32
Farbumsetzungsdatei 164
Farbvalenz 43
Farbverarbeitungskette 176
Farbverarbeitungssystem 150
Farbverarbeitungsumgebung 139
Farbverbindlichkeit 157
Farbverbrauch 57
Farbverlauf 3, 7, 9
Farbwachsschicht 98
Farbwiedergabeverhalten 151
Faster Matching 192
Fehlertoleranz 216
Fernbedienung 216
Festplatte, interne 133
Festtintendrucker 65
Feuchtigkeitsbildung 73
Fiery-Servers 144
Fixieröl 125
Fixiereinheit 117
Fixierwalze 86
Flüssigkeitsgehalt 31
FOGRA, Forschungsgesellschaft Druck 183
Fokussierlinse 123
Fokussiersystem 123
Fotowiderstand (OPC), organischer 111
Front-End-Prozessor 95
Fusing 117

G
Gamma-Korrektur 154
Gamma-Kurve 154
Gamut Alarm 189
Gamut Compression 193
Gamut-Mapping-Funktion 201

Gegenfarbenprinzip 47
Gelb 21
geräteabhängig 177
Geräteprofil 178
Gesamtfarbanteil 223
Glanzpapier 169
Gleichabständigkeit von Farbunterschieden 47
Glossy Paper 169
Größe
　trichromatisch 43
Grün 22
Gradation 110, 151, 152
Grafik
　computergeneriert 106
　Geschäft 106
　objektorientiert 7
　Präsentation 106
Grafikdrucker 5
Grafikobjekte 8
Graubalance 153
Grauertbrief 210
Graustufen 3, 9
Graustufenerzeugung 10
Gray Scales 31
Grundfarbe 35

H
Halbtöne 4
Halbton-Screenfrequenz 9
Halbtonwert 14
Halbtonzelle 14
Halbtonzellen 4
Hard Copy 60
Helligkeitsanteil Y 46
Hell-Umgebung 95
HP DeskJet 5xx 71
HPGL (Hewlett Packard Graphic Language) 5
HPPCL (Hewlett Packard Printer Command Language) 4
HPPCL 5 4
HPPCL5C 134
HP-Seite 228

I
IBM 95
IBM-Grafikdrucker 3
IBM-Proprinter 3
ICC-Profilformat 183
Indy-Workstation 146

Internationale Beleuchtungskommission 39
Inversfarbe 36
Iris Graphics 65
Iris-Drucker 95
IT8.7/1 184
IT8.7/2 184
IT8-Standard 53

J
JIS-Standard 32
Jolt PSe 83

K
Kalibration 149
Kalibrationshilfe 142
Kelvin 39
Kollimatorsystem 123
Kommandosprache 134
Kommunikation Drucker-Hostrechner 216
Kompatibilität 134
Komplementärfarbe 36
Komplementärfarben 22
Kontrastauflösung 10
Kontrastdarstellung
　kontinuierlich 11
Kontraststufen 4
Kontrastumfang 5
Kontrastverhältnis 13
Koronadrähte 114
Koronaeinheit 116
Kosten
　Strom 236
　Wartung 236
Kostenanalyse 219
Kostenanteil, variabler 236
Kosten-Aspekte 241
Kostenberechnung 226
Kostenverlauf 219
Kunstlicht 38

L
Löschpapier 74
Löschpapiereffekt 77
Ladung
　elektrostatisch 114
Laserdiode 115
Laserstrahlintensität 122
Licht
　Absorption 34

spektrale Zusammensetzung 34
Lichtarten
    genormte 40
Lichtstreueffekt 87
Linearisierung 151
lines per inch (lpi) 18
Liniengrafik 3
Linsensytem 123

M
Magenta 21
magicolor 121
Maximalkosten 233
Meßverfahren
    Dreibereichs-M. 54
    Spektral-M. 54
Minuten pro Seite 210
MIPS-RISC-Prozessor 145
Mischfarben 22
Moiré-Effekt 23
Multitasking-Fähigkeit 63

N
Naß-in-Naß-Auftrag 67
Netzwerkanbindung 142
Netzwerkdrucker 215
Nichtlinearität 154
Normfarbwerte 42
    X, Y, Z 44
Normlicht 40
Normlichtart A 40
Normlichtart B 40
Normlichtart C 40
Normlichtart D50 40
Normlichtart D65 41
Normspektralwert 43
Nutzeffekt 215
Nutzen-Aspekte 241
Nutzungskriterien 236

O
OLE-Funktionen (Object Linking and
    Embedding = Objekt verknüpfen 133
OPC-Band 121
Optimierungsmethode 159
Originaltreue 158
Ortsauflösung 9
OS/2 138

P
Pantone Matching System 149
Papiermanagement 216
Perceptual 193
Personal Printing 57
Phaser 300i 82
PhotoFine 110
Photoshop 186
Piezo-Kristall 79
Pixeltiefe 18
Pixelverteilung
    amplitudenmoduliert 15
Plain Paper 74
Planckscher Strahler 39
Polygonspiegel 115
PostScript 4
PostScript-Emulation 146
PostScript-Implementierung 26
PostScript-RIP 76
Potentialunterschied 116
PowerPC 143
Präsentationsfolie 74
Preis-Leistungsverhältnis 241
Primärfarbe 21
Print Station 146
Private Color Matching Methods 189
Produktivität 57
Profile Maker 194
Proofing-Drucker 95
Proofingmethode 28
Purpurgerade 46

Q
QMS ColorScript Laser 1000 61
Quantisierungsfehler 25
Quark Xpress 186
QuickDraw-Treiber 59

R
R3500 145
RAM (Random Access Memory) 131
Rasterfrequenz 18
Rasterlaufweite 18
Rasterlinien 18
Rasterlinienauflösung 27
Rastermatrix 18
Rasterpunkt 3
Rasterstruktur 19

Rasterverfahren
    Error-Diffusion 16
    stochastisch 16
Rasterwinkel 23
Recycling-Papier 74, 119
Referenz-Farbmodell 150
Reflexion 39
Registrierhaltigkeit 100
Registrierung 100
Reinheit 22, 45
Reinigungsprozesse 125
Remission 39, 41
Reproduktionsgenauigkeit 180
Reproduktionsgeschwindigkeit 209
RET (Resolution Enhancement Technology) 6
Rezeptoren 22
RGB 33
RGB-Separation 21
RIP (Raster Image Processor =
    Rasterbildprozessor) 28
RISC-Prozessor 106
RISC-Prozessorsystem (Reduced Instruction Set
    Computing) 132
Rosette 24
Rot 22
RS-422 130

S
Sättigung 22, 45
Saturation 192
Scannercharakterisierung 184
Schattierung 7
Schmuckfarbtöne 149
Schnelldruckmodus 71
Schnelldruckqualität 93
Schnittmarkierungen 87
Schnittstelle 130
    Centronics Parallels. 130
    Hochgeschwindigkeits-S. 142
    LocalTalk 130
    SCSI 130
    serielle Kommunikationss. RS-232C 130
Schrifttypen 135
Schuhsohle 45
Schwärzungsgrad 118
Schwarzanteil 171
Scitexumgebung 95
Screen Dumps 60
Screening 26

Screening-Methoden 26
Screenwinkel 9
Seiten pro Minute 210
Seitendrucker 57
Seitenpreis 225
Shared Resource 57
Silicon Graphics 95, 146
Siliziumschicht (a-Si), amorphe 114
Simultankontrast
    bunt 38
    unbunt 38
Sinneswahrnehmung 34, 42
Skalierung 60
SmartJet 4012 90
Softfont 135
Software ColorSmart 77
Software-RIP 142
Solid Ink Jet 65
Sonnenlicht
    mittleres 40
Spatial Resulution 10
Speicheranforderung 57
Speicherdimensionierung 136
Spektralanteil 34, 39
Spektralbereich 34
Spektralfarbe 35
Spektralfarben 22
Spektralkurvenzug 47
Spektralphotometer 53, 54
Standardbeobachter 43
Standard-Kopierpapier 74
Steuerelektronik 153
Strahlen
    elektromagnetisch 34
Strahlungsverteilung 40
Streifenbildung 72
Sun 95
Superzellen-Prinzip 107
SWOP-Standard 32

T
Tageslicht 40
Tek-Seite 228
Tektronix 65
Text-Grafik-Bild-Integration 6
Thermosublimation 98
Thermosublimations-Druckverfahren 110
Thermosublimationsverfahren 57
Thermotransfer-Druckverfahren 98

Thermotransferverfahren 57
Tintenkartusche 229
Tintenreservoir 80
Tintenstrahldüse 67
Tintenstrahldüsen 67
Tintenstrahlverfahren 57
    kontinuierlich 65
    kontinuierliches Hertz-T. 65
    Piezo-T. 65
    thermisch 65
Toner 58
    Einkomponenten-T. 116
    Zweikomponenten-T. 116
Tonerkartusche 121
Tonerpulver 114
Toyo-Inks 32
Transferfunktion 153
Transparentfolie 61
Trial and Error 32
Trocknungsprozeß 70
TrueType-Schrift, skalierbare 132
Typographie 135

U
Überformate 104
Übertragung 116
Übertragungscharakteristik 153
Überwachung der Druckjobs (Monitoring) 142
Umstimmung 38
Under Color Removal 31
Unix-Plattform 95
Unschärfe 110
Unterdimensionierung 137

V
Vakuum-Transportband 84
Vektorgrafiksprache 5
Verarbeitungsgeschwindigkeit 209
Verbrauchskosten 225
Verbrauchskostenfalle 74
Verhalten
    linear 152
    metamer 42
    nichtlinear 152
Verpackungsdruck 94
Videoschnittstelle 60
Videosignal 145
Vierfarbendruck 31
Vollfarbkopierer 120

W
Wirtschaftlichkeit 214

X
x 45
X, Y, Z 43
Xerografisches Druckverfahren 57

Y
y 45

Z
Zeichen pro Sekunde 209, 210
Zeichengenerator 3
Zeilendrucker 57
Zeilendruckerprinzip 62
Zukunftssicherheit 141